La société malade de la gestion

Vincent de Gaulejac

La société malade de la gestion

Idéologie gestionnaire, pouvoir managérial et harcèlement social

NOUVELLE ÉDITION

Éditions du Seuil

COLLECTION DIRIGÉE PAR JACQUES GÉNÉREUX

ISBN 978-2-7578-4445-8
(ISBN 978-2-02-068912-0, 1re publication)

À Eustache

Préface 2009

La « maladie de la gestion » devient une véritable épidémie. Elle se répand avec une accélération impressionnante. Ce diagnostic est confirmé par de nombreux travaux menés dans des secteurs de plus en plus larges, comme les entreprises publiques [1], les organismes de santé [2], de la recherche [3], du social [4]. C'est maintenant tout l'appareil d'État qui est contaminé. L'obsession des résultats chiffrés dans tous les ministères, de la Police à l'Armée en passant par la Culture et l'Enseignement, en est l'un des signes. Les ministres sont eux-mêmes évalués à partir d'indicateurs élaborés par un cabinet privé, comme n'importe quel manager d'une entreprise privée. Il faut du résultat quantifiable, seul moyen « objectif » pour évaluer les performances, selon la doxa gestionnaire.

1. Cf. les travaux menés au Laboratoire de changement social, à La Poste, l'ANPE, la RATP, la SNCF, l'Assistance publique, EDF et de multiples organismes dans les secteurs de la formation, la culture et l'action sociale.

2. François Danet, *Où va l'hôpital ?*, Paris, Desclée de Brouwer, 2008.

3. Marie-Dominique Perrot, Jean-Noël Du Pasquier, *Ordres et Désordres de l'esprit gestionnaire*, Lausanne, Réalités sociales, 2007.

4. Michel Chauvière, *Trop de gestion tue le social*, Paris, La Découverte, 2008.

La culture du résultat, présentée comme une nécessité pour recrédibiliser l'action publique, risque d'entraîner l'effet inverse. Loin de produire un meilleur service public, elle transforme les usagers en clients, les agents en représentants de commerce et les institutions en entreprises. La performance n'est plus mesurée à l'aune de la qualité du service rendu pour tous, mais en fonction de son coût et de ses résultats financiers. Il existe un décalage massif entre la façon dont les performances sont évaluées par des outils conçus dans le secteur privé et la façon dont elles sont perçues par les agents ou les clients. Ainsi, la billettique, mise en avant comme un progrès majeur dans les entreprises de transport, est perçue comme un moyen de réduire les effectifs par les agents et comme une dépersonnalisation du service par les voyageurs. Mais cela n'apparaît pas dans les enquêtes de satisfaction, conçues pour valoriser les réorganisations sans tenir vraiment compte du point de vue des travailleurs et des consommateurs. Les doléances ne sont prises en considération que dans la mesure où elles rentrent dans les cases prévues, mais celles-ci ne permettent pas d'exprimer la colère, l'indignation et le ras-le-bol, provoqués par ces mutations. Soit on s'adapte, soit on est exclu. Il n'y a que cette alternative.

Le marketing téléphonique mis en place par la plupart des opérateurs de télécommunications et des entreprises de services conforte un double processus : les « clients » sont de plus en plus mis à contribution pour produire le service rendu [1] ; les nouvelles technologies d'information et de communication réduisent les agents à n'être, dans leur travail, que des supplétifs. Les interlocuteurs sont des

1. Marie-Anne Dujarier, *Le Travail du consommateur*, Paris, La Découverte, 2008.

robots, les agents sont eux-mêmes instrumentalisés par des procédures préétablies qu'ils doivent appliquer à la lettre. La normalisation des procédures, consolidée par l'informatisation des programmes et l'instrumentalisation des agents, est à son comble. On assiste à une « prescriptophrénie » galopante, maladie de la prescription qui consiste à traduire les compétences, les fonctions et les activités dans des grilles, afin de pouvoir contrôler le temps de travail sur un modèle néotaylorien de décomposition des tâches. La distance entre les « experts » qui conçoivent ces outils et les agents chargés de leur mise en œuvre est croissante. D'autant que la culture de l'urgence (Aubert, 2003a) réduit les temps d'expérimentation et les possibilités de discussion collective.

Le management par projet est devenu le modèle de « la gouvernance ». Le terme est à la mode. Il valorise une conception gestionnaire de la politique qui se substitue à l'ancien vocable de « gouvernement ». L'idéologie managériale s'impose comme une doctrine politique qui envahit l'ensemble des cabinets ministériels, jusqu'à fasciner les plus hautes instances politiques [1]. L'État doit être efficace, l'administration doit être performante, les fonctionnaires doivent intérioriser la culture managériale, les institutions doivent se rentabiliser, les coûts et les personnels, par définition pléthoriques et inefficaces, doivent être réduits, la culture du résultat doit se substituer à la culture des moyens. Il faut donc faire plus et mieux avec moins, comme dans ces entreprises où les actionnaires imposent un taux de rentabilité toujours plus élevé, sans se préoccuper des moyens

1. Aude Harlé, *Le Goût et le Coût du pouvoir*, thèse de doctorat de sociologie, Laboratoire de changement social, université Paris 7 - Denis-Diderot, 2008.

nécessaires pour l'atteindre. La nouvelle gestion publique produit les mêmes symptômes que « le nouvel esprit du capitalisme [1] » : désorganisation qui institue un état de crise permanent, exclusion des non-performants, course au « toujours plus », management paradoxal [2], harcèlement, stress, sentiment de perte de sens. Dans ce contexte, la mise en œuvre d'une rationalité dans la gestion des moyens occulte la discussion sur l'adaptation des institutions à leurs missions. On se préoccupe plus de gérer le trou de la Sécurité sociale que de préserver la protection sociale pour tous ; d'adapter les universités au besoin de l'économie que de favoriser la recherche fondamentale et l'accès au savoir du plus grand nombre ; de réduire le taux de délinquance plutôt que d'assurer la sécurité publique ; de diminuer les chiffres du chômage, jusqu'à rayer des listes les demandeurs d'emploi sous tous les prétextes, plutôt que de proposer du travail à tous ceux qui en ont besoin. Les outils d'évaluation des politiques publiques, calqués sur la gestion privée, conduisent à la perte du sens du service public, et de la politique elle-même.

Notre propos n'est pas de condamner la gestion, encore moins d'ignorer la nécessité de réformer la fonction publique ou d'améliorer le fonctionnement des institutions. La gestion est bien nécessaire s'il s'agit d'optimiser le fonctionnement des organisations et des administrations. Elle n'est pas mauvaise en elle-même. Elle le devient lorsque, sous prétexte de réforme ou de rationalisation, on applique des outils à l'aveugle, sans se préoccuper des conséquences

1. Luc Boltanski et Ève Chiapello, *Le Nouvel Esprit du capitalisme*, Paris, Gallimard, 1999.

2. Vincent de Gaulejac, *Le Management paradoxal. Exister dans l'entreprise*, sous la direction de Fabienne Hanique et Laurence Servel, Paris, L'Harmattan, coll. « Changement social », 2008.

humaines, organisationnelles et sociales, sans prendre en compte le point de vue de ceux qui doivent les mettre en œuvre, sans analyser les répercussions sur le reste de la société. Ce sont les conceptions positiviste, utilitariste et objectiviste qui la rendent nocive.

Lorsque la gestion se met au service de la rationalité instrumentale, elle perd sa légitimité. Les sciences de la gestion se sont majoritairement dévoyées vers des modèles normatifs et prescriptifs. Les connaissances développées sont plus orientées vers la construction d'outils opérationnels que vers une compréhension concrète du fonctionnement quotidien des organisations et du vécu de ceux qui y travaillent. Les organisations sont des collectivités humaines qui obéissent, comme toute société, à des lois anthropologiques qu'on ne peut réduire à une appréhension positiviste et utilitariste. La gestion devient un instrument de pouvoir lorsqu'elle réduit l'individu à une « ressource humaine », oubliant que chaque individu a besoin de donner du sens à ses actions, qu'il est un être de langage et de désir, que ses inscriptions symboliques sont tout aussi essentielles que ses besoins économiques et financiers, qu'on ne peut réduire l'homme à un objet, un facteur ou une variable d'ajustement, sans réduire en même temps la part d'humanité nécessaire pour une vie en société harmonieuse. De même que l'économie semble trop souvent se développer contre la société [1], la gestion se développe contre la construction d'un « monde commun » qui devrait être au cœur de la préoccupation du politique.

L'individu a besoin d'exister comme un sujet. Lorsque cette possibilité lui est déniée, il produit des symptômes,

1. Guy Roustang et Bernard Perret, *L'Économie contre la société*, Paris, Seuil, 1993.

qui traduisent son mal être. L'accroissement des signes révélateurs d'une souffrance psychique au travail (stress, épuisement professionnel, hyperactivité, *burn out*, dépression, augmentation de la consommation de psychotropes et d'antidépresseurs, élévation du nombre de plaintes de harcèlement...) a placé au cœur du débat la question des « risques psychosociaux au travail ». L'augmentation significative du nombre de suicides répertoriés comme étant liés aux conditions de travail donne une tonalité dramatique à ce problème.

Une bataille « idéologique » entre le patronat et les syndicats se développe sur les causes du phénomène. D'une manière générale, deux thèses s'affrontent pour expliquer le mal-être au travail :

– L'une, fréquemment tenue par des gestionnaires, décideurs et dirigeants d'entreprise, tend à considérer que ces malaises relèvent d'une vulnérabilité psychologique des salariés et des cadres, nécessitant un accompagnement sous forme de soutien psychologique ou de coaching.

– L'autre, régulièrement reprise par des agents, des médecins du travail, les organisations syndicales, considère que ces souffrances sont la conséquence des nouvelles formes d'organisation du travail et des modes de gestion inhérents à celles-ci.

Les « experts » de la question (analystes du travail, psychiatres, psychologues, consultants et représentants des milieux scientifiques) sont eux-mêmes divisés sur ce point et peinent à trouver un consensus. C'est, par exemple, ce que pointe le rapport Nasse-Légeron [1], lequel déplore

1. « Rapport sur la détermination, la mesure et le suivi des risques psychosociaux au travail », réalisé par Philippe Nasse et Patrick Légeron, et remis au ministre du Travail, Xavier Bertrand, en mars 2008.

la difficulté de retenir un « indicateur global de mesure du stress » et, par voie de conséquence, de « quantifier » l'ampleur du phénomène. Ce constat induit l'idée que la reconnaissance de la souffrance au travail ne peut advenir sans l'existence d'indicateurs susceptibles de mesurer son ampleur et son évolution dans le temps. Comme si la réalité du phénomène ne pouvait être appréhendée qu'à partir du moment où elle était quantifiable. Et comme si, a contrario, tout ce qui n'était pas mesurable n'existait pas. La dictature du chiffre, fondée sur une conception objectiviste de la science – conception dominante aujourd'hui dans les « sciences de la gestion », intériorisée comme une évidence par les milieux patronaux et politiques –, permet d'occulter tout problème, sous prétexte que les outils pour le mesurer ne sont pas fiables.

En fait, l'apparent souci d'objectivation autour des modalités de construction d'instruments de mesure constitue un déplacement du débat sur ce qui fonde le mal-être au travail. En effet, il conduit à se focaliser sur le symptôme (le stress) et sa mesure, en évacuant de fait la question des causes. Celles-ci sont pourtant significatives et repérables empiriquement : l'existence d'un lien entre, d'une part, les conditions de travail, les outils de gestion mis en œuvre, les modes de management, les transformations dans l'organisation et, d'autre part, le mal-être des agents, le sentiment de harcèlement, la perte de sens, le « ras-le-bol », et les manifestations dépressives, vécus par un nombre croissant d'agents, se vérifie quotidiennement. De la même manière, les effets des mutations organisationnelles sont régulièrement évoqués dans des termes semblables : augmentation de la pression, perte de sens, décalage entre travail prescrit et travail réel, soumission à des injonctions paradoxales, mise en œuvre d'outils de mesure quantitatifs de l'activité ne rendant pas compte de la qualité et de la réalité du travail effectué, exigences de faire plus avec moins, perte d'adhésion à la culture, individualisation, déliquescence des collectifs.

Les rapports des médecins et des inspecteurs du travail constatent de façon récurrente et de plus en plus alarmante le même phénomène dans des secteurs d'activité très différents. En outre, les études qualitatives menées en sociologie et en psychologie du travail aboutissent au même constat : les agents vivent de plus en plus mal les nouvelles formes de gestion qui, au nom de la modernisation, de la réforme, du changement, les mettent en difficulté.

Dès lors, comment introduire un véritable débat sur ces questions ?

Du côté des directions, la surdité est à son comble. Moins du fait de ce qui serait une volonté délibérée d'occulter le problème que par une obsession d'améliorer la productivité ou de mener à bien une modernisation jugée comme prioritaire. La métaphore de la guerre est souvent convoquée. La conséquence sur ses « inéluctables pertes » est explicite. Dans cette perspective, la souffrance au travail est parfois appréhendée comme un épiphénomène vécu par des personnes particulièrement vulnérables qui n'ont plus leur place dans la mobilisation nécessaire pour gagner la bataille de la modernisation.

Du côté des DRH (directions des ressources humaines), la pression est forte entre les exigences de rentabilité des directions et les réactions des agents, vécues le plus souvent comme des « résistances au changement ». Il y a parfois de leur part conscience que ces résistances ont leur raison d'être, d'autant que, soumises aux mêmes pressions, nombre d'entre elles les partagent. Mais, face aux impératifs d'adaptabilité, de mobilité et de flexibilité, toutes les manifestations de malaise au travail sont analysées comme des phénomènes marginaux, qu'il convient de minimiser, plutôt que comme des symptômes liés à des réorganisations du travail, qu'il faudrait alors remettre en question.

Du côté des organisations syndicales, les questions de la préservation de l'emploi et de l'amélioration des rémunérations a longtemps pris le pas sur les problèmes liés au management de l'organisation et aux risques psychosociaux. Une prise de conscience du mal-être croissant des salariés se fait progressivement. Mais, pour autant, la compréhension des sources de ce malaise reste délicate : les dimensions psychologiques du phénomène sont déroutantes, et la traduction en termes de stratégie adéquate apparaît complexe. Une minorité de syndicalistes sont conscients du problème. Mais ils tardent à le poser comme prioritaire et se sentent impuissants, faute de trouver des modalités de lutte pertinentes.

Du côté des salariés domine le « sauve-qui-peut » individuel. Face à la pression du travail, au management par objectif, à l'exigence du toujours plus, à la mise en place d'indicateurs de mesure individualisés de l'activité, à l'individualisation des performances, les salariés ont le sentiment qu'ils ne peuvent imputer qu'à eux-mêmes les difficultés ressenties, et vont jusqu'à intérioriser la crainte de ne pas être à la hauteur et/ou la culpabilité d'être moins performants que les autres [1]. En outre, la fragilité objective du marché du travail renforce souvent la crainte de voir toute critique du système sanctionnée par une éviction externe

1. Sur la soumission volontaire des individus au modèle de la guerre économique, cf. Jacques Généreux, *La Dissociété*, Paris, Seuil, 2006.

(licenciement) ou interne (placardisation). Par ailleurs, on assiste à un délitement des collectifs de métier et des solidarités traditionnelles. Plusieurs phénomènes y contribuent : le développement de la lutte des places liée à l'avancement au mérite ; la polyvalence et la flexibilité qui abrasent les identités collectives de métier. Chaque salarié se sent de plus en plus isolé dans un contexte où les collectifs traditionnels ne lui apportent plus les enveloppes protectrices nécessaires pour faire face à la violence au travail.

Du côté des chercheurs, des professionnels (médecins du travail, psychiatres, travailleurs sociaux, consultants, formateurs, coaches…), les réactions sont multiples et oscillent entre compréhension, impuissance et indifférence. Beaucoup sont conscients de l'aggravation du problème, sans pour autant savoir comment y faire face. Le paradoxe est à son comble lorsqu'eux-mêmes se trouvent confrontés dans leurs propres institutions au nouvel esprit gestionnaire, dont ils dénoncent avec vigueur, au plan individuel, le caractère insensé, tout en étant peu mobilisés, au plan collectif, pour en combattre les méfaits.

Quelques mouvements collectifs se dessinent autour de « Sauvons la recherche », « Sauvons la clinique ». Des organisations syndicales semblent vouloir prendre en compte le problème. L'accroissement des suicides au travail obligent les directions à reconsidérer le discours selon lequel il ne s'agirait que de problèmes personnels. Quelques politiques, bien minoritaires, commencent à réaliser que la question du travail est centrale. Mais peu nombreux sont ceux qui font le lien entre les transformations du capitalisme à l'heure de la globalisation, l'émergence de nouvelles formes d'organisation du travail, les pratiques managériales qui les accompagnent et la montée spectaculaire de la souffrance exprimée par les ouvriers, les employés et les cadres.

Nous espérons que cet ouvrage favorisera une prise de conscience de l'importance du mal-être au travail dans les sociétés contemporaines, du lien entre ce malaise et la domination de « l'idéologie gestionnaire », ainsi que de la nécessité d'engager une réflexion approfondie pour mettre en place des actions qui permettent de limiter ses effets destructeurs.

Introduction

La Défense, vendredi 31 juillet, 11 h 30 :

– *Allo, Alain ? Bonjour, c'est Hervé. Comment vas-tu ?*

– *La forme.*

– *Et les enfants ?*

– *Impeccable.*

– *Bon, dis-moi Alain, je t'appelle parce qu'il me semble que tu n'as pas payé ta contribution.*

– *Ma contribution ?*

– *Oui, tu sais, ce qu'on a décidé au dernier comité de direction… Chacun doit donner un nom pour dix unités.*

– …

– *Et Jacques ? Tu ne vas tout de même pas le garder ?*

– *… Je te rappelle.*

Alain raccroche le téléphone, effondré. « J'avais le sentiment d'être pendant la guerre devant un Allemand qui exigeait des noms d'otages pour les exécuter. Un sur dix ! »

Hervé et Alain se connaissent depuis longtemps. L'un et l'autre travaillent dans une multinationale, Hervé en tant que directeur des ressources humaines, Alain comme chef de projet. Douze personnes travaillent avec lui, dont Jacques. Trois mois plus tôt, ce dernier s'était défenestré, à son bureau. Conflits conjugaux, difficultés professionnelles, dépression : il avait « pété les plombs ». Dans son malheur, il ne s'en sortait pas trop mal : six semaines d'hospitalisation et de multiples fractures. À l'hôpital, Alain s'était montré très présent ; à sa sortie, il l'avait réintégré dans son équipe.

La « contribution » demandée à Alain fait suite à la préparation d'un plan social décidé par la direction quelques jours auparavant. Chaque chef de service avait été mis en demeure de désigner, au sein de son équipe, les futurs licenciés ; à concurrence de 10 % des effectifs.

La situation d'Alain n'a rien d'exceptionnel. Elle illustre l'exercice quotidien du management dans les entreprises hypermodernes. Responsable d'un projet décisif pour l'avenir de l'entreprise, Alain doit réunir autour de lui des « ressources humaines ». Sa réussite dépend de ses capacités à mobiliser des gens compétents et motivés. Mais la logique d'investissement qualitatif à moyen terme se heurte à une logique de gestion quantitative du présent. La réduction globale des effectifs est présentée comme une nécessité de survie dans un environnement hypercompétitif. « On n'a pas le choix ! » disent en chœur tous les managers [1] de la planète. La loi du marché et la compétition généralisée sont des données auxquelles tous doivent s'adapter.

Alain est un chef d'équipe apprécié pour ses qualités humaines : attentif à ses collègues, sensible à leurs efforts, soucieux des difficultés rencontrées par les uns ou les autres. Il pratique, selon l'expression consacrée dans les manuels de management, la considération de la personne,

1. Les termes « manager » et « managérial », récemment introduits dans le dictionnaire, seront utilisés dans la suite de ce texte sans guillemets.

et ce, sans perdre de vue les objectifs fixés. C'est dans cette logique qu'il s'est occupé de Jacques : il sait, précise-t-il, que « chacun peut avoir des moments de dépression, des problèmes personnels ». L'essentiel, pour lui, c'est de « construire une équipe solidaire dans l'épreuve comme dans le succès ». Le retour de Jacques, sa réintégration dans l'équipe, sa remotivation dans le travail constituent pour lui sa meilleure performance de l'année, en tout cas, la plus signifiante. Mais le rappel de son collègue, directeur des ressources humaines, le confronte à une évidence douloureuse : devant le pragmatisme et l'efficacité, les considérations éthiques et humanistes doivent s'effacer.

« À l'heure de la guerre économique, il ne sert à rien d'avoir des états d'âme. » « Pour gagner cette guerre, il faut faire des sacrifices et tout combat exige des pertes humaines. » « Les plus courageux ne doutent pas. » Il ne sert à rien de se voiler la face devant cette dure réalité » : Hervé n'a pas besoin de rappeler ces considérations à Alain. Ce sont là les règles du jeu que chaque manager doit intégrer s'il veut accéder et se maintenir à des postes de responsabilité. Un manager doit être humain quand il le faut, mais il doit également savoir prendre ses responsabilités devant des choix difficiles.

Entre la logique du profit et le respect des personnes, les armes ne sont pas égales. D'un côté « la dure réalité » à laquelle il faut bien s'adapter, de l'autre des « états d'âme » qu'il faut bien bousculer. Chacun peut se retrouver, à un moment ou à un autre, dans la situation d'Alain, confronté à une contradiction entre son souci de bien faire (pour l'entreprise) et sa conscience personnelle, dans celle d'Hervé, obligé de rappeler les consignes qu'il estime nécessaires sans forcément en approuver les conséquences, ou bien dans celle de Jacques, habité par une souffrance qui le rend particulièrement vulnérable aux épreuves et à la compétition. Jacques est logiquement condamné.

Dans la société hypermoderne, chaque individu peut être simultanément producteur et produit du système, en être l'acteur et l'agent, le faire fonctionner tout autant que le subir. Hervé « ne fait que son boulot ». Il est payé pour cela, pour appliquer des décisions prises en comité de direction. Mais que veut dire « faire son boulot » ? Hervé n'est ni un bureaucrate zélé, ni une personnalité fade soumise à l'emprise de l'autorité. C'est un cadre « dynamique », une personnalité forte qui a été embauchée au poste de directeur des ressources humaines pour ses qualités d'écoute, sa franchise, son goût de la relation. Dans son coup de téléphone à Alain, il n'y a ni duplicité ni mauvaise foi. Il connaît les qualités de son interlocuteur. Il sait qu'il a soutenu Jacques et l'a félicité. Simplement, c'est un homme réaliste, pragmatique, efficace : l'heure n'est plus à la compassion mais à la lutte, sans état d'âme.

En raccrochant, Alain réalise l'écart magistral entre ce qu'on lui demande de faire et ce à quoi il croit. L'image de la guerre s'impose comme un retour à la barbarie et à l'insensé. Lui qui est attaché à une certaine conception du travail, respectueuse des individus, cultivant les solidarités et les réciprocités, il se trouve pris en défaut. La prescription du comité de direction remet en question les fondements de son éthique, de son adhésion à l'entreprise, du sens qu'il donne à son travail. Comment conserver l'estime de soi lorsqu'on doit accomplir des actes contraires à ses valeurs ? Comment avoir du respect pour ceux qui vous demandent des choses non respectables ?

Il nous semble crucial de comprendre en profondeur ces situations qui conduisent ainsi, chaque jour, des hommes et des femmes équilibrés, de bonne volonté, à produire une telle violence. Comprendre et analyser pourquoi l'entreprise est devenue un monde guerrier et destructeur, tout en suscitant l'adhésion de ses membres. Saisir les fondements de la « lutte des places » qui se développe au cœur de nos sociétés. Comprendre pourquoi, alors que la richesse ne cesse d'augmenter, la vie semble plus difficile à beaucoup.

*

L'argument de la guerre économique participe à la construction d'un imaginaire social (Castoriadis, 1975) qui sert de paravent à l'exercice d'une domination dont chacun sent bien les effets sans toujours en déceler les causes. On entretient l'idée que nous traversons une crise dont les remèdes sont économiques. Nous sommes là en plein paradoxe. On attend de l'économie des réponses à des problèmes qui touchent à la signification même de ce qui fait société. Les sociétés hypermodernes ne sont pas économiquement fragiles. En revanche, elles semblent perdre le sens d'elles-mêmes. La mobilisation sur le travail conduit à inverser l'ordre des priorités, comme si la société tout entière devait se mettre au service de l'économie. Les nécessités de gestion s'imposent aux choix politiques et sociaux. Les hommes cherchent dans la gestion un sens à l'action et même, parfois, à leur vie et à leur devenir. L'économie politique devient une économie gestionnaire, dans laquelle les considérations comptables et financières l'emportent sur les considérations humaines et sociales.

La première partie de cet ouvrage présente une analyse du management et de la gestion. Le management comme technologie de pouvoir, entre le capital et le travail, dont la finalité est d'obtenir l'adhésion des employés aux exigences de l'entreprise et de ses actionnaires. La gestion comme idéologie qui légitime une approche instrumentale, utilitariste et comptable des rapports entre l'homme et la société. Sous une apparence pragmatique et rationnelle, la gestion sous-tend une représentation du monde qui justifie la guerre économique. Au nom de la performance, de la qualité, de l'efficacité, de la compétition et de la mobilité, se construit un monde nouveau. Une société globale marquée par un développement paradoxal, dans laquelle la richesse et la pauvreté s'accroissent, tout comme la connaissance et l'ignorance, la création et la destruction, le bien-être et la souffrance, la protection et l'insécurité. Comment comprendre ces contradictions ? La gestion, qui se présente comme un simple moyen pour traiter ces problèmes, est en fait une des causes de leur apparition et de leur reproduction.

Nous essaierons de comprendre, dans la seconde partie, pourquoi et comment la société se laisse «contaminer» par l'idéologie gestionnaire. Née dans la sphère du privé, elle tend à se répandre dans les secteurs publics et dans le monde non marchand. Aujourd'hui, tout se gère, les villes, les administrations, les institutions, mais également la famille, les relations amoureuses, la sexualité, jusqu'aux sentiments et aux émotions. Tous les registres de la vie sociale sont concernés. Chaque individu est invité à devenir l'entrepreneur de sa propre vie. L'humain devient un capital qu'il convient de rendre productif.

La rentabilité ou la mort, telle semble être la seule alternative que les gestionnaires proposent à l'espèce humaine. Il y a là quelque chose de mortifère dans cette quête de performance. La gestion capitaliste obéit à une logique d'obsolescence. Elle détruit continuellement ce qu'elle produit par nécessité de produire autre chose. Face à ces effets dévastateurs, les modes de légitimation et de régulation sont en crise. Les discours sur l'éthique sonnent creux. La « montée de l'insignifiance » (Castoriadis, 1996) entraîne chacun dans une quête de sens et de reconnaissance jamais satisfaite, à l'image d'une compétition sans limites qui génère un sentiment de harcèlement généralisé. La culture de la haute performance s'impose comme modèle d'efficience. Elle met le monde sous pression. L'épuisement professionnel, le stress, la souffrance au travail se banalisent. La société devient un vaste marché dans lequel chaque individu est engagé dans une lutte pour se faire une place et la conserver. Face à ces transformations, la politique, contaminée par le « réalisme gestionnaire », semble impuissante à dessiner les contours d'une société harmonieuse, soucieuse du bien commun.

La désillusion est à son comble. Malgré les tentatives pour redonner une morale au capitalisme, la finance et l'éthique semblent inconciliables. La croissance entraîne des régressions sociales et des violences brutales. Le dernier chapitre propose quelques pistes de réflexion pour penser la gestion autrement. L'entreprise n'est pas seulement un appareil de production. Elle est aussi une micro-société, une communauté humaine, qui doit trouver un équilibre entre les performances économiques, les préoccupations sociales et les dimensions symboliques. Il s'agit à présent de repenser les fondements du contrat social pour que l'économie n'en vienne pas à se développer contre la société. Entreprendre de penser la gestion non plus au service d'une rationalité instrumentale, mais comme l'ensemble des moyens à mettre en œuvre pour construire un monde commun, moins injuste et plus harmonieux.

*

Peut-on dire d'une société qu'elle est malade ? (Enriquez et Haroche, 2002). Il s'agit bien sûr d'une métaphore. Si l'expression prête à discussion, elle indique qu'une certaine conception managériale a des effets délétères sur les fondements mêmes de ce qui fait société et des conséquences pathogènes sur les individus qui la composent.

La gestion n'est pas un mal en soi. Il est tout à fait légitime d'organiser le monde, de rationaliser la production, de se préoccuper de rentabilité. À condition que ces préoccupations améliorent les relations humaines et la vie sociale. Or, chacun peut constater qu'une certaine forme de gestion, celle qui se présente comme efficace et performante, envahit la société et que, loin de rendre la vie plus facile, elle met le monde sous pression.

Mes réflexions sur le monde gestionnaire datent des années 1970. Un concours de circonstances fait de moi l'un des premiers docteur de l'université de Paris 9-Dauphine. Non que je sois le meilleur mais parce que j'ai soutenu ma thèse en 1971[1], avant les autres. À cette époque, la gestion n'était pas une discipline enseignée dans les universités. Fondée après les évènements de mai 68 par Edgar Faure, en même temps que l'université de Vincennes (aujourd'hui Paris 8), l'université de Dauphine avait été conçue par H. Brochier et P. Tabatoni pour développer les « sciences de l'organisation » à partir de trois disciplines, l'économie, les mathématiques et la psychosociologie. J'ai eu l'honneur d'enseigner dans cette université de 1971 [1] à 1988. J'ai pu

1. Cette thèse a été soutenue avec Jean-Pierre Buffard et Christian Larcher, devant un jury composé de A. Aymard, H. Brochier et M. Pagès. *Qu'on ne me parle plus de communication*, thèse de 3e cycle de sciences des organisations, université Paris 9-Dauphine, 1971.

constater la transformation du projet initial, la perte d'influence de ces disciplines au profit des « sciences de la gestion », ou comment un projet scientifique innovant et original a été dévoyé au profit d'un projet de formation de « managers » opérationnels, aptes à se mettre au service des entreprises. Sélectionnant des étudiants scolairement brillants, issus des catégories sociales les plus favorisées, cette université n'a eu aucun mal à se tailler une réputation d'excellence auprès des employeurs et à attirer à elle les louanges des milieux patronaux. Ces futurs gestionnaires considéraient les sciences sociales et humaines comme un vernis culturel, un peu comme les cours de dessin et de musique au lycée. Sauf pour les étudiants plus âgés qui, après quelques années passées dans l'entreprise, revenaient à l'université pour tenter de comprendre le sens de leur expérience. Ils étaient préoccupés par l'évolution de l'univers entrepreneurial dans lequel la recherche de la performance semblait de moins en moins compatible avec leurs aspirations.

C'est dans ce contexte que le Laboratoire de changement social, fondé par Max Pagès, a développé un programme de recherche sur le pouvoir dans les organisations et sur l'évolution des pratiques de management dans les entreprises. Il n'était pas facile, dans les années 1970, de poursuivre ce type de recherche. Les entreprises assimilaient les sociologues à des gauchistes. Les sociologues du travail considéraient la sociologie du management comme une idéologie au service du grand capital. La pluridisciplinarité était perçue comme de l'éclectisme. Les coupures entre l'université et l'entreprise, entre la théorie et la pratique, entre la recherche et l'intervention étaient profondes. Le projet du Laboratoire de changement social s'est d'emblée inscrit dans une remise en question de ces clivages (Pagès, 2000).

Les recherches conduites depuis en portent la marque. Cet ouvrage poursuit la réflexion menée depuis lors. Il s'inscrit dans une problématique construite avec Max Pagès et Michel Bonetti, puis avec Nicole Aubert, à partir de deux recherches, *L'Emprise de l'organisation* (1979) et *Le Coût de l'excellence* (1991). Il s'est enrichi des travaux et des échanges élaborés avec mes collègues du Laboratoire de changement social. Il s'est nourri, enfin, des apports de doctorants qui approfondissent et renouvellent les chemins ouverts par leurs aînés [1]. Il est un signe de reconnaissance et de gratitude pour ce qu'ils m'ont apporté. Il s'est construit au carrefour de plusieurs postures, comme manager, chercheur, intervenant et citoyen.

Étant moi-même un « gestionnaire » comme directeur d'un laboratoire universitaire, j'éprouve quotidiennement la contradiction entre l'éthique de la responsabilité (gérer les moyens disponibles au mieux des attentes et des intérêts de chacun) et l'éthique de la conviction (créer les conditions

1. Je tiens à manifester ma reconnaissance aux collègues du Laboratoire, en particulier à Pierre-Jean Andrieu, France Aubert, Nicole Aubert, Jacqueline Barus-Michel, Frédéric Blondel, Jean-Philippe Bouilloud, Teresa Carreitero, Eugène Enriquez, Gérard Guénat, Fabienne Hanique, Claudine Haroche, Dominique Lhuilier, Max Pagès, Jacques Rhéaume et Elvia Taracena, ainsi qu'aux collègues des comités de recherche de « Sociologie clinique » et d'« Entreprise et société » de l'Association internationale de sociologie et de l'Association internationale des sociologues de langue française, en particulier Ana-Maria Araujo, Jean-François Chanlat, Geneviève Dahan-Selzer, Véronique Guienne, Jean-Louis Laville, Pierre Roche et Norma Takeuti. Je remercie également les doctorants qui poursuivent l'aventure de la sociologie clinique, Jean-Émile Berret, Valérie Brunel, John Cultiaux, Marie-Anne Dujarier, Emmanuel Gratton, Jean-Marc Fridlander, Aude Harlé, Farida Mennaa, Rachid Merzouk, Stéphanie Rizet, Sylvette Uzan-Chomat, Laurence Viry et Hélène Weber. Je remercie tout particulièrement Guy Atlan pour ses conseils avisés.

idéales pour développer des connaissances sur l'homme et la société). J'éprouve concrètement la tension entre les besoins de liberté, de temps et de respect pour faire de la recherche et les contraintes inévitables pour cadrer les productions humaines en termes de moyens, forcément limités, de normes, forcément contraignantes, et de règles, forcément bureaucratiques. On peut dénoncer avec force la « gestion comptable » de la santé, de l'éducation et de la recherche, tout en reconnaissant la nécessité de s'adapter aux contraintes économiques et institutionnelles.

Le chercheur que je suis préfère obéir à des considérations militantes plutôt que gestionnaires en mettant la recherche au service du bien commun et de la demande sociale plutôt qu'à des critères d'utilité et de profitabilité. La réflexion sur le changement social ne peut se cantonner à une description des processus de transformation et à l'analyse de ses effets. Elle ne peut rester totalement étrangère à un souci d'amélioration, de progrès. Elle ne peut rester insensible à toutes les formes de violence, de domination, d'exploitation, d'exclusion et d'humiliation.

Comme citoyen, je suis préoccupé par les dérives d'une société dans laquelle les inégalités augmentent, l'environnement se dégrade, le débat politique devient insignifiant et le désenchantement est à son comble. Entre la rigueur du chercheur qui doit présenter une analyse argumentée, fondée sur des hypothèses vérifiables, et l'engagement du citoyen qui met en avant ses opinions, ses idéaux, ses sentiments, ses indignations et ses inquiétudes, il y a parfois un grand écart. Le discours de la dénonciation est peu compatible avec l'ambition de neutralité et d'objectivité de la recherche.

Comme clinicien, je suis particulièrement sensible à ce qui produit le mal-être et la souffrance. Étymologiquement, *klinikê* désigne la pratique médicale qui consiste à se rendre « près du lit des malades ». En sociologie, la démarche clinique consiste à s'approcher au plus près du vécu des acteurs (Gaulejac et Roy, 1992). Mes réflexions s'appuient sur des recherches de terrain et des interventions menées dans des entreprises privées et publiques. Depuis trois décennies, j'ai pu constater les mutations du monde du travail en accompagnant ceux qui les vivent au quotidien. J'ai partagé avec eux leurs analyses de ces transformations, mais aussi leurs souffrances et leurs espoirs.

Comment saisir la complexité sans être pris soi-même dans une posture complexe ? D'autant que l'objet même de cet ouvrage conduit à utiliser des référents théoriques hétérogènes. L'économie, la psychologie, l'anthropologie, la sociologie seront convoquées du côté des sciences sociales, mais aussi le droit, la finance, la comptabilité, la communication du côté des « sciences de la gestion ». Les guillemets désignent ici le caractère particulier de la connaissance produite dans le domaine de la gestion dont l'épistémologie n'est pas évidente. Avec Max Pagès (1979), nous avons préconisé la « problématisation multiple » pour appréhender le pouvoir dans les organisations. L'ambition peut paraître démesurée : croiser et articuler des référents théoriques issus de disciplines aussi différentes que l'économie, la sociologie ou la psychanalyse. Mais elle est nécessaire dans la mesure où les rapports sont étroits entre l'économie financière et l'économie libidinale, entre les normes managériales et la mobilisation psychique, entre la gestion des entreprises et la gestion de soi.

Signifiant initialement administrer, diriger, conduire, le terme de « gestion » renvoie actuellement à un certain type de rapport au monde, aux autres et à soi-même, dont il convient de dessiner les contours. L'argument de cet ouvrage consiste à montrer qu'une certaine conception de la gestion est devenue l'idéologie dominante de notre temps. Combinée avec l'émergence de pratiques managériales, elle constitue un pouvoir caractéristique de la société hypermoderne [1].

1. La notion d'organisation « hypermoderne » a été proposée par Max Pagès (Pagès *et al.*, 1979) dans la recherche que nous avons effectuée ensemble sur le pouvoir dans une grande multinationale. Le présent ouvrage s'inscrit dans la filiation de ce travail dont les hypothèses, vingt-cinq ans après, n'ont pas été démenties par les faits. Nous l'avons approfondie à l'occasion d'un colloque organisé par Nicole Aubert à l'ESCP-EAP avec le Laboratoire de changement social sur « l'individu hypermoderne ». La modernité se caractérise par la valorisation de la raison, du progrès et du sujet. La notion d'hypermodernité décrit l'exacerbation des contradictions de la modernité, en particulier la domination « irraisonnée » de la rationalité instrumentale, l'accomplissement de progrès technologiques et économiques qui sont facteurs de régressions sociales, la conquête d'autonomie des individus qui les met en dépendance. Pour une discussion approfondie de cette notion, on pourra se référer à l'ouvrage publié sous la direction de Nicole Aubert (2004).

PREMIÈRE PARTIE

Pouvoir managérial et idéologie gestionnaire

« Il faut en somme admettre que le pouvoir s'exerce plutôt qu'il ne se possède. »

MICHEL FOUCAULT

Qu'est-ce que la gestion ? Dans les manuels, elle est présentée comme un ensemble de techniques destinées à rationaliser et optimiser le fonctionnement des organisations. Cet objectif opératoire recouvre plusieurs aspects :

- des pratiques de direction des entreprises : du gérant au manager, il s'agit de définir des orientations stratégiques, d'optimiser les rapports entre les différents éléments nécessaires pour mettre en œuvre un système d'action collective, de définir la structure et la politique de l'organisation ;
- des discours sur les façons d'organiser la production, de mener les hommes qui y contribuent, d'aménager le temps et l'espace, de penser l'entreprise comme une organisation rationnelle ;
- des techniques, des procédures, des dispositifs qui cadrent les activités, fixent les places, les fonctions et les statuts, définissent des règles de fonctionnement.

La gestion est en définitive un système d'organisation du pouvoir. Derrière sa neutralité apparente, il nous faut comprendre les fondements et les caractéristiques de ce pouvoir qui a considérablement évolué dans le temps. Entre l'organisation scientifique du travail (Taylor, 1912) et le management des entreprises multinationales, les modalités d'exercice et la nature même du pouvoir gestionnaire se sont considérablement transformées.

Cette première partie décrit les mutations du pouvoir managérial. Entre les directions, de plus en plus soumises à la pression des actionnaires, et l'encadrement qui tente d'inventer des médiations entre des logiques contradictoires, le pouvoir gestionnaire se brouille. Il devient difficile de l'identifier du fait de l'écart croissant entre, d'une part, des systèmes d'organisation complexes, réticulaires (en réseaux), transnationaux, virtuels et, d'autre part, les individus chargés de les mettre en œuvre. À l'abstraction du capital répond la mobilité, la flexibilité et l'instabilité du travail. Entre les deux, le management cherche à produire des régulations. Mais cette vision d'un pouvoir de médiation, que l'on exerce sans le posséder, est partielle. Pour mieux saisir le pouvoir gestionnaire, il nous faut comprendre pour quelles raisons le management s'est massivement mis au service du capital (chapitre 1).

Sous une apparence objective, opératoire et pragmatique, la gestion managériale est une idéologie qui traduit les activités humaines en indicateurs de performances, et ces performances en coûts ou en bénéfices. En allant chercher du côté des sciences exactes une scientificité qu'elles n'ont pu conquérir par elles-mêmes, les sciences de la gestion servent en définitive de support au pouvoir managérial. Elles légitiment une pensée objectiviste, utilitariste, fonctionnaliste et positiviste. Elles construisent une représentation de l'humain comme une ressource au service de l'entreprise, contribuant ainsi à son instrumentalisation (chapitre 2).

On observe cette évolution en premier lieu dans les entreprises multinationales, avec une extension, à partir des années 1980, dans toutes les grandes organisations privées et publiques. Les multinationales, avec la collaboration active des grands cabinets de consultants, élaborent ces technologies gestionnaires que nous désignons sous le terme de « pouvoir managérial ». Le management par la qualité *(quality management)* est une illustration, parmi d'autres, des mutations dans les façons de diriger et d'évaluer la production, des effets de pouvoir qu'elles induisent et de la manière dont elles contribuent à normaliser les comportements en éliminant toute critique. La gestion managériale est un mélange de consignes rationnelles, de prescriptions précises, d'outils de mesure sophistiqués, de techniques d'évaluation objectives, mais aussi de consignes irrationnelles, de prescriptions irréalistes, de tableaux de bord inapplicables et de jugements arbitraires. Derrière la rationalité froide et « objective » des chiffres se dissimule un projet « quantophrénique » (l'obsession du chiffre) qui fait perdre aux hommes le sens de la mesure (chapitre 3).

Cette idéologie suscite bien des résistances et des désillusions. Elle provoque des réactions contradictoires. On voudrait y échapper, mais on ne peut s'empêcher d'y adhérer. Le primat de la rationalité instrumentale se développe dans un univers de plus en plus paradoxal. Comment comprendre la nature profonde de ce pouvoir qui suscite adhésion et critiques, fascination et rejet, plaisir et anxiété ? Si le pouvoir disciplinaire, analysé par Michel Foucault (1975), avait pour fonction de rendre les corps « utiles, dociles et productifs », le pouvoir managérial mobilise la psyché sur des objectifs de production. Il met en œuvre un ensemble de techniques qui captent les désirs et les angoisses pour les mettre au service de l'entreprise. Il transforme l'énergie libidinale en force de travail. Il enferme les individus dans un système paradoxal qui les conduit à une soumission librement consentie (chapitre 4).

Il peut sembler iconoclaste de présenter la gestion comme une idéologie dans la mesure où elle n'a d'autre ambition que de rationaliser de façon pragmatique le fonctionnement des organisations. Ou encore d'analyser le management comme un système de pouvoir alors qu'il se présente comme un ensemble de pratiques d'exécution de la part d'agents au service de l'entreprise. Pourtant, l'une et l'autre conception viennent combler un vide. L'idéologie gestionnaire vient remplir le vide éthique du capitalisme à partir du moment où celui-ci s'est dissocié de l'éthique protestante qui fondait sa légitimité. Le pouvoir managérial se développe face au double mouvement d'abstraction et de déterritorialisation du capital, dont on ne sait plus très bien qui le possède. Dans ce contexte, « les affaires » se développent, l'éthique de résultat se substitue à la morale, le projet capitaliste cherche en lui-même sa propre finalité (chapitre 5).

CHAPITRE I

Le management entre le capital et le travail

> « Actionnaires de tous les pays, unissez-vous. »[1]

Le manager, plus que tout autre, intériorise fortement la contra- diction capital/travail. D'un côté, une identification forte à « l'intérêt de l'entreprise », une intériorisation de la logique du profit, une adhésion aux normes et aux valeurs du système capitaliste ; de l'autre, une condition salariale soumise aux aléas de la carrière, au risque de licenciement, à la pression du travail et à une compétition féroce. Le management est garant de l'organisation concrète de la production, c'est-à-dire de l'aménagement des différents éléments nécessaires pour faire vivre l'entreprise. Sa fonction consiste à produire un système reliant et combinant des éléments aussi disparates que le capital, le travail, les matières premières, la technologie, les règles, les normes, les procédures. Dans l'ordre de la gestion quotidienne, le management produit des médiations entre ces différents éléments

1. « "Prolétaires de tous les pays, unissez-vous", disait le manifeste du parti communiste. Ce sont, mondialisation aidant, les actionnaires qui l'ont fait. » J. Peyrelevade, *Le Capitalisme total*, Paris, Seuil, 2005.

et favorise l'intégration entre des logiques fonctionnelles plus ou moins contradictoires (Gaulejac, 1988).

Ce rôle fonctionnel met le manager au cœur d'une tension entre les exigences de profit portées par les actionnaires, l'adaptation au marché (« le client est roi ») et l'amélioration des conditions de travail. Le modèle fordiste cherchait à concilier ces trois pôles dans une logique de renforcement réciproque : une production de masse bénéficiant aux salariés-consommateurs à partir d'une réduction du prix des voitures, d'une augmentation des rémunérations, assurant une hausse continue des profits. Ce modèle a été le moteur de la croissance pendant les « Trente Glorieuses ». Depuis les années 1980, le double mouvement d'internationalisation et de financiarisation de l'économie impulsé par les entreprises multinationales a profondément changé les rapports entre capital et travail.

L'obsession de la rentabilité financière

Dans son ouvrage sur *Le Culte de l'urgence*, Nicole Aubert (2003 *a*) cite un dirigeant d'entreprise qui résume parfaitement les conséquences de cette évolution. « La grande mutation pour nous, industriels, a été les cinq, six dernières années. C'est là que tout a basculé [...]. Aujourd'hui la Bourse est l'obsession numéro un et c'est au milieu des années 1990 que ça va changer, jusque-là le groupe devait gagner de l'argent, on devait être riche, on devait être bon, mais on était des industriels avant tout. À partir du milieu des années 1990, on est rentré d'un seul coup dans une logique de Bourse, de valeur de l'action, d'OPA, de fusion-acquisition et c'est là qu'on a vu apparaître pour la première fois une exigence de rentabilité de

15 % par an sur capitaux investis avec une direction qui nous disait : “Si on veut que les actionnaires foutent du pognon dans notre affaire, il faut qu'on leur rapporte autant d'argent que s'ils investissent sur le marché financier.” Et maintenant, nos dirigeants ont le nez sur la Bourse tous les jours et, quand vous ouvrez votre ordinateur, la première chose qui apparaît c'est notre cotation en Bourse ! »

Trois phénomènes majeurs vont bouleverser le fonctionnement du capitalisme industriel à la fin du XXe siècle :

• Les logiques de production sont de plus en plus soumises aux pressions des logiques financières. L'économie financière se substitue à l'économie industrielle.

• Le poids des marchés et leur mondialisation remettent en question les modes de régulation économique dominés jusqu'alors par l'État-Nation. La déterritorialisation du capital fait sauter les verrous qui permettaient de contrôler sa circulation et de limiter les effets spéculatifs.

• La fusion des télécommunications et de l'informatique instaure la dictature du « temps réel » et l'immédiateté des réponses aux exigences des marchés financiers.

À partir du moment où la logique financière prend le pas sur la logique de production, les rapports de pouvoir au sein de l'entreprise vont se modifier. Les rapports entre le capital et le travail, qui s'étaient progressivement rééquilibrés pendant la période des Trente Glorieuses, vont se durcir. À la gestion du personnel et des relations sociales se substitue la gestion des ressources humaines. Les effectifs sont considérés comme un coût qu'il convient de réduire par tous les moyens, une « variable d'ajustement » qu'il faut flexibiliser au maximum pour s'adapter aux « exigences du marché ». Adaptabilité, flexibilité, réactivité deviennent les maîtres mots d'un « bon » management des ressources humaines. « Dans l'univers hyperconcurrentiel auquel l'entreprise doit faire face, l'immédiateté des réponses constitue une règle de survie absolue, d'où un raccourcissement permanent des délais, une accélération continuelle des rythmes et une généralisation de la simultanéité » (Aubert, 2003 *a*). La performance et la rentabilité se mesurent à court terme, « en temps réel », mettant l'ensemble du système de production dans une tension permanente : zéro délai, juste à temps, flux tendus, management minute, etc. Il s'agit de faire toujours plus, toujours mieux, toujours plus rapidement, à moyens constants ou même avec moins d'effectifs.

Si cette évolution est patente pour les entreprises cotées en Bourse, dont la valeur est quotidiennement évaluée par les marchés financiers, elle tend à se répandre dans l'ensemble des entreprises qui sont leurs clientes ou leurs fournisseurs. Ces dernières doivent s'adapter à leurs modes de gestion par le biais de systèmes d'information et de communication d'entreprise. Ceux-ci définissent des normes de gestion globale que les sous-traitants doivent appliquer, au risque d'être marginalisés ou éconduits. Par exemple, le logiciel SAP *(Systems, Applications and Products in Data Processing* [1]*)* se répand en quelques années dans l'ensemble du système productif. Il impose ses normes à la finance, aux ressources humaines, à la logistique, à la gestion des stocks, des salaires et de toutes les fonctions de l'entreprise.

L'imprégnation de l'ensemble de l'entreprise par la logique financière bouscule les modes d'organisation et de management construits sur des logiques de production. Auparavant, il fallait être bon, sortir des produits de qualité,

1. En français, « Systèmes, applications, produits dans le traitement des données ». Créé en 1972 en Allemagne, SAP est devenu la cinquième société de conception de logiciels dans le monde.

pour être compétitif sur un marché conçu selon les termes de l'offre et de la demande. Maintenant, l'entreprise est elle-même devenue un produit financier dont la valeur est quotidiennement évaluée à l'aune des marchés. Cette logique du profit immédiat a de multiples conséquences : publication des résultats selon un rythme très soutenu (trimestriel *a minima* et non plus annuel) ; politique d'information auprès des analystes financiers qui pénalise les stratégies à long terme au profit d'une rentabilité immédiate ; recherche de gains de productivité à court terme au détriment des investissements sur des cycles longs ; pression du chiffre et des outils de mesure au détriment d'une réflexion sur les processus, les modes d'organisation et les problèmes humains. Dans ce contexte, le comptable se substitue au stratège, le court terme au long terme, la recherche du gain immédiat à la mise en place d'une production de qualité.

L'exigence d'une information permanente des marchés financiers conduit à des revirements stratégiques et des ajustements brutaux qui ne sont plus décidés en fonction de considérations industrielles mais pour répondre aux « inquiétudes » des marchés. Pour ne pas publier des résultats qui entraîneraient une perte de confiance des actionnaires, les décideurs mettent en place des plans de réduction des coûts, donc des effectifs, au risque de perturber durablement la production. Comme s'il fallait qu'à la volatilité des marchés financiers corresponde une volatilité du marché du travail : multiplication des emplois précaires, des intérimaires, des contrats à durée déterminée, des licenciements brutaux… Tout est bon pour favoriser une flexibilité des politiques d'embauche et de licenciement afin de répondre en permanence aux exigences supposées du marché financier. Les politiques dites de « ressources humaines » consistent à développer une flexibilité maximale du marché du travail. Les emplois non protégés se multiplient, jusqu'à représenter 30 à 40% du personnel. Ils servent de variable d'ajustement salarial permettant de répondre rapidement à la « demande des marchés ».

Le capital s'est emparé de l'entreprise (Gréau, 1978). Les fonds de pension exercent un contrôle serré des dirigeants auxquels ils décernent des brevets de bonne ou de mauvaise conduite. Les dirigeants sont de plus en plus soumis aux desiderata d'actionnaires dont la motivation principale est financière puisqu'il s'agit d'assurer la rentabilité à court, moyen et long terme de leurs fonds. Il y a une disjonction entre le capital et l'entreprise. D'un côté, une exigence de rentabilité continue avec la menace permanente de sortir du capital de l'entreprise pour investir dans une autre qui sera jugée plus rentable. De l'autre, une exigence de pérennité de l'entreprise qui doit faire des concessions à des actionnaires volages et exigeants, même si ces concessions remettent en question son fonctionnement interne par des risques d'endettement fort. Pour obtenir une rentabilité élevée des fonds propres (capitaux + bénéfices mis en réserve), les dirigeants mettent en place des plans sociaux pour rassurer les actionnaires. Ou encore reportent des investissements nécessaires à long terme qui seront considérés comme coûteux à court terme.

L'obsession de la rentabilité financière occupe les dirigeants parfois même au détriment du développement de l'entreprise. D'autant que leur rémunération sous la forme stock-options conduit à mesurer leur propre réussite en fonction de la progression de la valeur de l'action en Bourse. Pour limiter les effets pervers de ce dispositif, une clause retarde, en principe, le moment où les dirigeants peuvent liquider les titres qu'ils ont acquis sous cette forme. Un délai de trois à cinq ans est généralement requis. Dans ce contexte de « courtermisme », ils ont intérêt à obtenir une valorisation maximale des actions, au risque de prendre des décisions pour faire des effets d'annonce qui se font au détriment de l'intérêt à moyen terme de l'entreprise et de sa pérennité.

L'ensemble des fonctions de l'entreprise est subordonné à la logique financière par le biais de techniques de gestion qui conduisent les agents à intérioriser l'exigence de rentabilité. Chaque équipe, chaque service, chaque département, chaque établissement a des objectifs à atteindre dont la mesure, de plus en plus fréquente, est parfois effectuée en temps réel [1]. L'obligation de résultats, mesurée à l'aune de la rentabilité de chacun, doit être prise en charge par chaque élément du système.

L'abstraction du capital et du pouvoir

Le développement du capitalisme financier entraîne une dépersonnalisation des sources du pouvoir. En 1936, on parlait des « deux cents familles » qui symbolisaient « le grand capital », désignant les principaux propriétaires des moyens de production en France. On identifiait ainsi le pouvoir économique, incarné par des « grandes familles », dont on voyait clairement les ramifications avec le pouvoir politique (Bertaux, 1977). Aujourd'hui, l'identification du pouvoir est moins évidente. La possession du capital ne repose plus sur quelques familles aisément repérables. Les actions appartiennent à des holdings, des établissements

1. Comme pour les caissières de supermarché ou les employés de la restauration rapide. Cf. H. Weber, 2005.

financiers, des intermédiaires, des gestionnaires de fonds de pension qui en assurent une circulation plus ou moins flottante, ou encore à une multiplicité de petits propriétaires qui investissent en Bourse sans même connaître les entreprises dont ils détiennent les titres. La mondialisation, associée à l'informatisation des Bourses, transforme le monde en un vaste casino dans lequel la logique de rentabilité financière s'impose aux stratégies de production et aux politiques économiques des États.

André Orléan évoque à ce propos le capitalisme « patrimonial » dans lequel le pouvoir est moins incarné par des grands « capitaines d'industrie », fondateurs de leur entreprise et attachés à son développement, que par une diversité d'acteurs (salariés, managers, petits actionnaires, banques, État...) ayant des intérêts divers (Orléan, 1999, 2002).

Entre le propriétaire qui s'identifie à l'avenir de l'entreprise dont il est le fondateur ou l'héritier, et les actionnaires anonymes qui s'intéressent avant tout à la rémunération de leur capital, la posture est radicalement différente. La déréglementation de la finance, la liberté de mouvement des capitaux, l'importance des masses financières concentrées dans les fonds de pension, la dissolution des participations croisées entre les firmes pour se protéger mutuellement, tous ces éléments contribuent à réduire le pouvoir identifiable des grands patrons du capitalisme industriel et à augmenter celui, plus diffus, des gestionnaires du capitalisme patrimonial. Les milliers d'actionnaires qui investissent dans des fonds mutuels et des fonds de pension n'ont sûrement pas le sentiment d'exercer un grand pouvoir sur les sociétés dont ils détiennent des actions, d'autant que la variation des cours de celles-ci dépend de facteurs qui leur échappent largement. Elle est fonction d'un marché dominé par le « monde de la finance » dont on connaît mal les rouages et encore moins les visages. Le monde anonyme des « investisseurs institutionnels » impose sa loi sur des critères implicites et subjectifs : il s'agit de leur donner confiance, de les rassurer, de les nourrir avec le taux de rentabilité servi (Lordon, 2002).

La nébuleuse des banques d'affaires, des gestionnaires de fonds de placement, des établissements financiers qui investissent en Bourse représente un système de pouvoirs diffus qui détermine la confiance ou la méfiance des fameux « marchés ». Rarement nommé, ce pouvoir est éclaté et opaque. Il s'exprime dans des jeux d'influences, des montages d'opérations complexes, des nominations à des postes clés, des alliances de circonstance… Mais il est structuré autour d'une logique d'action, un principe organisateur dont la boussole est déterminée par le champ magnétique des cours de la Bourse.

Cette transformation du capitalisme favorise un processus généralisé de déterritorialisation du pouvoir. Le lieu de l'activité concrète est déconnecté des lieux de prise de décision. Les logiques de production, inscrites dans des espaces circonscrits et des temporalités précises, ne semblent plus être en cohérence avec les logiques financières, plus abstraites et volatiles. Comme si ces dernières n'étaient plus en phase avec l'économie réelle.

Le développement des stock-options conduit à aligner les intérêts du management sur les intérêts des marchés financiers, plutôt que sur ceux de l'entreprise. Les managers, dominés par leurs désirs de toute-puissance, aveuglés par la menace d'être mis à l'écart, et les actionnaires, tendus par la recherche de taux de rentabilité élevés, se rejoignent pour considérer le travail comme une variable secondaire qu'il faut rendre flexible afin de l'adapter aux exigences du marché. Un certain nombre d'affaires ont montré que des chefs d'entreprise, avec la complicité du top management, cherchaient à gonfler artificiellement le cours des actions pour les revendre au plus haut sans se soucier de l'avenir des salariés. Même si ces stratégies, opportunistes pour les managers et suicidaires pour les entreprises, sont relativement peu fréquentes, le cours de l'action est le baromètre qui guide les décisions du top management. Nombre de plans sociaux et de fermetures de sites sont décidés pour des raisons boursières. La déréglementation financière encourage les volontés de puissance des uns, l'avidité cupide des autres.

Faut-il en conclure que les managers sont devenus « les valets du capitalisme » ?

Le management au service du capital ?

Le terme de « management » évoque l'idée d'aménager et de ménager. L'aménagement consiste à organiser en vue d'une production collective, d'une tâche à accomplir, d'une œuvre à réaliser. Le ménagement consiste à prêter attention à l'ensemble de ceux qui contribuent à cette mission pour mieux les mobiliser en vue d'un but commun, au profit de tous. Aujourd'hui, dans beaucoup d'entreprises, le terme évoque plutôt l'idée de « faire le ménage ». Il y a encore quelques années, il était connoté positivement comme signe de réussite, de modernisme, de dynamisme. Il semble avoir perdu de sa valeur. Étymologiquement, le terme de « management » vient du « manège », là où l'on dresse les chevaux et où l'on apprend à les monter. Les tours, les voltes, les demi-voltes sont autant de figures sur l'art de conduire les chevaux et de bien se conduire. Ces quelques commentaires montrent la polysémie du terme, ses usages et ses diverses connotations. Le management a tenté de donner une image relationnelle, pragmatique et libérale de l'exercice du pouvoir dans l'entreprise. Dans les faits, il s'est dévoyé à partir du moment où il s'est mis au service du pouvoir financier.

Rappelons que F.W. Taylor (1912) légitimait l'autorité managériale sur trois principes :

- l'application de la recherche scientifique à l'organisation du travail ;
- le respect des intérêts des travailleurs ;
- la coopération entre le capital et le travail.

Pour Taylor, l'augmentation des salaires et l'augmentation des profits devaient aller de pair. Le management puisait sa légitimité dans la défense des intérêts des travailleurs. On est surpris de constater que, sur le plan des intentions au moins, Taylor reste beaucoup plus progressiste que bon nombre des dirigeants actuels. Si ceux-ci évoquent la considération de la personne, le développement de l'initiative individuelle, la prise en compte du mérite de chacun, bien peu évoquent le respect des intérêts des travailleurs et beaucoup considèrent que la coopération entre le capital et le travail passe par la flexibilité avant l'augmentation des rémunérations, la rentabilité financière avant la défense des intérêts du personnel.

On pourrait faire les mêmes remarques vis-à-vis des clients. Les intérêts des consommateurs ne sont pris en compte que dans la mesure où ils favorisent l'achat de biens ou de services. Les pratiques du marketing recherchent la satisfaction subjective de leur besoin en « oubliant » leurs intérêts réels, leur bien-être final. C'est ainsi qu'on cherche à les rendre captifs par des politiques d'abonnement, à vendre des produits quand bien même ils s'avèrent nocifs pour leur santé, jusqu'à créer des nouveaux produits qui rendent obsolètes les anciens, sans apporter des progrès évidents. Par exemple, les constructeurs informatiques sortent de nouvelles gammes de produits incompatibles avec les anciennes, obligeant les utilisateurs à remplacer toute leur installation. Dans l'électroménager, les machines sont conçues pour ne fonctionner que quelques années afin d'assurer rapidement leur renouvellement. La soi-disant dictature du « client roi » a pour limite la règle d'or du profit.

La globalisation actuellement en place joue le capital contre le travail en favorisant une concurrence à outrance, en naturalisant les délocalisations, en favorisant la circulation des capitaux tout en contrôlant celle des hommes, en acceptant les paradis fiscaux, en tolérant la spéculation et certaines formes de délinquance financière. Les tendances sont, aujourd'hui, globalement en défaveur du travail. Force est de constater une triple évolution qui s'accentue depuis une dizaine d'années :

• Les entreprises ont tendance à délocaliser leurs unités de production dans les pays où la législation est la moins favorable pour les employés.

• La crédibilité et le pouvoir des syndicats sont inversement proportionnels à la globalisation des entreprises. Plus celles-ci deviennent « multinationales », plus ceux-là perdent de leur pouvoir critique. L'action syndicale tend à se réduire à une représentation formelle, fondée sur des règles légales plutôt que sur des luttes collectives.

• Le management libéral et la « gestion des ressources humaines » produisent une individualisation des rapports salariaux, désamorcent les revendications collectives et affaiblissent les solidarités concrètes.

La gestion managériale se préoccupe avant tout de « canaliser les besoins des clients » sur les produits de l'entreprise et de transformer les travailleurs en agents soucieux de performance. Le travailleur est considéré s'il est rentable. Le client est roi s'il est solvable. La gestion commerciale et la gestion des ressources humaines se sont pliées aux exigences de la gestion financière. L'obsession des résultats s'est imposée à tous les échelons de l'entreprise. Le management s'est mis au service de la *share holder value* (la valeur pour l'actionnaire).

Plusieurs raisons se conjuguent pour expliquer la soumission du pouvoir managérial à l'emprise des marchés financiers :

- une raison idéologique liée à la conversion des dirigeants à la *corporate governance* [1] ; pour « jouer dans la cour des grands » et participer à la grande aventure de la globalisation, il faut sortir du modèle capitalistique industriel et s'aligner sur le modèle du capitalisme patrimonial ;
- une raison économique liée à la recherche de « croissance externe » : l'entreprise a besoin de capitaux pour lancer des OPA (offres publiques d'achat), mettre en œuvre des stratégies pour l'acquisition d'entreprises concurrentes ; il s'agit d'assurer le développement de l'entreprise non plus par un accroissement de la production interne, mais par une politique financière active de stimulation du cours de l'action (afin de se protéger des « menaces » externes) et d'augmentation de la taille par la prise de contrôle d'autres sociétés ;

1. Terme anglo-saxon qui désigne l'ensemble des dispositifs mis en œuvre pour amener les directions à mieux défendre les intérêts des actionnaires : nomination d'administrateurs « indépendants » ; création de comités d'audit au sein des conseils d'administration ; développement des stock-options pour rendre le top management plus sensible aux performances boursières. Voir la revue *Sciences humaines*, « Décider, gérer, réformer. Les voies de la gouvernance », hors-série n°44, mars-avril-mai 2004.

• une raison psychologique liée à la volonté de toute-puissance des dirigeants obsédés par le désir de « devenir numéro un » dans leur secteur. Être le plus grand, le plus fort, le plus puissant, tel est le nouveau credo des « grands managers » qui enfourchent le cheval de la conquête du monde. Une véritable « pulsion d'expansion » va s'emparer du management.

Ce dernier va massivement contribuer à la mise en œuvre de la domination du capitalisme patrimonial, donnant plus de pouvoir à des marchés financiers qu'il ne maîtrise pas. Ce comportement irrationnel, du point de vue de l'analyse stratégique, ne peut se comprendre que par l'aveuglement d'une « élite » persuadée d'en tirer bénéfice. Elle a cru maîtriser les règles d'un jeu qui va la déposséder de son pouvoir au profit des propriétaires du capital et des actionnaires. Les managers vont alors entrer dans une période de turbulence conduisant bon nombre d'entre eux à être « éjectés ».

Les *golden parachutes* [1] sont des symptômes intéressants qui dissimulent mal les échecs retentissants qu'ils viennent financièrement combler. Les dirigeants en place tiennent des discours flamboyants pour les dénoncer, tout en négociant en coulisse des montants conséquents pour le jour où ils n'y seront plus. Le plus étonnant, dans cette évolution, est la complicité massive de l'encadrement et de la classe politique qui assistent sans réagir à une sorte de « hold-up planétaire » : les richesses nationales sont raptées au profit de multinationales et de groupes financiers insaisissables. La déréglementation a facilité des mouvements de capitaux sporadiques. L'apparition de nouveaux produits

1. Les « parachutes en or » désignent les indemnités contractuellement négociées, prévues lorsqu'un conseil d'administration décide de se séparer d'un dirigeant.

(sicav, fonds communs de placement, plans d'épargne en actions) a drainé une part croissante de l'épargne financière des ménages et grossi les volumes en circulation sur les marchés d'actions. La remise en circulation d'une proportion importante du capital des entreprises sur les marchés les a rendues plus vulnérables (Lordon, 2003). Pourquoi les directions des grandes entreprises ont-elles fait le choix de remettre en question les participations croisées qui garantissaient leur « tranquillité capitalistique » ? Pourquoi se sont-elles livrées aux aléas des marchés financiers ?

Aveuglé par un désir de conquête, chaque manager est persuadé qu'il ne peut en sortir que gagnant. Il ne peut concevoir qu'il va perdre son indépendance, sa tranquillité et son pouvoir en favorisant cette évolution. La plupart de ces dirigeants pensent que la globalisation ne peut que leur être profitable puisqu'elle entraîne une « déterritorialisation » de l'entreprise et leur permet d'échapper aux « pouvoirs locaux », aux contrôles des instances politiques, aux législations nationales vécues comme des contraintes insupportables. D'où un soutien massif à la dérégulation, à la libre circulation des capitaux et des marchandises, à la globalisation de l'économie et au développement des multinationales.

La domination des multinationales

Selon une étude de la Cnuced, en 2000, 29 des 100 plus importantes entités économiques mondiales étaient des firmes transnationales, les autres étant des pays [1]. Il ne

1. K.P. Sauvant, *Rapport de la conférence des Nations unies sur le commerce et le développement*, 2002, cité par Christian Losson, *Libération*, 15 août 2002.

s'agit pas ici d'une comparaison entre les produits intérieurs bruts des États et les chiffres d'affaires des multinationales, mais d'un calcul plus affiné qui rend mieux compte de la puissance économique réelle des pays et des firmes. Selon ce classement, Exxon Mobil, dont les actifs atteignent 63 milliards de dollars en 2000, représente une puissance équivalente à celle du Chili ou du Pakistan, tout comme General Motors, Ford ou Daimler-Chrysler, dont les actifs représentent entre 40 et 45 milliards de dollars. L'influence de ces entreprises dans la mondialisation s'exerce directement par le biais de leur puissance économique mais également, de manière plus occulte, par le biais d'un lobbying actif sur les politiques des gouvernements et des institutions internationales.

Le pouvoir au sein des multinationales repose sur une alliance entre des managers qui font des choix stratégiques et des actionnaires qui attendent des dividendes. Or, ces choix stratégiques ne sont pas réellement mis en discussion. C'est ainsi que la structure même du processus démocratique est tronquée, dans son fonctionnement comme dans ses conséquences. Sur le plan du fonctionnement, les décisions échappent au débat public alors qu'elles ont des effets directs sur la société. Les politiques se montrent impuissants à les contrôler. Ils peuvent essayer d'en gérer les conséquences, veiller au respect du droit, éventuellement tenter de renforcer des règles contraignantes pour limiter les licenciements. Mais ces règles sont peu efficaces et souvent contre-productives. Leur contournement les rend facilement caduques, comme on a pu le constater à propos des tentatives de contrôler les circuits financiers ou de renforcer le droit du travail. Les hommes politiques n'ont pratiquement aucun pouvoir sur les stratégies mises en œuvre par des firmes dont la puissance permet d'échapper aux lois nationales.

Les conséquences d'un tel système sont lourdes : en imposant au monde leur loi du marché, les multinationales bouleversent les modes de régulation qui permettraient de trouver un équilibre entre les actionnaires, les producteurs et les consommateurs. Les exemples sont nombreux ; en témoigne l'évolution du marché du café :

Nestor Osorio, directeur de l'Organisation internationale du café, démontre comment la loi du marché profite aux multinationales et détruit les petits producteurs selon une logique implacable. « Jusqu'à la fin des années 1980, il existait un système de coopération entre les pays importateurs et les pays en développement exportateurs. Mais, lorsque les idées libérales ont commencé à dominer les débats, ce système de régulation a été rompu. » Dix ans après, le constat est clair :

- La production a augmenté de plus de 20 % alors que la consommation n'a augmenté que de 10 %.
- Le revenu des producteurs a baissé de plus de 50 %, passant de 12,5 milliards de dollars début 1990 à 5,5 milliards en 2002.
- Le chiffre d'affaires des cinq entreprises multinationales qui contrôlent plus de la moitié de la production et du commerce du café a doublé, passant de 30 milliards de dollars début 1990 à 60 milliards en 2002.

Nestor Osorio évalue à 500 000 le nombre d'emplois directs qui ont été perdus en Amérique centrale et au Mexique dans le même temps.

Source : V. de Filippis, « La libéralisation ne profite qu'aux multinationales », *Libération*, 7 juin 2002.

Le plus impressionnant dans cette affaire est le silence qui entoure ces choix stratégiques et les personnes qui les prennent. Les véritables décideurs veulent rester anonymes, à l'image de la société qu'ils dirigent [1]. De même, les « marchés » sont désignés par les commentateurs boursiers comme de véritables sujets dont la confiance ou la méfiance détermineraient le comportement des acteurs économiques. Les actionnaires des multinationales représentent une nébuleuse dont les contours sont difficiles à décrire. On sait qu'ils existent mais on ne sait pas vraiment qui ils sont. Les délibérations des conseils d'administration sont secrètes. Les modes de désignation et de remplacement de leurs membres obéissent à des règles qui échappent à tout contrôle démocratique. L'opacité règne en maître. Et quand bien même tous ces renseignements sont censés être accessibles, peu nombreux sont ceux qui sont capables de décrypter la nature réelle de ce pouvoir.

La mondialisation engendre une coupure entre le pouvoir politique et le pouvoir économique. L'un reste localisé, territorialisé, nationalisé. L'autre est déterritorialisé, opaque, internationalisé. La globalisation économique ne s'est pas traduite par une mondialisation politique. Le pouvoir politique reste concret et palpable. Il peut donc être l'objet d'une interpellation et d'un contrôle relativement démocratique. Alors que le pouvoir économique est abstrait, insaisissable. Il peut, à loisir, imposer ses exigences. Il tend à se déconnecter de ses inscriptions sociales, culturelles, nationales, à rompre avec le monde social dont il est issu au départ. Il

1. Voir à ce sujet le film de Michael Moore, *Roger and Me*, qui décrit les conséquences de la décision du PDG de General Motors de fermer l'usine de Flint. M. Moore filme les incidences sociales de cette décision et tente de rencontrer Roger Smith, le PDG, en vain.

génère son propre temps, ses propres normes, ses propres valeurs, sa propre culture. Il cherche à imposer son modèle à la société, à lui imposer ses règles. Les travailleurs sont censés se soumettre à ses exigences. Jusqu'au rythme de la vie humaine, qui doit s'adapter aux rythmes du travail. On pense à ce patron d'ITT qui imposait son heure à ses collaborateurs dans le monde entier, comme si les décalages horaires ne le concernaient pas, comme si son bon vouloir devenait une loi pour l'humanité.

Quand on sait qu'une centaine de multinationales contrôlent directement ou indirectement plus de 50 % de la production économique mondiale, on est en droit de s'inquiéter de leur puissance. En effet, qui contrôle les multinationales ? L'évolution des rapports entre le capital et le travail est symptomatique du déséquilibre engendré par l'absence de tout contrôle démocratique sur leur développement.

Liberté pour le capital, déréglementation pour le travail

Deux phénomènes illustrent les transformations des rapports entre le capital et le travail à la fin du XXe siècle :

- l'émergence d'une politique drastique des ressources humaines au sein des grandes entreprises. Celles qui se vantaient des avantages accordés à leurs employés mettent en avant une politique de bas salaires et de réduction des avantages sociaux. Il faut plaire aux actionnaires qui exigent une réduction de la charge du travail ;
- l'écart entre une politique mondiale de libéralisation des marchés financiers et des politiques locales d'allègement des règles du droit du travail et de protection sociale. La grande majorité des gestionnaires estiment que la liberté

économique est un progrès pour tous, que l'économie de marché et le libre-échange doivent se généraliser, qu'il faut donc libérer les marchés pour le capital, pour les produits, les services et pour l'emploi. Comme s'il y avait une équivalence entre l'argent, les marchandises et les hommes. Comme si le marché du travail pouvait être considéré comme un marché comme les autres.

Lorsque des partis ou des hommes politiques évoquent des rigidités sur le marché du travail et réclament plus de flexibilité, les travailleurs entendent : délocalisation, horaires irréguliers, travail de nuit, désorganisation de la vie familiale et de leurs rythmes biologiques. Pour les premiers, la liberté doit se traduire par une déréglementation. Il convient donc de supprimer toutes les règles perçues comme autant de contraintes empêchant les entreprises d'être toujours plus compétitives. Pour les seconds, il ne peut y avoir de liberté sans un minimum de sécurité, de respect du droit, de possibilité de négocier les conditions de travail, de peser sur les décisions. La question de la liberté ne se pose pas dans les mêmes termes. Elle ne s'inscrit pas dans le même espace, dans la même temporalité. Pour les uns elle représente un concept abstrait dans un monde globalisé, pour les autres elle s'inscrit concrètement dans leur vie quotidienne.

La globalisation transforme les rapports entre le capital et le travail. À la déterritorialisation du capital correspond une reterritorialisation du travail. On le constate en observant les stratégies de délocalisation des firmes. D'un côté, les pressions pour abaisser les coûts de la main-d'œuvre, alléger les contraintes du droit du travail. De l'autre, les pressions pour favoriser une liberté totale de la circulation des capitaux et des échanges commerciaux. La différence de traitement entre la circulation des marchandises, des capitaux et des hommes dans le monde d'aujourd'hui est considérable. La liberté de circulation des produits et de l'argent est presque totale, alors que les restrictions sur la circulation des hommes sont multiples. Le transfert des capitaux est illimité, instantané, incontrôlé, celui des travailleurs est limité, laborieux et fait l'objet de règles très strictes. Ce constat est symptomatique des rapports entre le capital et le travail à l'heure de la mondialisation. D'où une attente massive vis-à-vis des organismes internationaux chargés de réguler l'économie mondiale. Les citoyens attendent de ces institutions une limitation du pouvoir des « marchés », une protection des salaires et une harmonisation des règles du droit du travail. L'examen des politiques du FMI (Fonds monétaire européen) et du BIT (Bureau international du travail) révèle bien l'inégalité de traitement dont sont l'objet le capital et le travail et le poids de l'idéologie gestionnaire dans les politiques menées par les deux organismes.

Joseph E. Stiglitz, ancien conseiller économique de Bill Clinton et vice-président de la Banque mondiale, prix Nobel d'économie, a parfaitement décrit la mainmise de l'idéologie gestionnaire néolibérale dans les instances internationales chargées de réguler l'économie mondiale (FMI), le développement (Banque mondiale) et le commerce (OMC). Il montre que les décisions sont prises par quelques experts et acteurs (ministres des Finances, du Commerce et de l'Industrie, représentants des banques centrales) qui « voient le monde avec les yeux de la communauté financière » (Stiglitz, 2002). Les experts du FMI accordent ou refusent une aide aux pays en difficulté en fonction de critères préétablis – taux d'inflation, taux d'endettement, équilibre budgétaire, montant des déficits publics, poids de la dette extérieure – et non en fonction de la situation réelle dans ces pays. Sous couvert de rigueur et de pragmatisme, les experts des grandes institutions sont en fait des idéologues qui appréhendent la réalité en se plongeant dans des chiffres abstraits sans contact avec les réalités locales.

La coupure est totale entre l'élite technocratique des experts internationaux et les populations concernées. Les uns traitent de taux de chômage, les autres sont menacés d'être chômeurs, s'ils ne le sont pas déjà. Les uns traitent de taux d'inflation, les autres voient concrètement le décalage entre leur niveau de vie et leur possibilité de consommation. Les uns se préoccupent de taux de croissance, les autres ne savent pas ce qu'ils vont manger demain. À partir de là, il y a une opposition croissante entre deux visions du monde. L'une est obsédée par la nécessité de libérer les marchés financiers, réduire les déficits publics, maîtriser l'inflation, supprimer les barrières douanières, abolir le protectionnisme, réduire les services publics. L'autre est préoccupée par la pauvreté, la santé, l'éducation, la famille, la sécurité, la consommation quotidienne, la possibilité de produire suffisamment pour accéder à des conditions de vie décentes. Si les premiers sont persuadés que leur vision permettra, à terme, de répondre aux attentes des seconds, la réponse est toujours différée dans le temps, comme si une « cure d'austérité » était forcément nécessaire pour accéder à l'abondance.

En définitive, d'après Joseph Stiglitz, le FMI mène une politique qui est à l'opposé des missions qui lui avaient été confiées au départ. « On l'a créé parce qu'on estimait que les marchés fonctionnaient souvent mal, et le voici devenu le champion fanatique de l'hégémonie du marché. On l'a fondé parce qu'on jugeait nécessaire d'exercer sur les États une pression internationale pour les amener à adopter des politiques économiques expansionnistes

[…] et voici qu'aujourd'hui, en règle générale, il ne leur fournit des fonds que s'ils mènent des politiques d'austérité. »

À l'opposé du FMI, dont la mission est de réguler l'économie mondiale, le BIT a été fondé pour améliorer le sort des travailleurs et réguler les législations entre les nations pour arriver à une meilleure protection sociale et juridique du monde du travail. La déclaration « fondatrice » du BIT (Bureau international du travail) affirme avec force la nécessité d'améliorer le sort des travailleurs de tous les pays du monde, « attendu que la non-adoption par une nation quelconque d'un régime de travail réellement humain fait obstacle aux efforts des autres nations désireuses d'améliorer le sort des travailleurs dans leur propre pays »[1]. L'idée était que tous les pays du monde devaient harmoniser leur législation sociale en parallèle, afin d'éviter qu'une disparité trop grande des coûts de production, de main-d'œuvre en particulier, ne nuise au progrès social. À cet effet, l'OIT, devenue depuis le BIT, a élaboré des normes dans les domaines du droit du travail, des droits sociaux fondamentaux (liberté syndicale, droit de négociation collective, interdiction du travail forcé…). Chaque année, ces normes sont adaptées par une conférence internationale du travail qui réunit des représentants des gouvernements, des syndicats et du patronat de la quasi-totalité des pays du monde. Ces normes ne s'appliquent que dans la mesure où elles sont ratifiées par les instances responsables de chaque pays et leur non-respect ne débouche pas sur des sanctions véritables. On voit là deux différences majeures entre le FMI et le BIT.

1. Préambule de la constitution de l'Organisation internationale du travail (1919).

La politique du FMI ne donne pas lieu à de grands débats démocratiques. Elle est définie par les pays du G 8, les huit pays les plus riches du monde, et élaborée par des experts dans des discussions privées, pays par pays, en fonction de leur situation économique. Ses décisions sont sans appel. Ceux qu'elles touchent ne peuvent en discuter le bien-fondé. Le non-respect des conditions imposées par le FMI a une sanction immédiate : le refus d'accorder une aide. Ce qui ne met pas le pays en position de force pour négocier la pertinence de ces conditions. Pour le BIT, les choses sont inversées. La discussion est ouverte, elle cherche à rassembler un consensus très large, du côté politique comme du côté des représentants des travailleurs et des patrons, elle est fondée sur l'adhésion volontaire et ne dispose d'aucun moyen de pression pour obtenir que les différents pays de la planète améliorent le sort de leurs travailleurs.

On peut s'étonner que le FMI et le BIT n'harmonisent pas leurs politiques. Si le BIT est demandeur, le FMI a toujours pris ses distances. Le monde financier s'intéresse peu au monde du travail. C'est donc au monde du travail de s'adapter aux exigences de l'économie financière et non l'inverse. Le respect des normes établies par le BIT n'est jamais une condition mise en avant pour accorder une aide. Bien au contraire, depuis 1990, le rôle du BIT s'est affaibli sous la pression de la concurrence internationale et de l'idéologie néolibérale. « Les valeurs de justice sociale, de solidarité et d'équité, ou les principes de la dignité humaine et le primat de l'homme sur l'économie, qui guident l'action du BIT, sont de plus en plus transformés… La course folle aux parts de marché et la concurrence pour retenir ou attirer des entreprises font de plus en plus apparaître la régression sociale comme un instrument de politique économique au service de la compétitivité » (Euzéby, 2000) [1].

C'est la même idéologie qui se propage selon laquelle la protection sociale est un poids qu'il faut alléger (« il faut réduire les charges »), le salaire minimum est une cause du chômage (« il faut plus de flexibilité »), le droit du travail est une contrainte (« il faut assouplir les règles »). La réglementation du travail est en définitive considérée comme un obstacle à la libéralisation des marchés.

Pour le gestionnaire, les problèmes économiques et sociaux sont toujours envisagés comme découlant des entraves à la « liberté ». Dans cette perspective, le mieux-être ne peut advenir que par la déréglementation, la libéralisation des échanges, l'abaissement des dépenses publiques et le non-interventionnisme de l'État. Ces politiques menées sur les cinq continents ont provoqué des crises majeures (en Asie et en Amérique du Sud) et une régression implacable en Afrique. Pourtant, le discours reste le même. Certains avancent même l'idée que ces crises sont un passage obligé, une purge, comme les médecins de Molière préconisaient des saignées pour guérir le malade. Il y a là un aveuglement fondé sur une représentation idéologique des rapports entre l'économie et la société.

1. Alain Euzéby est professeur de sciences économiques à l'IEP de Grenoble.

Chapitre 2

Les fondements de l'idéologie gestionnaire

> « L'esprit du capitalisme est l'ensemble des croyances associées à l'ordre capitaliste qui contribuent à justifier cet ordre et à soutenir, en les légitimant, les modes d'action et les dispositions qui sont cohérents avec lui. »
>
> Luc Boltanski et Ève Chiapello

La gestion se présente comme pragmatique, donc a-idéologique, fondée sur l'efficacité de l'action plutôt que sur la pertinence des idées. Elle devient un « métalangage » qui influence fortement les représentations des dirigeants, des cadres, des employés des entreprises privées, mais également des entreprises publiques, des administrations et du monde politique.

Les experts de la gestion sont devenus des prescripteurs de modèles. Ils proposent de prendre en charge les affaires du monde. Les modèles sur lesquels ils fondent leur compétence sont construits sur différents paradigmes. Un paradigme décrit l'ensemble des croyances à partir desquelles les chercheurs élaborent leurs hypothèses, leurs théories et leurs méthodes. Entre les sciences de la gestion et l'idéologie gestionnaire, les rapports sont ambigus. Les premières sont censées décrire et analyser les modalités d'organisation de l'action collective. Les secondes sont au service du pouvoir managérial pour assurer son emprise. La gestion se pervertit quand elle favorise une vision du monde dans laquelle l'humain devient une ressource au service de l'entreprise.

Gestion et idéologie

La gestion est largement conçue, par les praticiens et la grande majorité de ceux qui l'enseignent, comme un ensemble de techniques destinées à rechercher « l'organisation de la meilleure utilisation des ressources financières, matérielles et humaines » pour assurer la pérennité de l'entreprise (Bouilloud et Lécuyer, 1994). Leur réflexion est orientée vers la réalisation d'un but. Dans cette perspective, la particularité de la gestion « réside dans le fait qu'il ne s'agit pas de poursuivre une finalité choisie par des individus, ni une finalité négociée à l'intérieur d'une collectivité, mais une finalité imposée de l'extérieur » [1].

Créée par des ingénieurs, la gestion a longtemps été dominée par une conception physique de l'entreprise, représentée comme un ensemble mécanique. Plus récemment, on a vu apparaître d'autres préoccupations intégrant le facteur humain, les interactions et la complexité. Elle est alors devenue une discipline multiforme sans corpus propre. Une discipline scientifique se définit avant tout par son objet : la nature pour la physique, le vivant pour la biologie, la société pour la sociologie, les comportements humains pour la psychologie… En se définissant par

1. Jacques Girin, « L'analyse empirique des situations de gestion », in A.-C. Martinet (dir.), 1990.

rapport à un but pratique, faire fonctionner l'entreprise, la gestion passe à côté de son objet. Elle se décompose alors en domaines spécialisés comme la gestion stratégique, la gestion de production, la gestion commerciale, la gestion comptable, la gestion financière, la gestion marketing, la gestion du personnel et des ressources humaines, etc. Autant de savoirs pratiques qui ont pour fonction de modeler des comportements, d'orienter des processus de décision, de mettre en place des procédures et des normes de fonctionnement. Il y a là une construction d'un système d'interprétation du monde social « qui implique un ordre de valeurs et une conception de l'action », c'est-à-dire une idéologie au sens défini par Raymond Aron (1968).

Désigner ici le caractère idéologique de la gestion, c'est montrer que derrière les outils, les procédures, les dispositifs d'information et de communication, sont à l'œuvre une certaine vision du monde et un système de croyances. L'idéologie est un système de pensée qui se présente comme rationnel alors qu'il entretient une illusion et dissimule un projet de domination ; illusion de la toute-puissance, de la maîtrise absolue, de la neutralité des techniques et de la modélisation des conduites humaines ; domination d'un système économique qui légitime le profit comme finalité. Ce projet apparaît clairement à travers les enjeux de pouvoir dont sont l'objet la formation et la recherche en management. À l'heure de la globalisation, elles sont de plus en plus dominées par un modèle américain qui impose ses normes au monde entier.

Les sciences managériales en question

« Près de 70 % des articles publiés dans les revues de recherche en gestion les plus cotées entre 1991 et 2002 sont signés par au moins un auteur établi aux États-Unis, le fait étant que plus de 95 % d'entre elles sont américaines. Les États-Unis consolident leur domination à travers le savoir en science managériale. Leurs normes comptables s'imposent à tous les pays. La formation en gestion devient une arme géopolitique. Ainsi une des premières aides offerte en 2002 par le président Bush à l'Irak est-elle un programme de bourses de formation en gestion aux États-Unis [...].

Dans les écoles de gestion, il n'est pas question d'étudier les phénomènes de pouvoir et de domination, comment se répartissent les inégalités, qui paie et qui bénéficie. On se cantonne aux seuls problèmes situés en amont de l'action, soit à la conception et à l'exécution de solutions efficientes et efficaces. La référence est le cadre dirigeant d'une organisation économique, non pas la politique de l'entreprise et sa place dans la société.

Les revues les plus cotées le sont à travers une procédure quantitative (donc supposée objective) largement régulée par les universitaires et institutions qui se situent au sommet du dispositif. L'étalonnage de la qualité des revues repose sur le taux de citations dont leurs articles font l'objet dans les revues les mieux classées. Entre auteurs, institutions et revues de l'élite, la protection du rang passe par des pratiques d'autocitation et par l'oubli sélectif de revues, auteurs et institutions qui ne font pas partie du monde qu'ils composent.

Or, les rentes académiques induisent des rentes financières. Les grands cabinets internationaux de conseil recrutent des MBA. Les donations des entreprises vont aux écoles les plus visibles [...] La science managériale est marchandisée et devient un centre de profit généralisé. »

Source : Entretien avec Jean-Claude Thoenig, revue *Sciences humaines*, « Décider, gérer, réformer. Les voies de la gouvernance », hors-série n° 44, mars-avril-mai 2004.

Au service du pouvoir managérial, l'idéologie gestionnaire se fonde sur un certain nombre de présupposés, de postulats, de croyances, d'hypothèses et de méthodes dont il convient de vérifier la validité. Le paradigme objectiviste donne un vernis de scientificité à la « science managériale ». Il se décline selon quatre principes qui décrivent l'entreprise comme un univers fonctionnel, à partir de procédures construites sur le modèle expérimental, dominé par une conception utilitariste de l'action et une vision économiste de l'humain.

Comprendre, c'est mesurer

Le souci d'objectivation s'est longtemps identifié à la quintessence de l'approche scientifique. Comprendre, c'est modéliser en isolant un certain nombre de variables et de paramètres que l'on va pouvoir mesurer. Le langage « royal » de ce processus d'objectivation est fondé sur le modèle des mathématiques.

Dans le monde de la rationalité formelle, toutes les variables non mesurables sont d'abord mises de côté, puis, de fait, éliminées. On se réfère à un *homo economicus* [1], individu au comportement rationnel, qui offre aux chercheurs une commodité majeure : on peut prévoir son

1. Il ne s'agit pas ici d'assimiler gestion et économie. Bon nombre d'économistes ont depuis longtemps dénoncé le risque d'économisme, c'est-à-dire le travers qui consiste à ne considérer les phénomènes sociaux qu'à travers le prisme des théories qui se réfèrent à un *homo economicus*. Pour une critique approfondie de ces approches, on pourra se référer au « Manifeste pour l'économie humaine » de Jacques Généreux, *Esprit*, 2002.

comportement, optimiser ses choix, les soumettre au calcul et programmer son existence. Dans cette logique de pensée, on exclut de l'analyse tout ce qui est considéré comme irrationnel, parce que non objectivable, non mesurable, non calculable. Les registres affectifs, émotionnels, imaginaires et subjectifs sont considérés comme non fiables et non pertinents. À la limite, ils n'existent pas parce qu'on ne sait pas les saisir, les analyser ou les traduire en chiffres.

L'*homo economicus* peut être assimilé à un « monstre anthropologique habité par une supposée rationalité qui ramène tous les problèmes de l'existence humaine à un calcul » (Bourdieu, 2000). Cette fiction autorise certains chercheurs à ne plus se préoccuper de l'observation concrète de la condition humaine pour s'évader dans l'univers abstrait des équations mathématiques. Il y a un risque de quantophrénie aiguë (la maladie de la mesure) qui guette tous ceux qui, au lieu de mesurer pour mieux comprendre, ne veulent comprendre que ce qui est mesurable.

De la transmutation de l'économie en mathématiques

Au printemps 2000, un mouvement de protestation contre les excès de la modélisation dans l'enseignement de l'économie s'est développé en France. L'extrait suivant du libellé d'un devoir d'économie illustre le processus de transformation d'une question d'économie en équations mathématiques.

« On considère la décision d'épargne d'un ménage qui vit deux périodes (jeunes/vieux). On note p_1 le prix du bien consommé en première période et p_2 son prix en deuxième période. On suppose que le ménage ne peut épargner que *via* la détention d'encaisses monétaires, *m*. On note C_1 et C_2 les consommations de première et de deuxième période du ménage. Les contraintes budgétaires instantanées de ce dernier sur ses deux périodes de vie sont définies par $p_1C_1 + m = W$ et par $p_2C_2 = m$, où W correspond au salaire nominal. L'objectif des ménages est de maximiser leur utilité intertemporelle, notée U, sous leur contrainte intertemporelle. À ce propos, on définit : $U = \log C_1 + 1/(1 + d) \log C_2$... On suppose $p_2 = (1 + p)\ p_1$, où p est le taux d'inflation ou de déflation selon que $p > 0$ ou p respectivement... »

Source : Laurent Mauduit, *Le Monde*, 21 juin 2001.

Cet exemple montre comment un problème économique est traité, en définitive, comme un devoir de mathématique. Le souci d'objectivité est louable. Mais la mise en équation de la réalité ne permettra jamais de comprendre le comportement des hommes et l'histoire des organisations.

Beaucoup de gestionnaires entretiennent une confusion entre rationalisation et raison. La rationalisation est un mécanisme d'échange, à partir de la recherche d'un langage commun et d'un souci de clarification. Mais c'est aussi un mécanisme de défense qui, sous les apparences d'un raisonnement logique, tend à neutraliser ce qui est gênant, ce qui dérange, ce qui ne rentre pas dans « sa » logique. En ce sens, la rationalisation est du côté du pouvoir, alors que la raison est du côté de la connaissance. Cette dernière n'a pas à se soumettre à un principe d'efficacité mais à un principe de recherche du sens. Or, sur bien des points, l'efficience s'oppose au sens (Barus-Michel, 1997). La connaissance doit permettre à chaque individu de rendre intelligibles son expérience, les situations qu'il rencontre, les conflits qu'il est amené à vivre. Elle doit apporter des réponses à son besoin de cohérence, de logique, en faisant appel à la raison. Elle doit enfin lui permettre de développer ses capacités d'historicité, c'est-à-dire la faculté de mieux comprendre le passé pour mieux se situer dans le présent et se projeter dans l'avenir. On est loin d'une conception objectiviste et utilitariste. L'important n'est pas de répertorier des facteurs, de mesurer des paramètres, de calculer des fonctions collectives, des ratios coûts/avantages ou coûts/efficacité, d'optimiser des courbes de ventes ou de maximiser sa marge. L'important est de comprendre des significations, d'aider chacun à analyser le sens de son expérience, de définir les finalités de ses actions, de lui permettre de contribuer à produire la société dans laquelle il vit.

L'organisation est une donnée

L'analyse organisationnelle est abordée par les sciences de la gestion dans une perspective fonctionnaliste. Le fonctionnalisme est une théorie qui tend à rapporter les phénomènes sociaux aux fonctions qu'ils assurent. Sur le modèle de la physiologie, on peut ainsi dégager l'acte particulier que doit exécuter chaque entité pour contribuer au maintien ou à l'harmonie de l'ensemble dont elle relève. Appliquée à la gestion, la théorie fonctionnaliste, à l'instar des approches comportementalistes pour l'individu, considère l'organisation comme une donnée, un système, une entité qui a un fonctionnement « normal » et dont la finalité est d'assurer sa reproduction. Elle s'appuie sur les modèles de la physique, de la cybernétique ou de la biologie pour mesurer les écarts par rapport à la norme, calculer les niveaux de développement et de croissance qu'il faut atteindre en fonction de cycles et de paramètres préconstruits censés indiquer des niveaux optimaux. Dans cette perspective, les conflits sont considérés comme des dysfonctionnements.

Le terme même de « dysfonctionnement » sous-tend l'existence d'une norme de fonctionnement présentée comme idéale. Mais cet idéal est rarement questionné, comme s'il allait de soi, parce qu'il fait l'objet d'une acceptation tacite considérée comme indiscutable.

L'approche fonctionnaliste n'interroge pas l'ordre sous-jacent aux différentes fonctions étudiées au sein de l'organisation. Elle cherche moins à analyser la réalité du fonctionnement de l'individu et de l'organisation qu'à trouver les moyens de mieux adapter l'un à l'autre. On est dans une perspective plus normative qu'explicative, plus adaptative que compréhensive. Si les individus peuvent avoir des comportements considérés comme souhaitables dans un contexte donné, donc adaptés aux attentes et aux exigences d'un milieu, les présupposés qui fondent cette normalité doivent être analysés. Lorsqu'on réduit l'analyse des conduites humaines au repérage des mécanismes d'adaptation et de déviance, on se met implicitement au service du pouvoir en place. Tout pouvoir impose des normes, des règles explicites et implicites, donc un « ordre » auquel les agents doivent se soumettre. Il sanctionne tout écart par rapport à des exigences présentées comme « normales ». Les chercheurs n'ont pas à entériner cet ordre mais plutôt à en comprendre les racines. Quant aux acteurs, ils doivent en comprendre les fondements s'ils veulent en discuter la pertinence et déterminer leur conduite en connaissance de cause.

Le règne de l'expertise

La démarche expérimentale consiste à rechercher des lois causales entre différents éléments à partir d'expériences que l'on peut répéter à l'infini et qui aboutissent à des résultats similaires. Le savoir peut alors s'inscrire dans une logique prédictive, même si ces prédictions ne se vérifient que dans le cadre de l'expérience. Les succès de cette approche dans les domaines de la physique et de la biologie ont conduit certains chercheurs à l'identifier à « la » démarche scientifique et à vouloir l'appliquer aux sciences de l'homme et de la société.

La gestion trouve dans le modèle expérimental les fondements d'une scientificité qui lui échappe. Par exemple, l'« organisation scientifique du travail », quand bien même elle est considérée comme étant aujourd'hui dépassée, est une référence importante des « sciences » de la gestion. Dans cette orientation, le travailleur est l'objet d'une observation attentive et systématique par des experts qui vont en tirer des conclusions opératoires. L'acte de travail est décomposé en unités de base permettant de reconstituer la démarche optimale dans l'exécution des différentes tâches à accomplir. L'objectif d'une telle approche est bien évidemment d'améliorer la productivité et le rendement. Les travailleurs sont considérés comme les rouages d'une machine ou les éléments d'un système. La rationalité instrumentale consiste à mettre en œuvre une panoplie impressionnante de méthodes et de techniques pour mesurer l'activité humaine, la transformer en indicateurs, la calibrer en fonction de paramètres précis, la canaliser pour répondre aux exigences de productivité.

Dans l'univers expérimental, l'expert maîtrise les modalités d'élaboration et d'application de la méthode. La discussion sur le « comment » tend à éliminer la question du « pourquoi ». Les agents peuvent, à la rigueur, discuter sur les moyens mais pas sur les finalités. La démonstration expérimentale impose sa « logique » de vérité à toutes les autres formes de savoir. L'expertise devient la référence majeure dans le processus de décision. Le pouvoir technocratique peut alors se développer : pouvoir du savoir mobilisé par des spécialistes qui imposent une modélisation du réel sous forme de tableaux de bord, d'indicateurs, de ratios, etc., autant de langages normatifs qui s'imposent aux acteurs de l'entreprise.

L'expert règne alors en maître. C'est lui qui sait ce qu'il convient de faire en s'appuyant sur une démonstration imparable, une observation rigoureuse des faits et une analyse « scientifique » de la réalité, ce qui rend ses jugements indiscutables. On attend de l'expert un discours de vérité sur ce qu'il faut faire ou ne pas faire. Les travailleurs sont considérés comme des objets sur lesquels on procède à des expérimentations diverses : comparaison avec des groupes témoins, prélèvement d'informations par questionnaires fermés, observation des comportements et mesures différentielles à partir de la variation des conditions d'expériences, etc. Ils sont traités comme des cobayes et, en conséquence, dépossédés de la capacité d'intervenir sur leur propre situation. Les célèbres expériences menées à la Western Electric de 1924 à 1933, toujours citées dans les manuels de gestion comme moment fondateur du mouvement des relations humaines, sont, à cet égard, particulièrement significatives (Lécuyer, 1994).

La méthode expérimentale est une méthode d'investigation qui, dans un souci de scientificité, contribue à instrumentaliser ceux qui en sont l'objet. Son intérêt est évident dans les registres de la physique, de la chimie, des sciences naturelles, ou encore en médecine, lorsqu'il s'agit de tester un médicament. Il convient alors de mesurer précisément l'impact d'une modification sur un système suffisamment identifié. Mais la méthode n'est pertinente que si un certain nombre de conditions sont réunies : identification des différents facteurs causals à l'intérieur d'un système fini dont on peut décrire avec précision tous les éléments et leurs interactions. Il faut pouvoir appliquer la célèbre formule des physiciens : « toutes choses égales par ailleurs ». Cette condition est rarement présente dans le champ de l'activité humaine, en particulier dans les entreprises confrontées à des changements continuels. Dans le tourbillon de l'histoire, A n'est jamais égal à A. Nous sommes là devant un paradoxe : la gestion est une science qui se veut ahistorique, alors qu'elle se donne pour tâche d'appréhender une réalité sociale profondément marquée par l'histoire.

La réflexion au service de l'efficacité

Selon le paradigme utilitariste, chaque acteur cherche à « maximiser ses utilités », c'est-à-dire à optimiser le rapport entre les résultats personnels de son action et les ressources qu'il y consacre. La préoccupation d'utilité est aisément concevable dans un univers où les soucis d'efficience et de rentabilité sont constants. Il faut être toujours plus efficace et productif pour survivre. La compétition est considérée comme une donnée « naturelle » à laquelle il faut bien s'adapter.

Dans ce contexte, la recherche et la connaissance ne sont considérées comme pertinentes que dans la mesure où elles débouchent sur des solutions opérationnelles. La gestion s'est engagée dans un processus d'autolégitimation mettant en avant « le pragmatisme comme but, l'empirisme comme méthode et la rhétorique comme moyen. La recherche de la vérité scientifique s'efface devant les proclamations d'efficacité, la démonstration devant la force de conviction » (Martinet, 1990).

L'optimisation règne en maître. « Soyez positifs ! » est une injonction permanente. Il convient de pratiquer « l'approche solution », c'est-à-dire de n'évoquer un problème qu'à partir du moment où l'on peut le résoudre. On entend souvent des responsables déclarer à leurs subordonnés : « Ici, il n'y a pas de problèmes, il n'y a que des solutions ! » La pensée est considérée comme inutile si elle ne permet pas de contribuer à l'efficience du système. Chaque individu est reconnu selon ses capacités à en améliorer le fonctionnement. La pertinence de la connaissance est mesurée à l'aune de son utilité pour l'organisation. Il est difficile, dans ce contexte, de développer une pensée critique, sauf si la critique est « constructive ». On peut exercer sa liberté de pensée et de parole à condition que cette liberté serve à améliorer les performances. Celui qui soulève un problème sans en apporter la solution est perçu comme un gêneur, un être négatif, ou même un contestataire qu'il vaut mieux éliminer. Le conformisme est le pendant de l'utilitarisme.

Plus profondément, tout ce qui n'est pas utile est considéré comme n'ayant pas de sens. Le seul critère reconnu comme donnant du sens est le critère d'utilité. La question n'est plus alors de produire de la connaissance en fonction de critères de vérité, mais selon des critères d'efficience et de rentabilité à partir des objectifs fixés par le système. C'est un autre aspect de la rationalité instrumentale qui tend à considérer comme irrationnel tout ce qui ne rentre pas dans sa logique. Ce qu'Herbert Marcuse (1972) appelait l'univers du discours clos « qui se ferme à tout autre discours qui n'emploie pas ses termes ».

L'humain est une ressource de l'entreprise

En définitive, dans le secteur marchand, seul ce qui rapporte a du sens. L'imaginaire social est dominé par la logique capitaliste qui canalise les fantasmes, les désirs, les aspirations, mais aussi la « pulsion épistémologique », c'est-à-dire la curiosité qui pousse à produire de la connaissance. La gestion est devenue la science du capitalisme, sous-tendue par une volonté de maîtrise qui se présente comme fondamentalement rationnelle. Cette maîtrise n'a pas pour seule visée le champ de l'économie, mais la société tout entière. « Ce n'est pas seulement dans la production qu'elle doit se réaliser, mais aussi bien dans la consommation, et non seulement dans l'économie, mais dans l'éducation, le droit, la vie politique, etc. Ce serait une erreur – l'erreur marxiste – de voir ces extensions comme secondes relativement à la maîtrise de la production et de l'économie qui serait l'essentiel. C'est la même signification imaginaire sociale qui s'empare des sphères sociales les unes après les autres » (Castoriadis, 1997).

La justification de cet état de choses est de rationaliser la production au moindre coût pour favoriser la croissance et satisfaire les « besoins » des consommateurs. On peut être admiratif de l'efficience de cette vision du monde. On peut aussi s'inquiéter des coûts qui ne sont pas pris en compte, qu'il s'agisse des atteintes à l'environnement, du pillage de certaines matières premières, de la pression du travail, de ses conséquences psychologiques comme le stress ou le harcèlement moral, ou encore de l'exclusion de tous ceux qui ne peuvent accéder à ce monde ou en ont été rejetés. Le paradigme utilitariste transforme la société en machine à produire et l'homme en agent au service de la production.

L'économie devient la finalité exclusive de la société, participant à la transformation de l'humain en « ressource ».

La majorité des manuels de gestion développent le présupposé suivant : l'entreprise est un ensemble de facteurs en interaction les uns avec les autres. Il convient donc d'étudier les différentes fonctions nécessaires au développement de ce système. Ces fonctions définissent les différentes spécialités qui constituent les sciences de la gestion : finances, stratégie, comptabilité, commercial, marketing, droit, administration, contrôle de gestion, etc. Mais il est un facteur qui pose des problèmes particuliers, c'est le « facteur humain ». D'où la mise en œuvre d'un département spécialisé appelé « ressources humaines ». La ressource humaine devient un objet de connaissance et une préoccupation centrale de la gestion.

Cette approche repose sur deux présupposés rarement explicités :

- l'humain est un facteur de l'entreprise ;
- l'humain est une ressource de l'entreprise.

Affirmer que l'humain est un facteur de l'entreprise conduit à opérer une inversion des rapports entre l'économique et le social. C'est bien l'entreprise, comme construction sociale, qui est une production humaine et non l'inverse. Il y a là une confusion des causalités, expression supplémentaire de la primauté accordée à la rationalité des moyens sur les finalités. Considérer l'humain comme un facteur parmi d'autres, c'est entériner un processus de réification de l'homme. Le développement des entreprises n'a de sens que s'il contribue à l'amélioration de la société, donc du bien-être individuel et collectif et, en définitive, s'il est au service de la vie humaine. Gérer l'humain comme une ressource, au même titre que les matières premières, le capital, les outils de production ou encore les technologies, c'est poser le développement de l'entreprise comme une finalité en soi, indépendante du développement de la société, et considérer que l'instrumentalisation des hommes est une donnée naturelle du système de production.

En fin de compte, la conception gestionnaire conduit à interpeller chaque individu pour qu'il devienne un agent actif du monde productif. La valeur de chacun est mesurée en fonction de critères financiers. Les improductifs sont rejetés parce qu'ils deviennent des « inutiles au monde » (Castel, 1995). On assiste au triomphe de l'idéologie de la réalisation de soi-même. La finalité de l'activité humaine n'est plus de « faire société », c'est-à-dire de produire du lien social, mais d'exploiter des ressources, qu'elles soient matérielles ou humaines, pour le plus grand profit des gestionnaires dirigeants qui gouvernent les entreprises.

Le tableau page suivante résume les principaux paradigmes à l'œuvre dans les manuels de gestion et les raisons pour lesquelles ils ne sont pas pertinents pour comprendre le monde de l'entreprise et des organisations.

Primat de l'action, de la mesure, de l'objectivité, de l'utilité, la pensée gestionnaire est l'incarnation caricaturale de la pensée occidentale. Dans le monde occidental, il convient de penser « distinctement ». La modélisation mathématique et les technologies de l'information s'inscrivent dans une logique fondamentalement binaire : A ou B. C'est une pensée de l'événement et non du moment [1].

1. François Jullien souligne que la Chine écrit son histoire en termes de processus et de « transformations silencieuses ». L'événement n'est que l'écume de l'histoire, sûrement pas le déterminant. Il n'est qu'un indice de transformations invisibles. Les événements se hiérarchisent, l'un éclipse l'autre, tandis que les moments se complètent,

Critique des paradigmes au fondement de la gestion

PARADIGMES	PRINCIPE DE BASE	CRITIQUE
OBJECTIVISTE	Comprendre, c'est mesurer, calculer	Primauté du langage mathématique sur tout autre langage
FONCTIONNALISTE	L'organisation est une donnée	Occultation des enjeux de pouvoir
EXPÉRIMENTAL	L'objectivation de l'humain est un gage de scientificité	Domination de la rationalité instrumentale
UTILITARISTE	La réflexion est au service de l'action	Soumission de la connaissance à des critères d'utilité
ÉCONOMISTE	L'humain est un facteur de l'entreprise	Réduction de l'humain à une ressource de l'entreprise

En créant l'événement, chaque Occidental croit maîtriser le cours de l'histoire. Nos représentations du temps

s'étayent, se renforcent mutuellement. « Il y a une fécondité de la Chine à penser l'indistinct, donc la transition, donc le changement, et il y a une fécondité en Europe à penser le distinct, donc l'écart, donc le mouvement [...] Le vieillissement n'est pas le passage entre deux états distincts, mais un processus qui court imperceptiblement tout au long de l'existence. Il ne se définit pas par rapport à un avant et un après, mais par des indices d'abord imperceptibles puis de plus en plus certains : une ride, un cheveu blanc, un réflexe plus lent que d'habitude, un trou de mémoire inopiné... » (Jullien, 2001). Ce texte est résumé par Catherine Espinasse (2003).

sont prisonnières d'une obsession de la mesure d'un temps abstrait, d'une conception entre un début et une fin. En définitive, elles sont décollées du temps de la vie humaine. Elles contraignent les hommes à subir un temps abstrait, programmé, à l'encontre de leurs besoins. La temporalité du travail conduit à imposer des rythmes, des cadences, des ruptures qui s'éloignent du temps biologique, du temps des saisons, du temps de la vie humaine. La mesure abstraite du temps permet de le déconnecter des besoins physiologiques ou psychologiques : le sommeil, la nourriture, la procréation, le vieillissement, etc. L'individu soumis à la gestion doit s'adapter au « temps du travail », aux nécessités productives et financières. L'adaptabilité et la flexibilité sont exigées, à sens unique : c'est à l'homme de s'adapter au temps de l'entreprise et non l'inverse.

Le gestionnaire ne supporte pas les vacances. Il faut que le temps soit utile, productif, donc occupé. Le désœuvrement lui est insupportable. L'approche qualité illustre de façon caricaturale ces représentations qui conçoivent la vie humaine dans une perspective instrumentale et productiviste.

CHAPITRE 3

Le management, la qualité et l'insignifiance

« Pour gagner, ce ne sont pas les plus faibles qu'il faut aider, ce sont les meilleurs. »

BERTRAND COLLOMB, président du groupe Lafarge

L'idéologie gestionnaire présenterait moins d'attrait si elle n'était associée à des valeurs comme le goût d'entreprendre, le désir de progresser, la célébration du mérite ou le culte de la qualité. Valeurs positives qui rencontrent des aspirations humaines profondes et difficilement contestables. Après la célébration du changement dans les années 1970, de l'excellence dans les années 1980, la notion de qualité s'est diffusée au cours des années 1990 dans la plupart des grandes entreprises. Son succès a dépassé largement la sphère des entreprises privées. La qualité est une utopie mobilisatrice qui suscite d'emblée l'enthousiasme et le consensus. Elle permet de dépasser les objectifs de performance, de rentabilité et de profitabilité qui connotent des préoccupations « bassement » financières. Comment peut-on être contre la qualité ?

Le management par la qualité s'est donc répandu rapidement comme « le » modèle à suivre, avec le soutien des institutions européennes qui ont créé l'European Foundation for Quality Management (EFQM). Cette fondation, en association avec le Mouvement français pour la qualité (MFQ), a largement diffusé quatre fascicules regroupés sous la forme d'un guide pour améliorer le management des entreprises. Le chapitre qui suit s'appuie sur une analyse de contenu de cette brochure [1].

Les « concepts clés » de la qualité

L'idéal de qualité et les moyens de l'atteindre déclinés à partir d'un certain nombre de notions forment une équation « magique » : Qualité = Excellence = Réussite = Progrès = Performance = Engagement = Satisfaction des besoins = Responsabilisation = Reconnaissance = Qualité…

Ces différents termes sont utilisés de façon récurrente comme si leur signification était évidente. Ils forment un discours en boucle à partir de définitions croisées. Chaque terme est défini en référence aux autres et réciproquement. Un examen des principaux « concepts clés » est donc utile pour comprendre les enjeux de la démarche.

• EXCELLENCE : « L'EFQM s'est fixé pour mission d'être le moteur de l'excellence durable en Europe avec une Vision d'un monde où les organisations européennes se distinguent par leur Excellence… On définit l'excellence comme une pratique exceptionnelle de management d'une organisation et d'obtention des résultats, reposant sur l'ensemble de huit concepts fondamentaux […] l'Excellence des résultats concernant la Performance, les Clients, le Personnel et la

1. L'EFQM décerne chaque année un « prix qualité » qui récompense les entreprises les plus « performantes dans ce domaine » (www.efqm.org).

Collectivité est obtenu grâce au Leadership qui soutient la Politique et la Stratégie qui gère le Personnel, les Partenariats, les Ressources et les Processus. » [1]

L'Excellence est mentionnée douze fois dans les deux premières pages de la brochure, le plus souvent avec une majuscule. Elle est présentée comme un modèle total, un guide pour mener l'entreprise à la perfection, impliquant l'ensemble de ses acteurs et de ses fonctions. Quête d'un absolu qu'il s'agit de réaliser dans le travail. Que signifie l'excellence lorsqu'elle concerne l'ensemble du management de l'organisation ? La globalité de l'idéal d'exception n'est-elle pas contradictoire avec le terme même ? Surtout lorsque l'on déclare qu'il s'agit d'une « pratique exceptionnelle » qui doit être durable. Le modèle propose à l'ensemble des entreprises européennes de se distinguer en obtenant les meilleurs résultats. On oublie ici que l'excellence ne se partage pas. L'étymologie du terme vient du latin *excellencia*, du verbe *excellere*, qui signifie « sortir du lot, dépasser, l'emporter sur » [2]. On ne peut se donner pour objectif d'être « hors du commun » et le partager avec d'autres semblables. Sauf à entraîner tous ses « semblables » dans un projet de dépassement perpétuel, dans une course en avant vers un idéal mythique inaccessible.

1. Les majuscules sont dans la brochure de l'European Foundation for Quality Management. Les citations qui suivent en sont toutes extraites.

2. Il est intéressant de noter à ce propos que les termes d'« excellence » et d'« exclusion » ont le même préfixe *ex-* qui signifie « hors de ». En anglais, le terme « excellence » est parfois traduit par *exceiling*, qui veut dire « sortir par le plafond ». Les deux sens sont donc inversés puisqu'il s'agit en fait de s'extraire de la société, les uns par le haut, les autres par le bas. Cf. Furtos, 1998, p. 32.

• Réussite : Le terme peut aisément se substituer à l'Excellence. La qualité doit être « le moteur de la réussite », donc la finalité des finalités. Il s'agit de jouer « gagnant-gagnant », c'est-à-dire de développer des rapports « mutuellement profitables » avec les différents partenaires de l'entreprise. « Réussir ensemble » devient un engagement auquel chacun doit souscrire, par conviction et non par simple obéissance.

L'imaginaire de la réussite conduit chacun à vouloir être le meilleur. On ne se satisfait pas d'être bon et de faire bien son travail. Il faut le faire mieux, « gagner 20 % sur les coûts de production », obtenir une implication totale. Le postulat de départ est que la situation présente ne peut être satisfaisante puisqu'on peut toujours faire mieux. On laisse dans l'ombre les conséquences de l'exigence du toujours plus. Pour un gagnant, combien se retrouvent des perdants ? La quête d'un idéal de perfection conduit à une compétition sans fin. La réussite devient une obligation : il faut gagner, sinon on est éliminé. Il n'y a pas d'autre choix, « c'est la condition même de notre existence », proclame la brochure EFQM. Soit l'on gagne, soit l'on disparaît.

• L'engagement : Il est la clé de la réussite. Il convient de susciter l'engagement de tous, au quotidien, en particulier de chaque responsable hiérarchique dans un esprit d'exemplarité afin de renforcer l'adhésion du personnel. L'absence d'implication devient la clé explicative de l'échec. « Actuellement, la stagnation de nos résultats interroge [le fait que] les agents des équipes ne sont pas suffisamment impliqués dans la construction de plan de progrès et les managers ne sont pas assez présents sur le terrain. »

On ne dit pas que les agents et les managers ne remplissent pas correctement leur tâche, on leur reproche de ne pas s'engager. Pour les amener à s'impliquer, on leur offre une « vision claire et cohérente fondée sur des valeurs communes ». L'entreprise propose un idéal et demande à ses agents de le partager et de le nourrir. Ce processus de captation de l'Idéal du Moi par un idéal collectif favorise l'identification, la mobilisation psychique et l'adhésion. L'entreprise se présente comme un objet d'investissement commun (objet au sens psychanalytique du terme) que chacun est invité à intérioriser, à prendre en soi, à introjecter.

Cette « vision » conforte le sentiment que la réussite de l'entreprise dépend avant tout de l'engagement de tous. Elle permet de minimiser l'impact des choix stratégiques, des modes d'organisation et du contexte socio-économique dans les performances de l'entreprise. Si l'engagement est la clé de la réussite, son absence est la cause de l'échec.

• Le progrès : Il doit être permanent et continu. « Le client, notre moteur de progrès » ; la diversité des personnes et des savoirs « est un véritable ascenseur pour le progrès ».

On est dans un univers qui cultive l'oubli du passé, la dévalorisation du présent et l'exaltation de l'avenir. Il convient de progresser en permanence, de monter toujours plus haut. La qualité, ainsi que l'excellence et la réussite, ne sont jamais acquises. Chaque agent, chaque équipe, chaque manager doit s'inscrire dans une logique de progrès. L'absence de progrès, c'est la stagnation. Il y a là un fantasme de mort : arrêter de progresser, c'est mourir. En refoulant la négativité à l'œuvre dans toute production humaine, on tombe dans l'illusion positiviste.

Mais l'illusion ne permet pas de faire face au réel. L'application à la gestion des modèles issus de la logique du vivant (grandir, se développer, croître, progresser…) conduit à oublier que ces processus mènent inéluctablement à la destruction. La vie ne se conçoit pas sans la mort. Le progrès passe nécessairement par des phases de régression. Dans le modèle EFQM, tout se passe comme si l'on pouvait vaincre les difficultés, les erreurs, les crises, les conflits, réaliser un idéal de perfection, cheminer vers une progression sans contradiction et, en définitive, échapper à la mort. L'oubli de l'histoire participe au même aveuglement. Le progrès comme le changement ne sont pas forcément bons. Chaque évolution, chaque transformation est porteuse de positif et de négatif, d'améliorations et de problèmes, de création et de destruction. On touche là aux limites du positivisme qui accompagne le plus souvent le discours des spécialistes de la qualité. Le présupposé est évident : avec le progrès, tout le monde est forcément gagnant. Qui oserait mettre cette évidence en question ?

D'autant que la mesure du progrès est « mise en plan », inscrite dans une boucle « préparation, réalisation, vérification et consolidation », qui permet de le traduire en objectifs de résultats appréciés en indicateurs. Comme si les progrès pouvaient être notés sur une échelle d'évaluation linéaire ; comme si les indicateurs rendaient compte de la réalité. En fait, les procédures d'objectivation des progrès réalisés sont autant de procédures de contrôle de l'investissement et de la productivité de ceux sur lesquels elles s'appliquent.

• La performance : Elle est définie comme « mesure des résultats obtenus par un individu, une équipe, une organisation ou un processus ». Elle est la finalité suprême.

« Le Modèle d'Excellence EFQM est construit pour améliorer la performance, partout et pour tous. » Il convient d'être performant sur tous les registres, à tout moment, dans chacune des activités et des fonctions de l'entreprise.

En définitive, la mesure des résultats sanctionne ou récompense les performances. Toute la question est de savoir à qui et à quoi on les compare. Sont-ils appréciés à partir d'une norme prédéfinie de ce que chacun doit faire ou sont-ils mesurés en fonction des résultats précédents, ou encore des résultats les plus élevés réalisés par d'autres ? Dans le premier cas, on est dans une logique de production réaliste, basée sur une analyse du processus de production. Dans le second, on est dans une logique de compétition : chacun doit continuellement se dépasser pour faire mieux qu'avant, ou mieux que les autres qui deviennent alors des concurrents. Le culte de la performance introduit dans le monde du travail une concurrence permanente qui met l'ensemble des salariés dans une exigence de « toujours plus ». Le travail ne consiste plus à réaliser une tâche prédéfinie en temps et en heures, mais à réaliser des performances. Il faut être plus rapide, plus précis, plus actif, plus concret.

• La satisfaction des besoins : « L'excellence est fonction de l'équilibre atteint et de la satisfaction des besoins de toutes les parties prenantes de l'organisation (à savoir le personnel, les clients, les fournisseurs et la collectivité) ainsi que de tous ceux qui ont des intérêts financiers. »

Il est difficile de ne pas souscrire à cet objectif qui semble concilier les intérêts des différents acteurs de l'organisation. Pourtant, cette déclaration d'intention pose une série de problèmes. La notion de satisfaction des besoins est, depuis longtemps, critiquée par les sociologues et les psychanalystes. Le terme est vague, instable, aisément manipulable. Il sous-entend un *homo economicus* au comportement rationnel, capable d'optimiser ses choix en permanence, alors que la logique de la consommation obéit moins à des nécessités utilitaires qu'à des désirs de distinction qui évoluent constamment (Baudrillard, 1968). Les spécialistes du marketing tentent de canaliser ces enjeux pour produire de « nouveaux besoins » en proposant de nouveaux produits. Le comportement d'achat est censé exprimer un besoin alors que c'est le désir qui est sollicité. Désir dont on sait qu'il est sans limites. La notion de besoin ne rend pas compte de la complexité des désirs humains, de ses ambivalences et de ses mystères. La satisfaction du désir n'obéit pas mécaniquement aux rationalités du type économique. Par contre, la gestion semble trouver son compte à entretenir l'illusion qu'elle peut satisfaire ceux qui ont les moyens de se procurer les biens que l'entreprise produit.

De nombreux auteurs ont montré que loin de chercher à satisfaire le client, les entreprises cherchaient à canaliser ses « besoins » pour qu'ils répondent à leur offre. En définitive, ce sont les producteurs qui définissent les besoins du client. « Les propriétaires d'un produit ou d'un service sont définis à l'intérieur des limites de ce que les producteurs acceptent et sont capables de produire » (Mispelblom, 1999). Les rapports entre l'offre et la demande sont des rapports récursifs et mouvants. Elles se coproduisent. L'offre est productrice d'une demande à laquelle elle répond.

Dans « Les Concepts fondamentaux de l'Excellence », le client est présenté comme « l'arbitre final de la qualité ». La phrase qui suit est intéressante : « La fidélisation des clients et l'accroissement des parts de marché seront optimisés par une orientation très claire vers les besoins des clients actuels ou potentiels. » La satisfaction des clients est donc un moyen de les fidéliser et de les multiplier. Le producteur s'intéresse peu au client comme personne, encore moins comme sujet de désir. Il s'intéresse au client dans la mesure où il lui permet d'accroître ses parts de marché. Deux hypothèses implicites sont à l'œuvre dans cette formulation :

• Dans l'ensemble des clients potentiels, seuls les clients solvables sont concernés, le paradoxe étant que ceux qui sont vraiment « dans le besoin » sont rarement solvables !

• On induit un lien mécanique entre le fait que le client achète et le fait qu'il soit satisfait. Or ce lien n'est pas évident.

Un autre problème concerne la complexité des rapports entre les différentes parties prenantes de l'organisation. Le texte laisse supposer qu'il n'y a aucune incompatibilité entre la satisfaction des uns et celle des autres. Pourtant on sait que les intérêts des différents acteurs de l'entreprise sont complémentaires et contradictoires. La qualité des uns n'est pas la qualité des autres. Par exemple, le choix de réduction du personnel pour répondre aux attentes des actionnaires est peu compatible avec la « satisfaction des besoins du personnel ». Derrière la « satisfaction des besoins du client », c'est d'abord la profitabilité pour l'entreprise qui définit, en dernier recours, la qualité.

L'analyse des « concepts clés » de la qualité nous interroge sur la signification d'un discours dont la consistance n'est pas évidente.

Le discours de l'insignifiance

La brochure EFQM affirme : « C'est notre volonté d'excellence et de transparence [qui donne] tout son sens à notre mission. » On a le sentiment d'entendre un discours martial des « patriotes de la qualité » qui veulent emporter la conviction pour produire l'adhésion. Loin d'aider à comprendre la réalité de l'entreprise, il s'agit de canaliser les énergies sur une procédure censée donner du sens. Pourtant, les mots utilisés ne permettent ni de rendre compte de la qualité de l'activité concrète, ni de produire des significations sur le sens de l'action, ni de comprendre la réalité du monde de l'entreprise. On est dans l'insignifiance. Un discours insignifiant est un discours qui se ferme continuellement sur lui-même, chaque terme pouvant être remplacé par un autre dans un système de bouclage permanent.

Didier Noyé donne une parfaite démonstration de cette interchangeabilité dans son tableau « Le parler creux sans peine » (Noyé, 1998). Le principe : chaque mot d'une colonne peut être combiné avec n'importe quel nom des autres colonnes.

L'excellence	renforce	les facteurs	institutionnels	de la performance
L'intervention	mobilise	les processus	organisationnels	du dispositif
L'objectif	révèle	les paramètres	qualitatifs	de l'entreprise
Le diagnostic	stimule	les changements	analytiques	du groupe
L'expérimentation	modifie	les concepts	caractéristiques	du projet
La formation	clarifie	les savoir-faire	motivationnels	des bénéficiaires

L'expression	perfec-tionne	les résultats	partici-patifs	de la démarche
La méthode	dynamise	les blocages	straté-giques	de la probléma-tique
Le vécu	programme	les besoins	neuro-linguis-tiques	des structures
Le recadrage	ponctue	les paradoxes	systé-miques	du méta-contexte

La brochure EFQM a des prétentions scientifiques. Elle se présente comme un « Modèle », au sens théorique du terme : cadre de pensée et méthode pour comprendre la réalité de l'entreprise telle qu'elle est. La démarche se veut objective, neutre et rigoureuse. Elle présente neuf « concepts clés » déclinés en critères et en indicateurs. Elle décrit différentes étapes, selon les canons des protocoles scientifiques du modèle expérimental. L'apparente rigueur de ce « modèle déposé » dissimule mal l'insignifiance des concepts qui, loin de « contenir » le réel [1], sont utilisés pour construire une représentation partielle et floue de l'entreprise, très éloignée de son fonctionnement concret.

Les termes utilisés semblent marqués par l'évidence alors qu'ils sont porteurs de significations multiples et contradictoires. Ils donnent une représentation positiviste de l'organisation qui érode les contradictions, les conflits et la complexité. Ils se présentent comme « objectifs » et neutres en englobant dans une construction abstraite les

1. Du latin *conceptus*, « action de contenir ». Dans un sens abstrait, le concept permet de construire la pensée dans sa tentative pour analyser un phénomène.

oppositions d'intérêt, les différences de point de vue sur les finalités, les différences entre le prescrit et le réel. Il ne s'agit donc pas d'un discours construit à partir d'hypothèses qui sont mises en discussion, de méthodes qui permettent de valider ou d'invalider les formulations proposées, mais d'un discours opératoire dont l'objectif est d'améliorer les résultats financiers.

Le langage de l'insignifiance recouvre la complexité par l'évidence, neutralise les contradictions par le positivisme, éradique les conflits d'intérêts par l'affirmation de valeurs qui se veulent « universelles ». Ce faisant, il déstructure les significations et le sens commun. Il évite de se confronter à l'épreuve du réel, comme il évite toute contestation. Lorsqu'on dit tout et son contraire, la discussion n'est plus possible. D'autant que l'apparente neutralité, le pragmatisme et l'objectivité présentent une démarche qui semble incontestable. Elle est faite pour susciter l'adhésion. Mais cette adhésion risque d'être tout aussi insignifiante que le discours qui la provoque.

Lorsque le sens prescrit ne correspond pas au sens que chaque travailleur lui donne, celui-ci vit une incohérence qui, loin de le mobiliser, le conduit à désinvestir sa tâche. Dans la démarche qualité, le sens du travail est construit à partir d'un modèle idéal et non à partir de la réalité concrète. La qualité est définie à partir d'indicateurs préétablis et non à partir des critères réels que les agents utilisent pour définir la qualité de ce qu'ils font, seuls critères qui soient signifiants pour eux.

La « non-prescription » normalisatrice

Un bel exemple de double langage est donné dès la présentation du « Modèle d'Excellence EFQM ». Par deux fois, il est énoncé qu'il s'agit d'un « cadre non prescriptif ». Alors que la centaine de pages qui décrivent la démarche déclinent toutes les prescriptions pour accéder à la qualité. Il s'agit d'identifier « les bonnes pratiques » au sein d'une organisation, de définir ce qui est bien ou mal, recommandé ou rejeté, encouragé ou découragé. Nous sommes là en plein paradoxe puisque chacun est invité à se laisser guider librement selon une marche à suivre imposée.

Le Modèle EFQM est en définitive un système de normes sous-tendu par une vision comportementaliste, positiviste et instrumentale du monde du travail. Derrière la qualité, les objectifs poursuivis sont clairs : optimiser les « ressources humaines », améliorer les résultats financiers, conquérir de nouvelles parts de marché, favoriser la flexibilité, produire l'adhésion, développer l'autonomie contrôlée.

Lorsqu'on invite à identifier « les points forts ou les faiblesses sur le chemin parcouru vers la route de l'excellence », il s'agit bien d'une démarche prescriptive. L'intention de prescription est d'ailleurs explicite : « Cette note aide [les organisations] à mesurer, valider et calibrer leurs procédures d'auto-évaluation interne. » La démarche conduit à normaliser les comportements à partir de l'élaboration de protocoles et d'instruments de mesure destinés à comparer, à classer, à mesurer les écarts par rapport à une norme. Le modèle se présente comme non prescriptif et met en place un système de notation pour valider ses applications.

D'après la brochure EFQM, la démarche qualité est une « approche fortement structurée, fondée sur les faits pour identifier les points forts et les domaines d'amélioration d'une organisation et mesurer périodiquement les progrès réalisés ». Les promoteurs ont le sentiment de proposer un cadre non prescriptif dans la mesure où il n'est pas imposé comme un règlement disciplinaire, mais proposé comme une démarche ouverte encourageant la collaboration des agents eux-mêmes. Ce n'est pas une application stricte de règles prédéfinies, mais des initiatives qui s'appuient sur des processus. On ne leur demande pas une obéissance aveugle à des ordres mais une implication raisonnée dans la démarche. La procédure n'est pas linéaire et chronologique mais systémique et polychronique. On est dans un modèle qui veut rompre avec les conceptions tayloriennes, disciplinaires et rigides des modes de commandement antérieurs. Au gouvernement par les ordres se substitue « le guide pratique de l'auto-évaluation » qui permet à chaque agent, à chaque service, à chaque organisation de comparer ses performances par rapport aux autres et par rapport à ses résultats antérieurs. La conjonction de deux logiques, compétition et mesure, conduit chacun à intérioriser des objectifs toujours plus ambitieux, des résultats plus élevés, des performances plus exigeantes.

Il s'agit donc d'une rupture par rapport aux modèles autoritaires et normalisateurs, dans la mesure où la démarche qualité suppose l'acceptation volontaire et la contribution de ceux qui l'appliquent. Comme si une norme acceptée volontairement ne produisait pas des effets de pouvoir. On sait pourtant depuis La Boétie (1576) que le pouvoir est d'autant plus intense qu'il est pris en charge par ceux qui le subissent.

D'autant que « le Prix qualité » vient boucler le processus en encourageant les directions d'entreprise à appliquer la démarche pour améliorer leur image. « Une candidature au Prix Européen ouvre non seulement la voie vers un processus d'amélioration continue, mais fournit aussi les outils du succès. Cette démarche donne au personnel un objectif clair et concret, stimule son intérêt et lui permet d'être plus fier de lui, de son travail et de son organisation. » Il suffit, pour candidater, de présenter un dossier de 75 pages pour les grandes organisations, de 35 pages pour les PME, sachant que les brochures de l'EFQM précisent quels sont le format et les informations exigées, définissent les termes et décrivent le système de notation. Par ailleurs, « le processus du Prix offre une évaluation externe impartiale du positionnement d'une organisation par rapport au Modèle d'excellence EFQM ».

L'intention de départ est louable : proposer aux organisations une démarche pour mieux comprendre ses modes de fonctionnement et mobiliser toutes les « parties prenantes » pour les améliorer. Les promoteurs de la démarche sont manifestement inspirés par l'approche systémique, le souci de revaloriser les « ressources humaines », le projet d'introduire dans les entreprises une culture de l'évaluation fondée sur « les faits » et une certaine éthique. Ces bonnes intentions pourraient déboucher sur une démocratie d'entreprise. Mais les outils mis en œuvre produisent tout autre chose.

La quantophrénie ou la maladie de la mesure [1]

Les qualiticiens disent vouloir lutter contre les conceptions bureaucratiques et technocratiques du travail. Mais,

1. La quantophrénie désigne une pathologie qui consiste à vouloir traduire systématiquement les phénomènes sociaux et humains en langage mathématique.

paradoxalement, la démarche de l'EFQM, qui pourrait favoriser la prise en compte des points de vue des différents acteurs et l'attention à leur subjectivité, débouche sur une grille de mesures extraordinairement sophistiquée, en contradiction complète avec l'intention initiale [1].

> « Le Cœur du Modèle repose sur une logique dont le sigle RADAR signifie Résultats, Approche, Déploiement, Appréciation (évaluation) et Revue. » RADAR est également une « matrice de notation ». Les huit « concepts fondamentaux de l'excellence » se déclinent en critères, puis en sous-critères, puis en indicateurs, eux-mêmes décomposés en items. Les 9 critères déclinent 37 sous-critères mesurés par 174 indicateurs et 159 items. En définitive, chaque item représente 0,15 et 0,33 de la note finale.
>
> *Un exemple :* Le critère 7 concerne les résultats obtenus par l'organisation vis-à-vis de son personnel ; le sous-critère 7a, les mesures de perception, concerne la manière dont le personnel perçoit l'organisation à partir de deux indicateurs, la motivation et la satisfaction.
>
> L'indicateur « motivation » se décompose en 11 items : évolution de la carrière, communication, délégation des responsabilités, égalité des chances, implication, leadership, opportunité d'apprentissage et de pouvoir d'agir, reconnaissance, définition des objectifs et évaluation, valeurs-mission-vision-politique et stratégie de l'organisation, formation et développement.
>
> L'indicateur « satisfaction » se décompose en 11 items : gestion de l'organisation, condition de travail, aides et

1. Cf. le tableau en annexe 1 : « Matrice de notation de la qualité », p. 347.

services au personnel, disposition en matière de santé et de sécurité, sécurité de l'emploi, rémunération et avantages, relations avec les collègues, gestion du changement politique environnemental, rôle de l'organisation au sein de la société, environnement de travail.

Rappelons que chacun de ces items compte pour 0,153 de la note finale, chaque indicateur pour 3,375, le sous-critère 7a comptant pour 6,75 %, pourcentage obtenu par agrégation des 22 items.

Cet outil de mesure est une expression caricaturale de l'illusion qui consiste à croire que la réalité peut être comprise et maîtrisée à condition de pouvoir la mesurer. Pour ce faire, on découpe cette réalité en particules que l'on voudrait élémentaires, auxquelles on affecte un coefficient. Une fois le découpage et le chiffrage effectués, tous les calculs sont possibles. On peut résoudre des équations, établir des statistiques, effectuer des comparaisons. On croit ainsi construire une représentation objective des phénomènes alors qu'on évacue toute une série de questions :

- Sur quelle base les coefficients sont-ils attribués ?
- Comment sont définies les pondérations entre les différents critères, indicateurs, items ?
- Comment sont mesurés des items comme « l'égalité des chances », « l'impact sur les économies locales et nationales », « l'éthique du comportement » ?
- L'agrégation des éléments d'un système permet-elle de saisir la performance et la qualité de l'ensemble ?
- Peut-on réduire la complexité de l'organisation à une juxtaposition d'éléments qui font l'objet d'une décomposition infinie ?

Le modèle ne permet pas de répondre à ces différentes questions. La démarche repose sur l'idée que la performance globale d'un système peut être attribuée à tel ou tel élément, alors qu'elle dépend surtout de leur combinaison. « Dans les activités économiques, un individu ou une firme sont certes repérables, désignables, comme des entités à part, mais leur activité sur tous ses aspects est continuellement entremêlée avec celle d'un nombre infini d'autres individus ou firmes d'une multiplicité de façons qui elles-mêmes ne sont pas strictement séparables. Tout aussi arbitraire est l'imputation du résultat positif à tel ou tel facteur de production. Personne ne pourrait faire ce qu'il fait sans la synergie de la société où il est plongé » (Castoriadis, 1997). C'est l'essence même de l'organisation d'aboutir à une combinaison harmonieuse. Dans la « Matrice de notation RADAR », la qualité est atomisée. Il y a donc une contradiction majeure entre l'idée d'évaluer des processus et une démarche qui tend à attribuer des notes censées mesurer la qualité de tel ou tel composant d'un système.

La maladie de la mesure n'est pas nouvelle. Elle se développe de façon récurrente dans les milieux qui appliquent à toute chose un langage inspiré des mathématiques. Elle repose sur la croyance que l'objectivité consiste à traduire la réalité en termes mathématiques. Le calcul donne une illusion de maîtrise sur le monde. Les « calculocrates » préfèrent l'illusion qui rassure à une réalité pleine d'incertitudes qui fait peur.

La qualité, une figure du pouvoir managérial

L'insignifiance et la quantophrénie sont deux figures du pouvoir. L'une permet d'éviter la critique et la contestation puisqu'elle empêche de saisir le sens des enjeux qui sont à l'œuvre, l'autre permet de présenter comme neutre et objective une démarche qui conduit les agents à intérioriser l'idéologie gestionnaire.

On sait que le pouvoir réside dans la capacité d'imposer une vision du monde, en légitimant son point de vue comme universel. Les promoteurs de la démarche qualité se présentent comme des experts sans partis pris, alors qu'ils véhiculent un modèle qui repose sur la croyance dans la convergence d'intérêts entre tous les membres de l'entreprise « comme si les antagonismes sociaux s'effaçaient devant l'idéal de qualité » (Mispelblom, 1999). Au cœur des débats sur la qualité apparaissent des enjeux de classement qui sont l'objet de luttes symboliques dont Pierre Bourdieu a montré qu'elles étaient un registre essentiel des processus de domination (Bourdieu, 1975). Il suffirait, pour s'en convaincre, de mettre en discussion la définition de différents items de la notice RADAR, ainsi que les coefficients qui leur sont attribués.

Ce type de démarche se conçoit sur des produits, des machines ou des services fonctionnels. L'appliquer à l'entreprise, c'est assimiler l'organisation à un système physique dans lequel chaque élément contribue au bon fonctionnement de l'ensemble, selon des lois stables, permanentes et déterminées. C'est oublier que l'entreprise est avant tout un système social, une production humaine et instable, ouverte et incertaine. À chaque « partie prenante » de l'organisation correspondent des points de vue qui apparaissent comme convergents sur certains points, divergents voire antagonistes sur d'autres. Les conflits internes ne sont pas des dysfonctionnements mais des révélateurs de contradictions entre des intérêts divergents, des logiques différentes, des visons contrastées.

En fait, la « vision » qui sous-tend le modèle EFQM est l'expression d'une idéologie élaborée dans les grandes entreprises multinationales comme IBM, Xerox, Texas Instruments, Thomson, qui sont par ailleurs les lauréates du *Prix Qualité* décerné par l'EFQM. Les concepteurs et les bénéficiaires sont issus du même moule, partagent les mêmes valeurs, véhiculent le même imaginaire social, la même conception du monde. Les normes et les critères qui définissent la démarche qualité sont l'expression de la culture managériale, dont la caractéristique essentielle est de transformer l'humain en ressources au nom d'une « rationalité » qui présente comme une amélioration de la qualité ce qui n'est, en définitive, qu'une optimisation des résultats financiers. « L'idéologie capitaliste prétend [...] affirmer un but de la "rationalité" qui serait le "bien-être". Mais sa spécificité vient de ce qu'elle identifie ce bien-être avec un maximum ou un optimum économique [...] Ainsi, directement ou indirectement, la rationalité est réduite à la rationalité économique, et celle-ci est définie de manière purement quantitative comme maximisation d'un produit et minimisation des coûts » (Castoriadis, 1997).

En mettant sur le même plan la qualité des produits, des processus, des résultats financiers et la qualité de l'engagement des employés, la démarche réduit l'humain à un « facteur » parmi d'autres. Son apport est mesuré en fonction de ce qu'il rapporte à l'entreprise et non l'inverse. À aucun moment n'est « mesuré » ce que l'entreprise rapporte à l'humain. L'entreprise n'est plus un outil du développement économique, elle devient une entité qui a sa propre valeur, sa propre finalité. Le développement de l'entreprise et sa reproduction deviennent une fin en soi. Cette inversion des moyens et des fins est explicite dans la brochure EFQM. Le personnel est invité à « mettre en cohérence les plans des ressources humaines avec la politique, la stratégie et la structure de l'organisation ». Il s'agit de le faire adhérer à l'organisation, de le couler dans le moule de l'entreprise. Flexibilité, communication, réactivité, motivation, mobilité, engagement sont les maîtres mots d'une politique de qualité dans la gestion des ressources humaines. Autant de termes qui expriment la nécessité d'une mobilisation psychique au service des objectifs de l'entreprise.

Le pouvoir ne réside pas seulement dans l'imposition d'une représentation qui se présente comme universelle. Il s'incarne dans des règles, des procédures, des dispositifs concrets qui contribuent à l'organisation du travail. L'exercice du pouvoir consiste à définir des principes qui servent de référents et concourent à façonner la réalité. Il consiste également à prendre des décisions, à fixer des orientations et des objectifs. Mais il consiste surtout, et c'est là sa dimension la moins visible, à délimiter le champ et à structurer l'espace dans lequel ces décisions et ces orientations seront prises. Le pouvoir est en fait détenu par celui qui fonde la règle du jeu, car il pose du même coup l'ensemble des conditions auxquelles sont assujettis les participants ainsi que leurs rapports mutuels. Avec le pouvoir managérial, les ordres et les interdictions sont remplacés par des procédures et des principes intériorisés conformes à la logique de l'organisation. Au pouvoir des « chefs » se substitue le pouvoir de l'expert, en l'occurrence du qualiticien, qui institue des règles et définit ses modalités de mise en œuvre. En acceptant de « jouer le jeu », les employés sont pris, malgré eux, dans une construction procédurale qui les assujettit à un pouvoir normalisateur auquel ils doivent adhérer.

L'adhésion est d'autant plus facilement acquise qu'ils sont sollicités pour contribuer à l'élaboration de ces normes. En particulier ceux dont la tâche consiste à traduire des objectifs généraux en prescriptions concrètes. « Ils travaillent à transformer une exigence institutionnelle abstraite de "qualité totale", d'"accréditation", de "confort", de "mobilité", d'"automatisation", d'"éthique", en prescription organisationnelle concrète » (Dujarier, 2004). Cette dernière prend la forme de manuels, de protocoles, de tableaux de bord, de procédures, de logiciels qui encadrent très concrètement le travail dans des prescriptions nombreuses et précises. Nous touchons là l'ambiguïté permanente du pouvoir managérial qui réside dans le décalage entre les intentions affichées d'autonomie, d'innovation, de créativité, d'épanouissement dans le travail, et la mise en œuvre de dispositifs organisationnels producteurs de prescription, de normalisation, d'objectivation, d'instrumentalisation et de dépendance.

La fausse neutralité des outils de gestion

Les outils de gestion ne sont pas neutres, contrairement à ce que prétendent la plupart des manuels qui les présentent comme des techniques au service d'une approche rationnelle de la réalité. Ils sont construits sur des présupposés rarement explicités, des logiques implicites qui s'imposent à travers des règles, des procédures, des ratios, des indicateurs qui s'appliquent sans qu'il y ait une possibilité de discuter leur pertinence. Les directions d'entreprise se réfèrent constamment à ces outils pour légitimer leurs décisions et les rendre indiscutables, comme si l'apparente rationalité dont ils sont porteurs occultait la décision elle-même.

L'application d'une modélisation mathématique ne donne pas les moyens de réfléchir sur les origines et les significations de ces modèles. Les outils qui semblent les plus

« objectifs », comme les tableaux de bord, les bilans d'activités, les données financières, induisent des habitus, des schémas mentaux et des comportements. Ils façonnent la réalité selon des normes préétablies qui deviennent indiscutables. Cela explique leur omnipotence et le peu de critiques dont ils sont l'objet de la part des agents qui en subissent les effets. Ils permettent de rendre publics les résultats de chacun, d'effectuer des comparaisons, de produire des équivalences entre le travail des uns et des autres. Ils introduisent un semblant d'objectivité dans un monde de concurrence et de contradictions. Ils rassurent dans la mesure où ils paraissent limiter l'arbitraire et l'incertitude. Ils semblent instaurer de la cohérence face à la complexité et aux multiples paradoxes. Ils favorisent la cohérence de l'organisation, l'homogénéisation des pratiques et des processus d'évaluation (Courpasson, 2000). Ils donnent le sentiment à chaque salarié d'être traité comme les autres. Les instruments de gestion ne sont pas contestés non pas parce qu'ils seraient fiables, mais parce qu'ils semblent mettre de la transparence là où règne l'arbitraire, de l'objectivité là où règne la contradiction, de la sécurité dans un monde instable et menaçant. L'existence de règles du jeu censées guider l'action de chacun et en mesurer les effets est rassurante.

Malgré leur insignifiance, personne ou presque ne les remet vraiment en question, comme s'ils étaient l'objet d'une protection collective. Il faut donc admettre qu'ils occupent une fonction centrale dans l'entreprise : fonction de réassurance face à l'incertitude, de régulation face au pouvoir managérial, de légitimation face à la menace de l'exclusion. Plus inconsciemment, la traduction des activités concrètes dans des modèles abstraits permet de dépersonnaliser les rapports et de mettre à distance la violence qui règne au sein de l'entreprise. Peut-être vaut-il mieux être licencié du fait d'un mauvais taux de rendement que du fait d'une décision personnelle de son manager. La « neutralité » de l'outil permet de désamorcer les conflits interpersonnels. Mais si les outils de gestion ne suscitent pas une critique frontale, ils génèrent des oppositions larvées et beaucoup de désenchantement.

Résistances et désillusions

L'adhésion aux instruments de gestion n'est souvent que de façade, surtout lorsque le sens attribué par chaque employé à son travail ne se retrouve pas dans les indicateurs d'évaluation censés mesurer la qualité de celui-ci. Paulette est une assistante sociale rencontrée dans un groupe de recherche sur « Le sujet face au travail » [1]. Elle s'occupe avec beaucoup de dévouement d'handicapés. Elle est employée dans une institution sociale qui a décidé de mettre en œuvre une gestion moderne. « On nous demande d'être des exécutants. On a de plus en plus de directives. On est soumis à une nouvelle procédure, Total Quality Management. Il faut remplir des formules, suivre des procédures informatisées. On a de plus en plus de dossiers à suivre en même temps. On n'a plus le temps d'être à l'écoute parce qu'on a de plus en plus d'indicateurs de mesure de l'activité. Je n'ai pas l'impression que la qualité exigée par les consignes correspond à ce que j'estime être un travail de qualité. » La critique de Paulette vient en

1. Dans le cadre des groupes d'implication et de recherche que nous animons régulièrement à l'Institut international de sociologie clinique (www.iisc.online.fr).

écho de beaucoup d'autres: «La démarche qualité nous empêche de travailler», «Nous passons plus de temps à rendre compte de ce que nous faisons qu'à le faire», «La procédure est lourde et inapplicable».

Les promoteurs de la qualité considèrent ces critiques comme des obstacles à dépasser et non comme l'expression des limites et des contradictions de la démarche. Ils sont persuadés que celle-ci est positive, que tout le monde peut en bénéficier pour son plus grand profit, qu'elle est facteur de progrès pour toutes les parties prenantes de l'entreprise et que chacun a intérêt à jouer «gagnant-gagnant». Comme les résistances ne peuvent s'exprimer sous forme de critiques ouvertes, elles s'expriment de façon déplacée, comme les mécanismes de défense mis au jour par la psychanalyse.

Confrontés à des logiques contradictoires, les agents sont obligés de faire des compromis, d'inventer des solutions, de détourner les procédures pour réaliser leurs objectifs. Le respect scrupuleux des règles les conduit à l'impuissance. Dans bien des cas, ils sont confrontés à des injonctions incompatibles. «Les entreprises ont tendance à empiler les outils de gestion et à créer des effets de télescopage et de brouillage. Que veut dire ce terme ? Simplement que des injonctions contradictoires arrivent à l'agent en provenance de deux directions différentes utilisant l'une et l'autre des outils de gestion qu'elles jugent complets et autonomes et dont elles n'ont pas conscience qu'utilisés conjointement ils provoquent des effets contradictoires.» [1] Par exemple, la contradiction existant entre les directions des ressources humaines qui mettent en œuvre le management par objectif

1. P. Tripier, «Un sociologue face au mouvement de la qualité», préface au livre de Mispelblom (1999), p. 2.

assorti de récompenses et de sanctions, et les directions de la qualité qui utilisent un mode d'évaluation valorisant le travail en équipe.

Face à ces injonctions paradoxales, et pour ne pas devenir fous, les employés se défendent de différentes façons. La résistance la plus fréquente est le clivage entre un « Moi organisationnel », celui qui semble répondre aux exigences de l'entreprise, et un autre « Moi », le Moi « véritable », celui qui se révèle à l'extérieur, dans les lieux d'expression intimes ou privés. Le « Moi officiel » manifeste son enthousiasme et son adhésion. Le « Moi privé » murmure ses réticences et ses critiques. De nombreux témoignages illustrent ce clivage, en particulier chez tous ceux qui ont quitté, momentanément ou définitivement, le monde de l'entreprise. Ils expriment tous l'inanité des discours et des procédures, le gâchis qu'elles entraînent et leur caractère « insensé ».

Certains se laissent instrumentaliser en ajustant leur comportement aux exigences formelles du service auquel ils « appartiennent » et aux paramètres sur lesquels ils sont évalués. Il y a là un comportement stratégique par lequel l'individu renonce, du moins apparemment, à produire du sens sur son activité en acceptant le sens prescrit par les procédures. Cette « stratégie » a été fortement mise en évidence dans une expérience contestée mais spectaculaire (Milgram, 1974) popularisée par le film d'Henri Verneuil *I comme Icare*. L'état agentique décrit par Stanley Milgram montre la propension des individus à accepter inconditionnellement les exigences d'une autorité, même si celles-ci sont contraires à leurs convictions personnelles.

D'autres résistent aux consignes formelles lorsqu'elles sont trop contradictoires avec ce qu'ils croient devoir faire pour travailler « correctement ». Ils préfèrent conserver une cohérence sur le sens de ce qu'ils font plutôt que de faire quelque chose qu'ils estiment aberrant. Une façon de mettre en évidence l'incohérence du système, faute de pouvoir en faire la critique, est la grève du zèle. Mais cette stratégie ne peut être que collective et transitoire. Elle consiste à appliquer les normes et les procédures à la lettre, jusqu'à ce que cette application bloque le fonctionnement du système.

La plupart des agents combinent ces différentes attitudes soit dans le temps en les adoptant successivement en fonction de la conjoncture, soit psychiquement en faisant coexister en eux des comportements différenciés sur le mode du dédoublement. Une partie du Moi accepte l'instrumentalisation en se coulant dans une position d'exécutant docile des exigences de l'organisation et en appliquant les procédures de façon à « se faire bien voir ». Il préserve ainsi ses propres exigences narcissiques à travers le besoin de reconnaissance. Il sait qu'il faut passer par là pour « réussir », en acceptant d'être un exécutant plus ou moins zélé des directives qui lui sont « conseillées ». Mais il lui faut également préserver l'estime de soi, résister à l'aliénation, ne pas se laisser totalement assujettir. La partie du Moi qui résiste à l'instrumentalisation permet au sujet de sauvegarder son intégrité, de protéger ses capacités réflexives, en particulier quant au sens à donner à ses actions.

*

L'idée de qualité, surtout lorsqu'on lui adjoint le terme « totale », fait référence à un monde de perfection et d'excellence qui n'est pas sans rappeler le monde de la pureté.

Un monde sans défaut, dans lequel chacun accomplira sa tâche parfaitement. Sorte de paradis avant que le péché originel ne vienne assombrir l'horizon de l'humanité. La qualité renvoie au mythe de l'Éden avant la chute : monde de réconciliation de tous les contraires ; monde dans lequel l'erreur, la faute, l'imperfection et l'impureté sont éradiquées ; monde idéal dans lequel chacun peut vivre sans limite et sans conflit ; monde fantasmatique où le désir est satisfait et le manque supprimé. Dans ce monde, chacun peut enfin vivre sans se heurter au désir de l'autre dans un épanouissement infini et une harmonie généralisée.

C'est la raison pour laquelle la qualité suscite, en première approche, le consensus et l'adhésion. C'est également la raison pour laquelle elle ne peut que décevoir, engendrer la désillusion et le désenchantement. On voudrait bien y croire, mais la réalité vient rappeler que la perfection est toujours relative, que l'erreur est toujours possible, que les conflits sont inhérents à la société, que l'homme est fondamentalement ambivalent et que l'idéal se heurte au réel comme le désir se heurte au désir de l'autre.

Lorsqu'on abandonne le mythe pour analyser les pratiques concrètes, lorsque l'idéal de qualité ne sert plus de masque à la réalité, il ne subsiste en fait qu'un système de prescription. S'il peut servir de guide et de cadre pour l'action, il révèle la nature profonde du pouvoir de ceux qui l'édictent. La qualité apparaît alors non pas comme un outil d'amélioration des conditions de la production, mais comme un outil de pression pour renforcer la productivité et la rentabilité de l'entreprise.

CHAPITRE 4

Les caractéristiques du pouvoir managérial

> « Ils jouent un jeu. Ils jouent à ne pas jouer un jeu. Si je leur montre que je les vois jouer, je transgresserai la règle et ils me puniront. Je dois jouer le jeu de ne pas voir que je joue le jeu. »
>
> RONALD D. LAING

Le management se présente comme l'art de gouverner les hommes et les choses : aménager et ménager d'un côté, ordonner et ranger de l'autre. Nous avons là une technologie politique, au sens que lui a donné Michel Foucault dans ses analyses du pouvoir. C'est-à-dire un ensemble de microdispositifs qui n'apparaissent pas comme le fruit d'une conception centralisée, d'un système de domination préétabli, mais comme un ensemble disparate de technologies, de règlements, de procédures, d'aménagements et de discours qui émergent à un moment historique donné. Bien que conçus dans des lieux différents et sans concertation, ces éléments sont porteurs de caractéristiques communes et d'une conception similaire de l'ordre social.

L'ordre industriel avait mis en place des organisations pyramidales et hiérarchiques dans lesquelles l'exercice du pouvoir s'effectuait selon des normes disciplinaires. Dans

Surveiller et punir, Michel Foucault décrit ces systèmes d'organisation dont l'objectif principal est de « rendre les corps utiles et dociles » à travers un ensemble de dispositifs, de règlements, d'aménagements et de procédures (Foucault, 1975). Cette figure du pouvoir disciplinaire va se retrouver dans des organisations aussi différentes que les maisons de détenus, les écoles, les asiles, les hôpitaux, les casernes, les couvents ou les ateliers d'usine.

Dans les entreprises hypermodernes, les organisations se développent selon un modèle polycentré et réticulaire dans lequel l'exercice du pouvoir s'effectue selon des modalités différentes. À l'heure de la « modernisation » et de la « mondialisation », nous assistons à une remise en cause de la discipline comme mode de gestion des collectivités humaines au profit d'un nouveau modèle apparemment moins répressif, qui soumet les individus par des injonctions paradoxales.

Du pouvoir disciplinaire au pouvoir managérial

La gestion managériale se présente comme un progrès notable face au caractère oppressif et statique du système disciplinaire. Ses principales caractéristiques sont bien connues : le primat des objectifs financiers, la production de l'adhésion, la mobilisation psychique. On attend des employés une implication subjective et affective. Cette implication est moins canalisée sur les personnes que sur l'organisation elle-même. C'est l'entreprise qui est « personnifiée ». Les employés attendent d'elle de la reconnaissance. Ils éprouvent pour elle des sentiments aussi intenses que la passion, la colère ou le dépit. La quête inassouvie de reconnaissance est l'expression d'un besoin de personnalisation face à des relations abstraites et chimériques. L'entreprise managériale est moins une « bureaucratie libérale » (Courpasson, 2000) qu'un système « sociopsychique » de domination fondé sur un objectif de transformation de l'énergie psychique en force de travail. Pour canaliser l'énergie psychique, le management met en œuvre un certain nombre de principes en rupture avec le modèle disciplinaire.

Du contrôle des corps à la mobilisation du désir

L'entreprise de type taylorien est centrée sur la canalisation de l'activité physique afin de rendre les corps utiles, dociles et productifs. Ce processus s'opère par le contrôle de l'emploi du temps, par le quadrillage de l'espace, par « une machinerie de pouvoir qui canalise les corps pour les adapter à des objectifs de lutte (l'armée), de production (l'usine), d'éducation (l'école) » (Foucault, 1975). Le pouvoir managérial se préoccupe moins de contrôler les corps que de transformer l'énergie libidinale en force de travail. À l'économie du besoin canalisé s'oppose l'économie du désir exalté. On passe du contrôle tatillon des corps à la mobilisation psychique au service de l'entreprise. À la répression se substitue la séduction, à l'imposition l'adhésion, à l'obéissance la reconnaissance.

Le travail est présenté comme une expérience intéressante, enrichissante et stimulante. Chaque travailleur doit se sentir responsable des résultats pour pouvoir développer ses compétences et ses talents ainsi que sa créativité. L'essentiel n'est plus le respect des règles et des normes formelles, mais l'émulation permanente pour réaliser les objectifs. La mobilisation personnelle devient une exigence. Chacun doit être motivé pour remplir ses objectifs avec enthousiasme et détermination.

Le désir est sollicité en permanence : désir de réussite, goût du challenge, besoin de reconnaissance, récompense du mérite personnel. Dans l'entreprise hiérarchique, le désir était réprimé par un Surmoi sévère et vigilant. Dans l'entreprise managériale, le désir est exalté par un Idéal du Moi exigeant et gratifiant. Elle devient le lieu de l'accomplissement de soi-même.

De l'emploi du temps réglementé à l'investissement de soi illimité

C'est, pour une bonne part, comme force productive que la psyché est investie de rapports de pouvoir et de domination. La psyché ne devient force utile que si elle est à la fois énergie productive et énergie assujettie. On peut reprendre presque mot pour mot l'analyse de Michel Foucault [1] en substituant la psyché au corps comme objet du pouvoir dans les entreprises hypermodernes. Certes, en changeant d'objet, les modalités du contrôle vont considérablement se transformer. Mais la finalité reste identique. Il ne s'agit plus de rendre les corps « utiles et dociles », mais de canaliser le maximum d'énergie libidinale pour la transformer en force productive.

Les techniques de management perdent leur caractère disciplinaire. La surveillance n'est plus physique mais communicationnelle. Si, par certains aspects, la surveillance reste ininterrompue grâce aux badges magnétiques, aux portables, aux ordinateurs, aux bips, elle n'est plus directe.

1. « C'est, pour une bonne part, comme force de production que le corps est investi de rapports de pouvoir et de domination… Le corps ne devient force utile que s'il est à la fois corps productif et corps assujetti » (Foucault, 1975).

Elle porte davantage sur les résultats du travail que sur ses modalités. Si la liberté s'accroît sur les tâches à accomplir, elle trouve une contrepartie dans une exigence drastique sur les résultats. Il s'agit moins de réglementer l'emploi du temps et de quadriller l'espace que d'obtenir une disponibilité permanente pour que le maximum de temps soit consacré à la réalisation des objectifs fixés et, au-delà, à un engagement total dans la réussite de l'entreprise. Il s'agit donc toujours de constituer un temps intégralement rentable. On l'obtient non par un contrôle tatillon de l'activité pour adapter le corps à l'exercice du travail, mais par des dispositifs qui consistent à mobiliser l'individu sur des objectifs et des projets qui canalisent l'ensemble de ses potentialités. Et comme les horaires de travail ne suffisent plus pour répondre à ces exigences, la frontière entre le temps de travail et le temps hors travail va devenir de plus en plus poreuse.

Une publicité de Philips en 1996 décline parfaitement ce phénomène : « Être joignable n'importe où, à n'importe quel moment, c'est la liberté d'être branché ! » Les nouvelles technologies de communication permettent une utilisation démultipliée du temps puisque tout temps « mort » peut être immédiatement rempli par une autre activité. Les pertes de temps liées aux trajets, aux attentes, aux contretemps sont occupées à régler des problèmes en instance, à passer des coups de téléphone, à prendre des rendez-vous, à compléter des notes sur son ordinateur. La voiture équipée d'un téléphone portable et d'un ordinateur est le prolongement du bureau. Au point que certaines entreprises, suivant l'exemple d'Andersen Consultant, ont mis au point des bureaux virtuels. Chaque employé est équipé d'un ordinateur portable et d'un téléphone mobile. Il peut installer son bureau dans n'importe quel endroit, il suffit d'une prise électrique et d'un branchement téléphonique.

Si le temps de travail devient illimité, l'espace doit l'être également. Il convient de pouvoir travailler à tout moment et en tout lieu. Le manager hypermoderne est obligatoirement « branché ». Il peut travailler en permanence avec l'ensemble de ses « interfaces » dans le monde entier. C'est dire qu'il n'a plus besoin de bureau fixe, mais d'un bureau qu'il transporte avec lui. « Ce qu'il faut, c'est utiliser le mobile avec le temps comme on utilise en informatique un multiprocess : on double ou l'on triple et l'on fait travailler parallèlement les choses. Là on gagne du temps. D'habitude, on estime une action, on l'entreprend sur le fait et après, on a le résultat et l'on décide de l'action suivante. C'est le schéma traditionnel. Tandis que là, pendant qu'une action est en cours, vous en lancez une autre au téléphone en parallèle. Vous multipliez par trois ou quatre l'espace-temps que vous avez devant vous » (Jauréguiberry, 2003).

Au temps de la planification, de l'exactitude, de la programmation linéaire de l'emploi du temps, se substituent la polychronie, l'urgence et l'aléatoire dans la gestion du temps. Instruments de liberté, les technologies de communication permettent de se relier au-delà des frontières entre le professionnel et le privé, le travail et l'affectif, le familial et le social.

Il y a quelques années, une grande entreprise pétrolière mettait en place un système informatisé de ses stations-service. Les gérants devaient avoir un ordinateur à domicile dans lequel figurait leur emploi du temps, permettant ainsi à la direction de fixer des heures de « briefing » ou des réunions au siège en tenant compte des disponibilités de chacun telles qu'elles apparaissaient sur leur agenda électronique. Ce système suscita de nombreuses réticences de la part des gérants qui avaient le sentiment de perdre la liberté de gérer eux-mêmes leur temps. Ils ne pouvaient plus refuser une réunion pour cause d'indisponibilité sans avoir besoin de se justifier. Face à ces résistances, la direction des ressources humaines imagina un stratagème pour faciliter la pénétration de l'ordinateur dans l'espace privé. À Noël, elle fit cadeau à l'ensemble de ses gérants d'un ordinateur domestique permettant en particulier aux enfants de jouer avec lui. Subtil « cadeau » favorisant l'introduction de la culture informatique dans les familles, l'apprivoisement de la machine et la préparation « acceptée » des gérants pour une utilisation à des fins professionnelles.

Il ne s'agit plus d'une disponibilité contrainte pendant les heures de travail, mais d'une disponibilité permanente et libre. « Si vous êtes disponible tout le temps, vous n'êtes plus qu'un citron qu'on presse comme on veut », remarque un cadre de multinationale. La réduction des coûts conduit à une colonisation progressive de l'espace-temps intime par des préoccupations professionnelles. Colonisation légitimée par l'urgence, l'exigence de réactivité immédiate. L'agent est moins dépossédé de son temps personnel que possédé par le temps de son travail. Il ne s'agit pas d'une exigence autoritaire, mais d'une conséquence logique de son désir de bien faire et de réussir.

De la soumission à un ordre à l'engagement dans un projet

« Pour nous, managers, notre credo doit être : "Je comprends le Projet de l'Entreprise et j'y crois. Je me sens per-

> sonnellement engagé à contribuer à sa réalisation à travers mon adhésion à nos convictions, nos valeurs et nos idéaux de management." »
>
> Source : *The Philips Way*[1].

L'efficacité du système disciplinaire voulait que l'ordre soit exécuté sans discussion, sans explication et sans délai. Il sollicitait de la part des agents une soumission totale au règlement et une docilité obéissante face à la hiérarchie. Il mettait en œuvre une surveillance directe et un système de sanctions normalisé. Le système managérial est en rupture par rapport à ce modèle. On passe d'un gouvernement par les ordres à un management par la réalisation de projets, d'une surveillance hiérarchique à la mise en œuvre d'une autonomie contrôlée. L'objet du contrôle tend à se déplacer de l'activité physique à l'activité mentale. Plutôt que d'encadrer les corps, on cherche à canaliser les pulsions et à mobiliser les esprits : *« Plus qu'une philosophie d'entreprise ou un idéal à atteindre dans le futur, c'est un modèle de comportement pour aujourd'hui »* (cf. annexe 2, p. 350).

La modélisation des comportements est conçue à partir d'un système de valeurs que chaque manager doit intérioriser : la valorisation de l'action, l'exemplarité des attitudes, l'adhésion aux idéaux de management, le primat des résultats financiers, la mobilisation permanente pour répondre aux exigences des clients, des actionnaires, des collaborateurs et des fournisseurs. On attend une identification totale à l'entreprise dont le nom doit inspirer *« fierté et confiance »*. Chacun est incité à prendre des initiatives,

1. Les citations qui suivent sont extraites de cette brochure, cf. annexe 2, p. 350.

à faire preuve de créativité et d'autonomie dans le sens des orientations et des convictions de l'entreprise. Il s'agit d'adhérer librement, spontanément et avec enthousiasme au projet de l'entreprise. Les chartes d'entreprise glorifient l'esprit d'équipe, le challenge et l'exigence de qualité. On recherche l'excitation du désir et la mobilisation subjective pour les mettre en synergie avec les besoins de l'entreprise. Le désir n'est plus considéré comme une faiblesse coupable qui doit être encadrée par des interdits, mais comme source de créativité qui doit être mobilisée au service de la compagnie.

Le pouvoir managérial fonctionne moins comme une « machinerie » qui soumet des individus à une surveillance constante que comme un système de sollicitation qui suscite un comportement réactif, flexible, adaptable, capable de mettre en acte le projet de l'entreprise. Projet qui peut évoluer dans le temps, en fonction du contexte, des fluctuations du marché, des découvertes technologiques, des stratégies de la concurrence, mais dont la finalité numéro un reste la profitabilité *(« attribuer aux objectifs financiers une priorité numéro un »)*. Chaque service est un centre de coût et un centre de profit. L'ensemble des activités est évalué en fonction de leur rentabilité financière. Mais si les objectifs financiers restent la priorité numéro un, le projet concerne surtout les ressources humaines : *« Développer un ensemble de convictions qui sous-tendent nos actions quotidiennes : faire du bon travail, valoriser les collaborateurs, encourager la réussite et le sens des responsabilités, développer une communication franche et ouverte, développer les compétences, reconnaître les mérites de chacun. »*

L'adhésion à un univers paradoxal

La gestion managériale préfère l'adhésion volontaire à la sanction disciplinaire, la mobilisation à la contrainte, l'incitation à l'imposition, la gratification à la punition, la responsabilité à la surveillance. Sa force s'enracine dans un système de valeurs qui favorise l'engagement individuel dans lequel la recherche du profit est couplée à un idéal. Le travail doit devenir le lieu de la réalisation de soi-même, de l'épanouissement de chacun, des clients comme des collaborateurs, du respect de tous, en particulier *« des communautés dans lesquelles nous évoluons »*. Il s'agit enfin de conduire ces activités avec le sens de l'éthique. Projet et idéal vont de pair. Personne ne peut se satisfaire de se consacrer totalement à son travail pour une finalité uniquement financière. Depuis Max Weber (1920), on a compris que les hommes travaillent pour leur salut et pas seulement pour de l'argent.

L'entreprise propose un idéal commun qui doit devenir l'idéal des employés. Cette captation de l'Idéal du Moi de chaque individu ne s'effectue pas mécaniquement. Il convient d'abord que les valeurs individuelles ne soient pas trop en rupture avec celles de l'organisation. Sur ce point, les procédures de sélection sont très sophistiquées. Elles opèrent un ajustement entre la « personnalité » des candidats et les attentes de l'organisation. Des tests, des entretiens, des mises à l'épreuve, des analyses graphologiques et psychologiques permettent de décrire, évaluer, classer, comparer ceux qui ont les meilleures caractéristiques pour s'adapter au modèle de comportement attendu. Les élèves des écoles d'ingénieurs et des écoles de commerce sont *a priori* les plus aptes à intérioriser des façons de faire et de penser conformes aux attentes de l'entreprise. Les cours de formation internes, les dispositifs d'évaluation et les procédures de promotion tiennent compte des résultats obtenus, mais également et peut-être surtout des « motivations », c'est-à-dire de l'aptitude et de la volonté à se mobiliser pour remplir les objectifs et adhérer aux projets de l'entreprise.

On ne recherche donc plus des individus dociles mais des « battants », des *winners* qui ont le goût de la performance et de la réussite, qui sont prêts à se dévouer corps et âme. Deux autres qualités sont aussi exigées : le goût de la complexité et la capacité de vivre dans un monde paradoxal, ce qu'illustrent ces quelques citations entendues dans les entreprises, parmi des milliers d'autres :

> On nous dit : « Vous devez être tournés vers l'extérieur », et on nous reproche : « Vous n'êtes jamais là quand on a besoin de vous. »
>
> On nous dit : « La qualité, c'est de donner des délais de livraison au client et de s'y tenir », et il y a une directive écrite selon laquelle le fait de s'engager sur un délai de livraison est une faute professionnelle.
>
> On nous dit : « Vous devez travailler en équipe », mais l'évaluation des performances est individuelle.
>
> On nous dit « qualité totale », mais l'entreprise est dominée par le souci de la rentabilité financière et les résultats quantitatifs.
>
> On nous dit « avancement au mérite », mais c'est celui qui arrive à se mettre en avant au détriment des autres qui est promu.
>
> On nous dit « approche solution », mais on n'a jamais le temps de prendre du recul.

Le monde de l'entreprise est un univers de plus en plus contradictoire. Le quotidien du manager est une suite ininterrompue de décisions à prendre face à des interfaces multiples dont chacune émet des demandes, des recommandations, des procédures, des injonctions, des attentes, de telle façon que le fait de répondre à l'une ne permet pas de répondre à l'autre, alors que toutes sont pourtant nécessaires. Il convient donc de négocier, de discuter, de tempérer, de louvoyer entre des logiques fonctionnelles dont chacune doit être prise en considération pour la bonne marche de l'ensemble, quand bien même elles s'opposent, jusqu'à être parfois incompatibles. Le manager est en quête de médiation. Il lui faut supporter un univers paradoxal sans pour autant sombrer dans la folie. Le moindre des paradoxes étant qu'on lui demande d'être autonome dans un monde hypercontraignant, d'être créatif dans un monde hyperrationnel et d'obtenir de ses collaborateurs qu'ils se soumettent en toute liberté à cet ordre.

La violence dans l'entreprise hypermoderne n'est pas répressive, même s'il subsiste des formes de répression ; c'est surtout une violence psychique liée à des exigences paradoxales. Dans le modèle hiérarchique, le contrat est assez clair : il faut être au bureau ou à l'usine pendant un nombre d'heures fixé à l'avance, dans un lieu déterminé, pour effectuer une tâche précise, tout cela en contrepartie d'une rémunération. Il y a donc un engagement réciproque et formalisé. Dans le modèle managérial, l'essentiel du contrat se joue ailleurs. Nous avons évoqué sa dimension narcissique. L'entreprise propose à l'homme managérial de satisfaire ses fantasmes de toute-puissance et ses désirs de réussite, contre une adhésion totale et une mobilisation psychique intense. L'idéalisation et l'identification le mettent dans une dépendance psychique importante. Si l'entreprise va mal, il ne peut s'en prendre qu'à lui-même. Si elle le met sur la touche, c'est qu'il n'a pas été à la hauteur de ses exigences. Ce n'est plus un engagement réciproque qui règle les rapports entre l'individu et l'organisation, mais une injonction paradoxale. Plus il « réussit », plus sa dépendance augmente. Là où l'entreprise progresse, c'est en définitive la part du sujet qui régresse. Plus il s'identifie à l'entreprise, plus il perd son autonomie propre. Il croit jouer « gagnant-gagnant », selon l'expression consacrée, alors que le fait de gagner le mène à sa perte. Double perte, puisqu'un jour il sera inéluctablement mis sur la touche à partir du moment où ses performances diminueront, mais aussi parce qu'il se sera mis en tension psychique permanente.

E. Enriquez (1998) évoque la perversion à propos de cette forme de pouvoir dans la mesure où il met en scène un système manipulateur qui piège les individus dans leur propre désir. Il est vrai que l'individu se trouve capté dans des modes de fonctionnement qui présentent toutes les caractéristiques de la perversion. Nous y reviendrons à propos du harcèlement, qui est un des symptômes courants dans ce type d'organisation. Mais il faut insister sur un point. Il ne s'agit pas ici de psychopathologie au sens où ce type de pouvoir serait soutenu et produit par des individus présentant des caractéristiques mentales particulières. Si le système lui-même apparaît comme pervers, c'est qu'il capte les processus psychiques pour les mobiliser sur des fonctionnements organisationnels. Ce faisant, il met les individus sous tension, en particulier parce qu'il les met en contradiction avec eux-mêmes.

Un sentiment de toute-puissance qui rend impuissant

L'engagement du salarié est sans fin à partir du moment où il projette son propre idéal sur l'entreprise. L'engagement de l'entreprise n'est que partiel puisqu'elle conditionne le maintien de l'emploi aux performances de chaque agent, sans tenir compte du fait que celles-ci dépendent de l'ensemble. C'est à chacun de faire la preuve de son utilité, de sa productivité et de sa rentabilité, donc de démontrer qu'il sait tenir sa place et, au besoin, de s'en faire une. L'entreprise attend de ses salariés qu'ils montent des projets, justifient leur emploi, calculent leur contribution et qu'ils aillent toujours au-delà des objectifs qu'elle leur fixe. Elle ne leur demande plus de s'adapter à un cadre stable, mais d'exister dans un réseau flexible, dans un univers virtuel. Chaque employé doit prouver ses compétences et justifier sa fonction. Mais en même temps, il est soumis à des prescriptions extrêmement contraignantes. C'est l'univers de l'autonomie contrôlée. La liberté dans l'organisation du travail se paie d'une obligation à respecter des normes et d'une surveillance permanente quant aux résultats, à la réalisation des objectifs, aux performances réalisées. Chaque agent participe à un centre de coût et de profit dont les résultats peuvent être mesurés en temps réel. La liberté d'aller et de venir recouvre un contrôle à distance. Chacun est libre de travailler où il veut, à partir du moment où il est « branché » en permanence sur le réseau. Lorsqu'on transporte son bureau avec soi, on devient libre de travailler 24 heures sur 24 !

En abandonnant l'organisation hiérarchique pour une organisation réticulaire, on change profondément les registres sur lesquels s'exerce le pouvoir. On passe :

• d'une structure rigide fixant à chacun une place déterminée dans un ordre stable, à des structures flexibles, fonctionnant en réseaux et favorisant la mobilité horizontale et verticale ;

• d'un système de communication formelle, descendant et centralisé, à un système informel, interactif et polycentré ;

• d'un gouvernement par les ordres, à un gouvernement par les règles ; de l'imposition, à l'incitation : on n'ordonne plus mais on discute, on suscite, on anime, on négocie ;

• d'un encadrement centré sur la surveillance, le respect des directives, à un management centré sur l'atteinte des objectifs, l'adhésion à des logiques.

Dans l'entreprise hypermoderne, l'objet du contrôle tend à se déplacer du corps à la psyché, de l'activité physique à l'activité mentale : plutôt que d'encadrer les corps, on cherche à canaliser les pulsions et contrôler les esprits. L'entreprise attend de ses employés qu'ils se dévouent « corps et âme ». Sur le plan psychologique, on passe d'un système fondé sur la sollicitation du Surmoi, le respect de l'autorité, l'exigence d'obéissance, la culpabilité, à un système fondé sur la sollicitation de l'Idéal du Moi, l'exigence d'excellence, l'idéal de toute-puissance, la crainte d'échouer, la recherche de satisfaction narcissique. L'identification à l'entreprise et son idéalisation suscitent la mobilisation psychique attendue. Chacun se vit comme son propre patron. Les agents s'autocontrôlent, s'auto-exploitent. La puissance de l'organisation à laquelle ils s'identifient leur permet de croire à une toute-puissance individuelle, celle d'un Moi en incessante expansion ne rencontrant pas de limites. Mais si les satisfactions sont profondes, les exigences le sont également. L'individu doit se consacrer entièrement à son travail, tout sacrifier à sa carrière. L'exigence de réussite trouve son fondement dans le désir inconscient de toute-puissance. L'entreprise offre une image d'expansion et de pouvoir illimité dans laquelle l'individu projette son propre narcissisme. Pris dans l'illusion de son désir, il est animé par la peur d'échouer, de perdre l'amour de l'objet aimé (ici l'organisation), la crainte de ne pas être à la hauteur, l'humiliation de ne pas être reconnu comme un bon élément. Il est mis sous tension entre son Moi et son idéal, pour le plus grand bénéfice de l'entreprise.

L'univers managérial promet un idéal sans borne : zéro délai, zéro défaut, zéro papier, qualité totale, etc. Dans ce contexte, il n'est plus normal d'être limité. Il est demandé d'accroître en permanence les performances tout en diminuant les coûts. On crée des exigences de plus en plus élevées, au-delà de ce que l'on sait pouvoir faire. L'idéal devient la norme. Les procédures ne sont pas établies à partir d'une analyse concrète des processus de production et des activités réelles, mais pour des clients parfaits, des travailleurs toujours au sommet de leur forme, jamais malades, dans un contexte sans obstacle. La faiblesse, l'erreur, le contretemps, l'imperfection, le doute, tout ce qui caractérise l'humain « normal », n'ont plus lieu d'être. La gestion prône l'idéal dans un monde sans contradiction. L'idéal n'est plus un horizon à atteindre, mais une norme à appliquer.

Faute de pouvoir le réaliser, et devant le déni de sa vulnérabilité, chaque agent est constamment pris en défaut d'insuffisance. Puisqu'il ne peut jamais être à la hauteur des performances attendues, il se vit comme incapable, incompétent ou insuffisamment motivé. C'est lui qui devient responsable des défauts du système (Dujarier, 2004).

L'entreprise suscite la construction d'un imaginaire dont le management doit assurer la consistance et la permanence. L'imaginaire de l'individu devient l'objet principal du management avec pour objectif de canaliser ses aspirations sur des objectifs économiques. Deux processus majeurs provoquent la mobilisation psychique :

- l'identification par introjection de l'organisation, image de toute-puissance et d'excellence, et par projection sur elle des qualités qu'il voudrait pour son propre Moi ;
- l'idéalisation par intériorisation de l'idéal de perfection et d'expansion que l'organisation propose. L'Idéal du Moi trouve ainsi dans l'entreprise multinationale une formidable caisse de résonance pour élargir ses limites et satisfaire le « Soi grandiose » (Kohut, 1974).

Nous avons proposé le terme de « système managinaire » pour décrire l'ensemble de ces processus de transactions entre l'entreprise et l'individu (Aubert et Gaulejac, 1991). Il s'agit d'un autre aspect du contrat de travail, implicite mais bien réel, qui complète les aspects formels (juridiques et financiers) par une transaction psychique équivalente à un contrat narcissique. L'individu cherche dans l'organisation un moyen de satisfaire ses désirs de toute-puissance et de canaliser ses angoisses. L'organisation lui offre un objet d'idéalisation et une excitation/incitation permanente à se dépasser, à être le plus fort, à devenir un « gagnant ». Elle lui offre les moyens de combattre son angoisse en suscitant un mode de fonctionnement défensif pour lui et utile pour l'organisation. Par ce biais, la tension se transforme en énergie productive, c'est-à-dire en force de travail, canalisée sur les objectifs fixés par l'entreprise.

Une soumission librement consentie

L'objectif du système managinaire est de mettre en synergie le fonctionnement organisationnel et le fonctionnement psychique. L'organisation donne beaucoup d'avantages et beaucoup de contraintes, l'individu éprouve beaucoup de satisfaction et beaucoup d'angoisse. Pour lutter contre l'angoisse, il s'investit totalement dans son travail. Il obtient des résultats, ce qui lui amène de la reconnaissance sous forme de promotion, de salaire, mais également des responsabilités qui viennent renforcer le couple avantage/contrainte et, par contrecoup, le plaisir et l'angoisse, et ainsi de suite. L'individu est pris dans une spirale dont il ne peut plus se détacher. L'attachement des individus est produit non par une contrainte physique, mais par une dépendance psychique qui s'étaie sur les mêmes processus que le lien amoureux, c'est-à-dire la projection, l'introjection, l'idéalisation, le plaisir et l'angoisse.

C'est à ce niveau que résident le succès et la faille de l'entreprise managériale. Les conflits se posent de moins en moins au niveau de l'organisation en termes de luttes revendicatives ou de respect de l'autorité hiérarchique. Ils se posent au niveau psychologique en termes d'insécurité, de souffrance psychique, d'épuisement professionnel, de troubles psychosomatiques, de dépressions nerveuses. Autant de conflits face auxquels les syndicats ou les contre-pouvoirs sont démunis.

La contestation de ce pouvoir est particulièrement difficile, comme tout système qui enferme les individus dans des paradoxes. C'est un pouvoir que l'on exerce et que l'on subit en permanence sans que le manager puisse clairement distinguer la différence. On pourrait évoquer à ce propos une aliénation dans la mesure où l'individu est gouverné de l'intérieur par des forces étrangères à lui-même. Mais le terme ne permet pas de rendre compte du paradoxe selon lequel chacun est invité à cultiver son autonomie, sa liberté, sa créativité pour mieux exercer un pouvoir qui renforce sa dépendance, sa soumission et son conformisme. S'il y a aliénation, il y a également exaltation de la subjectivité. On pourrait sans doute évoquer ici une « aliénation à la puissance deux » puisque c'est le sujet lui-même qui en devient le principal moteur.

C'est un pouvoir difficile à contester d'une part parce qu'il opère dans l'intériorité, ce qui conduit à se contester soi-même, mais surtout parce que la critique ne peut se faire qu'en extériorité. L'école de Palo Alto a montré qu'on ne pouvait échapper à une communication paradoxale qu'en se mettant à un niveau « méta », c'est-à-dire en communiquant sur le paradoxe lui-même (Watzlawick *et al.*, 1967). De même, on ne peut échapper à un pouvoir paradoxal qu'en démontant ses différents mécanismes. Mais comment procéder quand on est soi-même à l'intérieur du système ? C'est comme si on voulait faire avancer une voiture tombée en panne tout en restant à l'intérieur du véhicule.

Celui qui dénonce les contradictions se heurte de front à la demande d'adhésion, à l'attente d'un investissement psychologique sans faille, au besoin de croire que l'entreprise offre un espoir de progrès, une finalité acceptable. Plutôt que d'invoquer les injonctions contradictoires auxquelles il est soumis, le « bon agent » préférera évoquer des « dysfonctionnements », des problèmes à résoudre. Il est prêt à se mobiliser pour faire fonctionner le système malgré tout, si possible même l'améliorer en intériorisant les contraintes. Les injonctions contradictoires sont alors normalisées et internalisées. Ce n'est plus l'entreprise qui est incohérente, c'est l'individu qui doit prendre en lui la charge psychique induite par la contradiction : Comment faire toujours plus avec toujours moins ? Comment être à deux endroits en même temps ? Comment gagner du temps quand on en a moins ?

« Nous n'avons pas le choix, on l'accepte ou on part », disent la plupart des managers. En s'enfermant ainsi dans une alternative radicale, ils tentent de rationaliser leurs propres positions et, ce faisant, de légitimer leur conduite. Ce n'est pas le moindre des paradoxes que de constater que, d'un côté, ils célèbrent les vertus du libéralisme et de la libre entreprise et, de l'autre, ils se présentent comme totalement dépendants et soumis aux exigences d'un système dont ils sont à la fois les producteurs et les produits. Pris individuellement, ils semblent n'adhérer que partiellement à ce pouvoir. Certains en font même une critique virulente. Ce qui ne les empêche pas de l'exercer sur leurs collaborateurs et leurs subordonnés. On pourrait parler ici de duplicité dans la mesure où la plupart des managers sont spécialistes du double langage. Il semble plus juste d'y voir les conséquences d'une socialisation à cet « ordre paradoxal ». On ne peut y survivre qu'en devenant soi-même paradoxal, moins par duplicité que par nécessité. L'appel récurrent à l'éthique est l'expression du souhait de remettre de la cohérence et du symbolique dans un univers incohérent et chaotique.

CHAPITRE 5

La morale des affaires

> « Pendant qu'on se figure que la transparence et l'éthique vont sauver le monde, au moins on ne parle pas d'autre chose. Et c'est bien l'immense bénéfice du dérivatif moralisateur. »
>
> FRÉDÉRIC LORDON, *Et la vertu sauvera le monde*.

Max Weber avait montré en son temps les liens étroits entre l'esprit du capitalisme et l'éthique protestante (Weber, 1920). Le capitalisme industriel était fondé sur un principe de légitimation. La logique d'accumulation du capital ne trouvait pas sa justification en elle-même, mais dans la poursuite d'un but plus noble. On célébrait le goût d'entreprendre, l'honnêteté, la préoccupation du bien public. Par le travail, l'homme gagnait son salut. La réussite financière était signe de mérite individuel, mais l'argent ne devait pas servir à des dépenses personnelles somptuaires. Il devait être réinvesti dans des causes socialement valorisées.

On retrouve les traces de cette éthique dans les chartes des grandes entreprises multinationales, comme celle de Philips que nous avons déjà citée (annexe 2, p. 350). Mais les beaux principes se heurtent à la réalité des pratiques. L'écart ne cesse de croître entre l'éthique personnelle des employés et l'« idéal de management » proposé par l'entreprise. L'éthique personnelle voit le bien « dans l'acte d'une vie en accord avec elle-même, davantage que dans un objectif vertueux s'imposant du dehors [...] Elle n'a rien à faire des normes et des discours, ignore le devoir, et se confond avec ce que l'on fait de soi » (Audi, 2000). Entre cette définition de l'éthique personnelle qui renvoie au sujet la responsabilité de ses actes, et l'éthique managériale qui cherche à susciter l'adhésion aux objectifs de l'entreprise, les tensions sont de plus en plus vives. Dans un contexte où les résultats financiers représentent la finalité ultime de l'activité, on voit se développer de multiples « affaires » qui illustrent le divorce croissant entre le « business » et la morale. À partir du moment où la science managériale et ceux qui l'incarnent se soumettent aux intérêts du capital, on voit se développer des discours qui recouvrent d'intentions louables des pratiques qui le sont moins.

Le capitalisme a perdu son éthique

Le capitalisme a besoin de s'appuyer sur une légitimité pour justifier les inégalités qu'il provoque et gommer les contradictions qu'il suscite. En particulier lorsque l'enrichissement des uns s'accompagne de l'appauvrissement des autres, lorsque l'amélioration des profits s'accompagne de licenciements, de dégradation des conditions de travail ou d'une diminution des rémunérations des employés. Le management présente des arguments afin de justifier les contradictions permanentes entre les pratiques concrètes de la vie au travail et la morale ou les valeurs des employés. Les travailleurs ont besoin de donner de la cohérence à leur activité, de s'investir dans des projets qui leur permettent d'espérer une amélioration de leur sort et un avenir meilleur. Le management des ressources humaines a pour fonction de proposer une « culture » qui défende une vision commune, la considération de la personne, le respect de l'environnement, la qualité des produits et des services réalisés. On évoque l'entreprise citoyenne, la « bonne gouvernance », la « responsabilité sociale de l'entreprise » (RSE). Les chartes d'entreprise développent les convictions et les valeurs auxquelles chaque employé doit s'engager à croire. Elles s'attachent à compenser la logique du profit par des constructions morales destinées à la légitimer.

Aujourd'hui, qu'est-ce qui permet d'y croire encore ? La recherche d'une rentabilité maximale est compensée par une morale du bien commun ; l'exclusion des *low performers* (les moins performants) par une morale du risque ; la logique d'obsolescence par une morale de l'innovation et du progrès (Lordon, 2003).

• La morale du bien commun encourage chacun à maximiser son intérêt particulier par un miracle « éthique ». Par le truchement de la « main invisible » (Smith, 1776), la recherche de l'intérêt individuel conduit logiquement à développer l'intérêt collectif. Merveilleuse théorie qui permet une déculpabilisation des acteurs du capitalisme, qui n'ont plus de questions à se poser sur leurs conduites puisque la recherche du profit individuel débouche immanquablement sur le bien commun. Cette transmutation des égoïsmes individuels en comportements altruistes justifie la quête effrénée de performances financières. Chaque acteur a un comportement rationnel en défendant ses intérêts particuliers, dans la mesure où ces intérêts conjugués ne peuvent que favoriser le bien commun.

• La morale du risque permet de valoriser l'image d'un actionnaire dynamique et courageux, loin de la pusillanimité du rentier ou de la médiocrité des travailleurs résignés à leur sort. Le « risquophile » [1] est un homme entreprenant et capable de se remettre en question. Sa fortune n'est pas le fait d'un enrichissement indu, mais de l'affrontement des incertitudes du marché. Elle est d'autant plus méritée que la Bourse est chaotique, imprévisible et que la concurrence est vive dans un monde instable. L'entreprise hypermoderne est une terre d'aventure dans laquelle les « risquophobes » ne sont pas les bienvenus.

• La morale de l'innovation et du progrès permet de présenter l'entreprise comme un système dynamique, ouvert, porteur d'amélioration et de développement. Dans cette perspective, la croissance est le moteur du progrès et le profit engendre un bénéfice pour l'ensemble de la société. La concurrence marchande est facteur d'émulation permettant à chacun de se dépasser. Le marché est instauré comme une instance mythique censée réguler les conflits et contribuer à une production infinie de richesse bénéficiant à tous.

L'absence d'antagonisme entre l'intérêt individuel et l'intérêt collectif, la célébration du risque pris par l'actionnaire et la présentation de la logique du profit comme force créatrice, sont des arguments face aux dégâts que ce système de gestion engendre. Ils justifient les inégalités sociales, la pression du travail, la dérégulation, la remise en question de la protection sociale et la lutte des places. Comment en effet éviter, dans un monde guidé par la défense de l'intérêt individuel, que ne se développe une compétition généralisée ? Comment affirmer qu'il n'y a pas

1. Selon l'expression d'Ernest-Antoine Seillière, président du Medef, qui valorise ceux qui ont le goût du risque et stigmatise ceux qui en ont peur.

de contradiction entre l'intérêt de l'entreprise et l'intérêt des salariés face à des plans sociaux successifs ? Comment célébrer la morale du risque lorsque les uns partent avec des *golden parachutes* et que les autres sont licenciés brutalement ? Comment, en définitive, justifier la prééminence de la Bourse sur l'économie, de la logique financière sur les logiques de production, lorsqu'on assiste au renouvellement de crises socialement dramatiques ?

Pour éviter que l'antagonisme entre le capital et le travail n'émerge en opposition centrale, il faut que les salariés intègrent la logique financière comme une nécessité. D'où les multiples propositions pour les « intéresser au capital » afin qu'ils deviennent des « petits actionnaires ». Par ce biais, la logique financière est présentée comme un bénéfice pour tous, donc juste. La concurrence est un bienfait pour le consommateur, les fonds de pension assurent un complément essentiel pour les retraites, l'épargne salariale et les stock-options assurent au travailleur une participation aux profits de l'entreprise. L'individu salarié-actionnaire-consommateur-retraité est alors pris dans des conflits d'intérêts qu'il n'arrive plus à hiérarchiser.

D'autant que la conjugaison entre l'idéologie gestionnaire et l'idéologie libérale se noue dans un discours sur la valeur. Entre valeur financière, valeur marchande, valeur d'usage et valeur morale, les glissements de sens sont permanents. Dans le monde de la finance, tout se vaut, chaque élément doit être traduit en termes de coût ou de bénéfice. Les sciences de la gestion ont développé des méthodologies ultra-sophistiquées pour traduire toutes les productions en indicateurs de mesure afin de chiffrer leur rentabilité. La « valeur » des contributions et des rétributions de chacun est comptabilisée en termes monétaires. En définitive, tous les échanges, tous les éléments qui ne rentrent pas dans cette comptabilité sont considérés comme « sans valeur ». La comptabilité financière permet-elle de mesurer ce qui compte vraiment ?

L'« éthique » de résultats

Régulièrement, des « affaires » nous donnent l'impression que les outils chargés de mesurer la valeur financière des entreprises ne sont pas fiables parce que maquillés par des dirigeants indélicats. En fait, ces malversations occultent une réalité plus inquiétante encore. Ce sont les outils eux-mêmes qui ne sont pas fiables. Les « agences de rating », chargées de noter les entreprises pour le compte des investisseurs institutionnels, exigent des éléments de plus en plus précis. Pourtant, les données comptables ne donnent pas une vision claire et fiable de la situation financière de l'entreprise pour différentes raisons :

- Les entreprises changent en permanence leur périmètre de consolidation au rythme de fusions et d'acquisitions qui ne cessent de s'accélérer.
- Elles ont recours à des techniques financières qui leur permettent de sortir de leur bilan certains actifs ou certaines dettes.
- Les richesses « immatérielles », telles que les marques et les technologies, sont difficiles à évaluer et forment une part croissante de leur actif.

D'un côté les entreprises hypermodernes ont des moyens multiples pour entretenir l'opacité de leurs résultats et de leur valeur, de l'autre les instances de régulation sont de plus en plus démunies pour exercer leur tâche. Au point que l'Union européenne a confié à une officine privée, l'International Accounting Standard Board (IASB), le soin de produire des normes comptables sur l'ensemble de son territoire. Il existe d'ailleurs un réseau d'intérêts étroits entre les entreprises et les organismes chargés de les évaluer. Malgré les grands discours sur la transparence, les entreprises préfèrent l'opacité. Au nom de la liberté, elles récusent tous les systèmes de contrôle et de régulation. Les auditeurs ne sont pas véritablement indépendants et, quand ils le sont, ils risquent d'en payer les conséquences. La plupart du temps, les conflits d'intérêts entre le métier de consultant et les fonctions de contrôle ne sont pas réglés. Du côté des investisseurs, les analystes financiers ne sont pas rémunérés en fonction de la pertinence de leurs prévisions, mais sur les résultats commerciaux. Ces relations ambiguës se retrouvent au sein de conseils d'administration composés de pairs qui ont des intérêts croisés. Issus des mêmes formations, liés par des histoires communes, partageant les mêmes conceptions de leur rôle, maillés par des positions de contrôles réciproques, les membres des conseils d'administration ne se donnent pas véritablement les moyens de rendre plus transparent le monde de la finance. Ainsi, les délibérations des conseils sont secrètes et aucun système d'enregistrement n'est prévu. Le monde de la finance est un monde sans mémoire dont la langue est déconnectée du vécu concret au profit d'un langage artificiel qui ne donne qu'une vision tronquée de la réalité qu'il est censé décrire.

L'efficacité de ce langage tient à deux postulats implicites qui sont au fondement des outils du contrôle budgétaire :

• *Le postulat de la rationalité* selon lequel les décisions sont prises « objectivement » après un examen approfondi des différentes alternatives et des conséquences probables. Les raisonnements de l'analyse stratégique et du contrôle des gestions reposent sur des modèles théoriques qui évacuent les variables considérées comme non rationnelles. C'est donc un modèle largement erroné lorsqu'on sait qu'une organisation, comme tout groupe social, est traversée par des conflits d'intérêts, des relations de pouvoir, des constructions imaginaires, des visions affectives, des contradictions multiples. Le monde de la comptabilité est une construction illusoire, éloignée de la réalité concrète de l'entreprise.

• *Le postulat de la neutralité* des outils occulte les enjeux de pouvoir et les différentes conceptions des parties prenantes de l'entreprise. Lorsqu'on mesure la performance exclusivement sous l'angle financier, on privilégie le langage des actionnaires, leur conception de la valeur, au détriment de tous les autres critères. « Grâce à la mesure comptable, l'outil budgétaire homogénéise le réel. Il réduit la complexité à une valeur monétaire, mais, ce faisant, il élimine toutes les autres dimensions. » [1]

Une position éthique ne peut être fondée sur une vision illusoire du réel. La fausse objectivité des instruments de mesure occulte la réalité profonde du monde de l'entreprise. La supposée rationalité qui les sous-tend conduit à imposer une conception instrumentale et normative qui s'impose comme une vision universelle, abstraite et ahistorique. Le monde de la gestion devient alors un monde à part, enseigné dans des écoles spécialisées, qui développe son langage, sa culture, son système de valeurs, de plus en plus déconnecté des « mondes vécus », de la morale sociale.

Les affaires et la morale

Du point de vue de l'efficacité et de l'objectivité, on peut considérer que la morale est une chose, l'économie et la

1. Peth et Zrihen (2000), et Zrihen (2002).

gestion en sont une autre. De nombreux chefs d'entreprise ou économistes défendent cette coupure : d'un côté le réalisme du décideur qui doit gérer son entreprise sans états d'âme, selon des lois économiques qui s'imposent sur le modèle des lois physiques ; de l'autre, l'homme de cœur qui se doit d'atténuer la rigueur de ces lois pour les hommes et les femmes qu'il emploie ou qui les subissent. D'autres estiment qu'une synthèse est possible entre le pôle réaliste et le pôle humain en développant l'idée d'un management moral fondé sur la transparence. Celle-ci apparaît comme la vertu cardinale pour combattre le mal que représente l'opacité. Le manque de transparence serait la cause de toutes les crises du monde des affaires. On cite Enron, Worldcom, Vivendi, Andersen, Xerox, Parmalat, alors que ces crises touchent l'ensemble du système économique [1]. Des entreprises totalement transparentes sont, elles aussi, en crise. Les malversations des uns servent de paravents pour justifier les carences du système et en dissimuler les causes profondes. Comment expliquer, en effet, ce mécanisme répétitif selon lequel des dirigeants d'entreprises montées au pinacle pour leurs performances exemplaires, avec la complicité des instances chargées de leur surveillance, sont soudainement considérés comme des escrocs.

Business to business (B to B)

En janvier 2002, la compagnie Enron, septième compagnie américaine, soit l'équivalent de Saint-Gobain ou

1. Note pour l'édition de 2009 : la crise de 2008 est venue confirmer de façon spectaculaire et dramatique ce diagnostic. On peut espérer qu'elle conduise les dirigeants de la planète à remettre en question les paradigmes qui fondent leur vision du monde. On peut craindre qu'ils ne se contentent d'aménagements superficiels pour s'épargner la mise en cause de leurs propres responsabilités.

Suez-Lyonnaise en France, se déclare en faillite. La valeur de son titre en Bourse passe de 80 dollars début 2001 à 30 cents en novembre. On apprend que 29 dirigeants d'Enron, sentant les problèmes et dûment avertis par des notes internes du vice-président, ont vendu à l'automne plus de 17 millions d'actions qu'ils détenaient. Ils ont encaissé 1 milliard de dollars, soit en moyenne 42 millions d'euros chacun. Dans le même temps, les 14000 employés de la firme qui possèdent des plans d'épargne entreprise (sur 20000 au total) n'ont pu vendre leurs titres, ce qui leur était interdit du fait des lois de l'épargne salariale. Ils ont, eux, tout perdu : leur job et leur retraite. Il semble que ni les commissaires aux comptes de la société Andersen, ni les banques chargées de gérer les finances de l'entreprise, ni les analystes boursiers n'aient prévu cet effondrement. Courant octobre 2001, certains analystes recommandaient même encore aux épargnants d'acheter le titre Enron.

Cette entreprise créée en 1980 était l'image de la réussite. Consacrée au commerce de l'énergie et à ses marchés dérivés, elle incarnait l'e-commerce (*via* Internet) et le « B to B » *(business to business)*, c'est-à-dire la vente directe du fournisseur à l'utilisateur. Dans le domaine de l'énergie, auparavant gérée par des collectivités territoriales ou des services publics, elle représentait une vision nouvelle, dynamique et libérale. Elle symbolisait également un monde de management participatif dans lequel les employés étaient encouragés à investir dans le capital de leur entreprise sous la forme de fonds d'épargne ayant le double avantage de renforcer les motivations au travail et d'apporter un complément de retraite, à condition bien sûr que le cours de l'action ne cesse d'augmenter.

La stratégie d'Enron était avant tout dominée par des

considérations financières. Les patrons de l'entreprise, Kenneth Lay et Geffrey Skailling – un ancien consultant de McKinsey –, développaient non pas une stratégie de production de services (fournir du gaz et de l'électricité aux collectivités territoriales), mais une stratégie de vente d'énergie. Il séparait la production de la distribution en se concentrant sur l'achat et la vente de l'énergie.

Lorsque la logique financière prend le pas sur la logique de production, tous les moyens sont bons pour faire de l'argent. Lorsque l'ensemble du top management d'une entreprise aussi importante choisit sciemment de vendre ses actions alors que le personnel de l'entreprise, non informé, se trouve dans l'incapacité de le faire, c'est l'ensemble du système de gestion qui est perverti. En définitive, le business et la morale ne font pas bon ménage, malgré toutes les tentatives pour les concilier.

Pour Kant, la morale est fondée sur la notion de respect défini à partir d'un principe simple, ne jamais traiter la personne humaine que comme une fin en soi. Sur quatre aspects, cet impératif catégorique vient en contradiction avec les principes de la gestion :

- L'approche expérimentale et objectiviste considère les individus comme des objets dont on cherche à mesurer les comportements.
- L'utilitarisme conduit à traiter l'homme comme un moyen et non comme une fin.
- La rationalité instrumentale conduit à le considérer comme un *facteur* au même titre que les facteurs financiers, commerciaux, logistiques, de production.
- L'économisme conduit à prendre en compte les effectifs comme une variable d'ajustement face aux exigences du marché.

Il y a donc une antinomie entre l'idéologie gestionnaire et la morale au sens de Kant. Par essence, la gestion ne peut être morale, ce qui ne signifie pas que tout bon manager ne cherche pas à avoir un comportement moral. Mais il ne fera jamais l'économie d'une tension majeure entre sa fonction dans l'entreprise et son éthique personnelle. Le véritable changement serait d'opérer une « révolution épistémologique », c'est-à-dire une remise en question radicale des façons de penser l'entreprise. Faute de quoi les discours sur l'éthique et la morale n'auront qu'une fonction idéologique destinée à favoriser l'adhésion du personnel.

La séduction n'opère plus. Les managers qui présentent l'entreprise comme le recours, face à une société défaillante sur le registre du sens et des valeurs, n'obtiennent qu'une adhésion de façade. Les chartes peuvent favoriser l'idéalisation, mais il ne s'agit, en définitive, que d'une adhésion partielle, pendant le temps où l'entreprise apporte son lot de promotions, d'avantages financiers et de satisfactions narcissiques. On est loin de l'adhésion raisonnée à une morale fondée sur la reconnaissance et le respect de l'altérité.

La tension entre le profit et la morale, entre la survie de l'entreprise et la prise en compte de l'être humain, pourrait déboucher sur des compromis durables. À condition que les intérêts en présence soient clarifiés, fassent l'objet de discussions pour élaborer des médiations. Le modèle fordiste [1] a été présenté comme « vertueux » dans la mesure où il conciliait les intérêts des actionnaires, des travailleurs et des consommateurs. Il présentait la démonstration qu'il

1. Rappelons que ce « modèle » économique est « inventé » par les économistes de l'école de la régulation suite aux travaux de Michel Aglietta sur l'économie des États-Unis. Henri Ford n'était pas « fordiste » au sens de ce modèle. Admirateur d'Adolf Hitler, il était contre l'État-providence et les syndicats. Cf. Duval, 2003.

n'y avait pas, comme le prétendait Marx, un antagonisme radical entre le capital et le travail. Le capitalisme pouvait parfaitement concilier l'accroissement des profits pour les actionnaires, l'amélioration des conditions de travail et des rémunérations pour les salariés, la baisse des prix et l'amélioration des produits pour les consommateurs. Logique financière, logique salariale et logique commerciale, loin de s'opposer, se combinaient dans un compromis permanent et dynamique. Sans idéaliser cette période, en particulier sur les conditions de travail qui étaient, dans l'automobile et ailleurs, très difficiles, on ne peut nier l'amélioration des conditions de vie de l'ensemble du salariat, le développement rapide et continu de la consommation, soutenu par un taux de croissance qui dépassait souvent les 3 % par an. Ce succès du compromis fordiste a provoqué, à partir des années 1960, un écart de plus en plus criant entre les pays capitalistes de l'Ouest et les pays communistes de l'Est et, à terme, l'effondrement du modèle communiste.

Mais ce « succès » n'a pas débouché pour autant sur la généralisation du modèle, bien au contraire. Depuis les années 1980, le capital a repris ses « droits ». La logique financière a pris le pas sur les autres. Bien que la croissance reste positive, les écarts entre les plus riches et les plus pauvres, les hauts et les bas salaires, les travailleurs protégés et les travailleurs précaires, se sont accrus. Comme si le capitalisme avait perdu ses vertus et qu'il réapparaissait comme un système économique injuste, opposant les intérêts des actionnaires, avides de profit, et les intérêts des salariés, qui n'ont d'autres biens que leur force de travail. Paradoxalement, c'est au moment où les régimes communistes s'effondrent que l'analyse marxiste semble plus pertinente que jamais, au moins sur ce point.

Business is war !

On assiste alors à un déplacement. La guerre économique s'est substituée à la guerre froide. Rien ne vient barrer la volonté de puissance et la recherche de profit des grandes entreprises capitalistes. N'ayant plus d'ennemi commun face auquel des compromis étaient nécessaires, elles se battent entre elles. Le monde économique devient un champ de bataille. Le concurrent est l'ennemi. Si on ne mobilise pas tous les moyens pour emporter de nouvelles parts de marché, on est mort. La conquête est une question de survie. *Business is war!* On a là un exemple de construction imaginaire de la réalité : il faut combattre pour ne pas être vaincu.

Dans ce monde, aucun autre choix n'est envisageable et tous les coups sont permis. En temps de guerre, la morale habituelle n'a plus cours. On peut tuer, excuser les excès, admettre la maltraitance, tolérer certaines violences. On peut même considérer que le mensonge est stratégique, que la traîtrise est nécessaire, que le double langage est une condition de la victoire. Dans ce contexte, la pression est continuelle pour améliorer la rentabilité. La pratique généralisée des licenciements, la mise en œuvre systématique de plans sociaux, les entorses au droit du travail et même le harcèlement moral ne sont pas vraiment répréhensibles puisqu'ils sont nécessaires à la réussite de l'entreprise, donc à sa survie. Pendant la guerre, la finalité est claire : vaincre ou mourir. Même si ce postulat n'a pas de fondement économique, il est pourtant accepté comme une évidence par bon nombre de dirigeants. Comme si l'impératif catégorique de lutter pour survivre permettait d'oublier celui de Kant, traiter la personne humaine comme une fin en soi.

La finalité de l'entreprise comme machine à faire du profit s'en trouve réhabilitée, même si elle s'accomplit au prix de sacrifices, comme la fermeture de sites, les licenciements massifs, les atteintes à l'environnement et les pressions toujours plus vives pour travailler plus.

Si le capitalisme a perdu son éthique, comment comprendre qu'il continue à provoquer une adhésion massive, alors même qu'il est rongé par de multiples « affaires », de multiples crises et que la richesse produite renforce les écarts entre les plus riches et les plus pauvres ? Comment « l'éthique de résultat » a-t-elle pu s'imposer alors que les bénéfices sont inégalement répartis ? Comment croire à un système qui produit l'assujettissement des hommes à une rationalité purement instrumentale ?

Pour Marcel Gauchet (1985), « nous sommes les habitants d'un monde qui a d'ores et déjà tourné radicalement le dos au règne des dieux ». Si la religion permettait, et permet encore dans certains pays, d'entretenir l'illusion d'un monde enchanté, la mort de Dieu ne débouche pas sur « l'homme devenu Dieu », mais sur « l'homme expressément obligé au contraire de renoncer au rêve de sa propre divinité ». Lorsque les dieux ne sont plus là, il est obligé de renoncer à l'illusion qu'il peut échapper à la condition humaine. Le retrait de Dieu le confronte à la nécessité de produire : si le monde n'est plus donné, il va falloir le constituer. Marcel Gauchet situe la naissance de l'*homo economicus* comme une réponse à cette nécessité. « D'abord plus de prise et de pouvoir sur l'ordre des choses pour davantage, ensuite, de ressources disponibles » (p. 127). Le capitalisme s'enracine dans une quête de croissance, un projet de possession insatiable. Le but est moins la possession pour elle-même qu'un rapport d'optimisation qui se traduit par une finalité d'accumulation et de maîtrise. Il y a là une rupture immense. Le monde n'étant pas donné, il devient une construction humaine. Chaque homme ne peut plus s'accommoder de ce qu'il reçoit et va s'efforcer d'en « maximiser les puissances et les ressources » (p. 130). Comprendre, maîtriser, accroître sont les trois pôles sur lesquels l'homme va se mobiliser. L'investissement productiviste viendrait en quelque sorte combler le manque laissé par le retrait de Dieu. Faute de continuer à croire dans le progrès, l'homme se console dans l'action, dans l'accumulation et dans la compétition. Agir pour agir, accumuler pour avoir toujours plus, courir pour être le premier.

*

Le pouvoir gestionnaire s'enracine dans ce besoin d'agir. Sa force repose sur différents ressorts qui canalisent l'action au service du capitalisme et des entreprises qui en sont l'incarnation.

Le premier ressort de ce pouvoir est l'alibi de la guerre économique. Il s'agit de faire croire en la vulnérabilité de l'entreprise dont la survie serait menacée, donc en la nécessité d'effectuer des sacrifices pour la sauver. L'entreprise, attaquée de toutes parts, doit se défendre dans un contexte hostile. La mobilisation de tous et de chacun face à la menace est une condition de sa sauvegarde. Face au danger, les intérêts individuels doivent s'effacer devant une cause supérieure. La menace étant extérieure, elle permet de dissimuler la violence interne, sinon arbitraire, des décisions prises.

Le deuxième ressort du pouvoir est l'individualisation et la dissolution des collectifs qui pourraient défendre des orientations différentes de celle préconisée par les directions générales. L'affaiblissement des collectifs est favorisé par une structure d'organisation réticulaire, par la mise en concurrence interne des différents services, filiales et départements, par une mobilité importante, par une réorganisation permanente de tous les secteurs et par une politique de neutralisation des revendications collectives. Dans ce contexte, les agents sont plus préoccupés par leur carrière individuelle que par une réflexion d'ensemble et des actions communes pour défendre les intérêts du personnel. Face à l'organisation, l'individu isolé ne peut que se plier aux exigences du système. L'acteur peut mettre en place des stratégies pour sauvegarder ses intérêts personnels, mais il ne peut infléchir le fonctionnement de l'ensemble. Le pouvoir managérial est profondément individualiste. Il désamorce la constitution de collectifs durables. Il célèbre le travail en équipe à condition qu'il soit totalement consacré à l'atteinte des objectifs fixés par l'entreprise. L'adhésion de façade à l'idéologie gestionnaire recouvre aussi une soumission pragmatique à ses exigences, condition minimale pour espérer conserver sa place. Dans ce contexte, personne ne prend le risque de contester les orientations de la direction. La désyndicalisation, au sein de l'entreprise managériale, est le symptôme d'une situation dans laquelle chaque employé est plus préoccupé d'améliorer sa situation personnelle ou de sauver sa place que de développer des solidarités collectives contre un pouvoir insaisissable. Celles-ci ne se développent en fait que dans les situations de crise, face à des licenciements massifs ou des fermetures de site, à un moment où les décisions sont déjà prises. Il est souvent trop tard pour créer un rapport de force qui amène les directions à revoir leur stratégie.

Le troisième ressort est l'utilisation d'injonctions paradoxales qui inhibent la raison, favorisent l'adhésion et l'acceptation de la rationalité instrumentale. Pour ne pas devenir fou (ne pas péter un câble, dans le langage de l'entreprise), les agents acceptent de se laisser prendre, du moins apparemment. Ils font « comme si ». Ils mettent en place des mécanismes de défense pour supporter cet univers au moindre coût psychique. Mieux vaut une acceptation tacite qu'une remise en question active qui débouche sur la menace d'un rejet ou le risque d'une pression encore plus grande. Nous reviendrons sur ce point, en particulier sur le symptôme de la suractivité qui est caractéristique de la gestion paradoxale. Pour se défendre contre la pression du travail, l'agent s'investit totalement dans l'activité, ce qui permet de ne plus penser et de lutter contre l'angoisse générée par ce système.

Un autre paradoxe réside dans le discours insistant sur l'autonomie et la responsabilité de chacun, contredit par des pratiques de mise en dépendance et un contexte de déresponsabilisation généralisée. Les managers ne sont jamais « responsables » des décisions qu'ils appliquent. Les licenciements sont présentés comme des fatalités nécessaires, conséquence d'orientations stratégiques définies en haut lieu à partir des critères indiscutables. Par exemple, dans la mise en place d'un plan social, si le choix des licenciés et les modalités de licenciement dépendent de la direction des ressources humaines, celle-ci a des moyens limités et aucun pouvoir sur la décision elle-même. La mise en œuvre gestionnaire de la décision occulte son caractère politique qui n'est pas discuté et se présente comme incontestable.

Le pouvoir gestionnaire neutralise en définitive la violence du capitalisme. Il aboutit à dépolitiser le pouvoir au sein de l'entreprise dans la mesure où celui-ci se présente sous l'apparence de professionnels, qui ne font que produire des outils, définir des prescriptions, formaliser des règles et appliquer des décisions dont ils ne sont en rien responsables. La neutralité des outils occulte la réalité du pouvoir. L'entreprise se coupe du reste de la société, comme si ses principes de légitimation interne la dédouanaient d'assumer les conséquences sociales et humaines de ses choix. L'argument de la guerre économique fonde un principe de légitimation fataliste : la rentabilité ou la mort.

Deuxième partie

Pourquoi la gestion rend-elle malade ?

« Ce que nous avons devant nous, c'est la perspective d'une société de travailleurs sans travail, c'est-à-dire privés de la seule activité qui leur reste. On ne peut rien imaginer de pire. »

Hannah Arendt, *La Condition de l'homme moderne*, 1961

La gestion managériale se présente comme ultra-performante sur le plan économique, libérale sur le plan politique, favorisant la réalisation de soi-même sur le plan individuel. Elle célèbre des valeurs d'enrichissement, de liberté et d'autonomie afin de susciter l'adhésion. Mais, dans le même temps, elle organise un état de crise permanente. Son moteur économique est alimenté par un principe d'obsolescence. Elle détruit en permanence ce qu'elle produit par nécessité de produire autre chose. Elle induit des rapports sociaux régis par un principe de compétition généralisé selon lequel chaque individu doit batailler pour avoir une existence sociale. Elle soumet la réussite individuelle aux aléas des carrières professionnelles et des marchés financiers. Elle transforme le monde en un vaste casino où chacun peut gagner ou perdre en fonction de facteurs dont la rationalité n'est pas évidente. Si la modernité se caractérisait par le primat de la raison (Touraine, 1992), la postmodernité par la crise des grands récits (Lyotard, 1979), l'hypermodernité est un monde dans lequel la rationalité implacable des technologies conduit à une irrationalité radicale des comportements. D'un côté le triomphe de la rationalité instrumentale, de l'autre un monde qui ne fait plus sens, qui semble dominé par l'incohérence et le paradoxe.

La gestion n'est pas en elle-même une pathologie. La métaphore de la maladie est un artifice pour décrire différents symptômes qui découlent directement de la façon dont la gestion pose les problèmes et des solutions qu'elle préconise pour les résoudre.

Le primat de la gestion financière brouille les références habituelles utilisées pour donner du sens au travail. Une fracture s'opère entre ceux qui appréhendent la réalité à partir d'une culture strictement financière et ceux qui l'appréhendent à partir de leur vie quotidienne. Le non-sens et l'insensé envahissent la vie de travail, mais également la vie sociale (chapitre 6).

Les stratégies de conquête pervertissent les valeurs de réussite et transforment l'émulation normale de la compétition en une quête infernale pour être le premier. L'essentiel n'est plus de bien faire mais de faire toujours mieux, de gagner toujours plus (chapitre 7).

L'idéologie gestionnaire transforme chaque individu en capital humain. La famille devient une petite entreprise chargée de produire des enfants employables et de les armer pour affronter la guerre économique. Devenus adultes, ils seront invités à effectuer régulièrement des bilans existentiels. Chacun doit apprendre à gérer sa vie et à se gérer soi-même (chapitre 8).

La culture de la performance a ses revers. L'excellence génère l'exclusion, *a fortiori* lorsqu'elle est utilisée pour mettre les uns sur la touche pour obliger les autres à mieux accepter des exigences accrues de rentabilité. La violence se banalise, les dégradations des conditions de travail et le développement de la précarité deviennent des conditions normales de la course à la performance (chapitre 9).

La société entière est sous pression. En prônant une compétition généralisée, on transmet l'idée que, pour être le meilleur, il faut être le premier, sans se préoccuper des conséquences négatives de ce principe : la lutte pour rester dans la course, la stigmatisation des « perdants », l'hyperactivisme, le stress, la tension harcelante du toujours mieux, la demande insatisfaite de reconnaissance (chapitre 10).

Dans ce contexte, la lutte des places se substitue à la lutte des classes. Non que les inégalités disparaissent, bien au contraire, mais parce qu'on assiste à un éclatement des classes. Les sentiments d'appartenance à des collectifs sociaux capables de se mobiliser pour changer la société se délitent (chapitre 11).

La politique elle-même est contaminée par la gestion. En cherchant l'efficacité dans les modèles de management des entreprises privées, les politiques dévalorisent la grandeur de la « chose publique » et ce qui fonde l'adhésion à l'action publique. Lorsque les politiques transforment les citoyens en contribuables ou en clients, ils participent à leur propre invalidation. La politique va chercher les remèdes au mal qui la ronge du côté de la gestion, alors même que cette dernière contribue à la production de ce mal (chapitre 12).

Les remèdes à la « maladie de la gestion » découlent du diagnostic. Il convient d'abord de penser la gestion autrement en la réinscrivant dans une préoccupation anthropologique : une gestion humaine des ressources plutôt qu'une gestion des ressources humaines. La « crise » que nous traversons n'est pas une crise économique puisque nos sociétés continuent à produire de la richesse. Elle est avant tout une crise symbolique qui touche les rapports entre l'économique, le politique et le social. Au lieu de gérer la société pour la mettre au service du développement économique, il convient de penser une économie au service du bien commun en rappelant, à la suite de Marcel Mauss, que le lien vaut mieux que le bien (chapitre 13).

CHAPITRE 6

On ne sait plus à quel sens se vouer

« L'identité se morcelle quand le corps social qui l'enveloppe devient lui-même incohérent, quand les liens se diluent et quand les événements perdent leur sens et ne veulent plus rien dire. »

BORIS CYRULNIK

Les efforts des managers pour développer l'adhésion à la culture d'entreprise ne comblent pas le besoin de croire. Cet écart est le signe d'une crise profonde de l'ordre symbolique, c'est-à-dire de l'ensemble des référents, des langages et des codes qui donnent du sens à l'action collective. Les symboles sont au fondement des règles, des cultures et des systèmes de valeurs nécessaires pour « faire société ». Les mutations de l'ordre symbolique sont une des caractéristiques majeures des sociétés contemporaines. On assiste à un phénomène de déperdition du sens qui conduit à des contresens (on attend de l'économie des solutions qui ne peuvent être que politiques), des antagonismes (le sens des uns n'est plus le sens des autres), des incertitudes (on ne sait plus à quel sens se vouer). Chaque individu est renvoyé à lui-même pour apporter des réponses dans un monde qui semble de plus en plus incohérent. Les paramètres d'évaluation de l'activité correspondent de moins en moins à la valeur que l'acteur lui attribue. Le monde semble de plus en plus « insensé » : les gains de productivité n'empêchent pas les licenciements, les actions montent ou baissent sans lien apparent avec les performances effectives, des entreprises ferment alors qu'elles sont rentables. Lorsque la logique financière fait sens pour elle-même, les rapports entre le monde de l'argent et le monde du travail se dissolvent. Ce qui fait sens pour « les marchés » fait perdre au travail humain ses significations premières.

« C'est la seule décision qui avait du sens »

En mars 2001, Luc Vandevelde, PDG de Marks & Spencer, annonce la fermeture de 38 magasins. L'action monte le jour même de 7 %. Il se voit attribuer une « prime de performance » équivalente à un an de salaire, soit 1,2 million d'euros, ainsi que 15 millions sous forme de stock-options. Votée par le comité de rémunération du groupe, cette prime est liée à « la réalisation de certains objectifs stratégiques et qualitatifs ». Le plan de restructuration mis en œuvre par Luc Vandevelde a pour objectif de « rendre 2 milliards de livres [soit environ 2,8 milliards d'euros] aux actionnaires ». Interviewé par *The Guardian*, le PDG déclare : « C'était la seule décision qui avait du sens. » Quelques jours plus tard, dans une autre interview, il déclare : « Je ne suis pas assez payé pour ce métier très dur. » Dans le même temps, les salariés des magasins menacés de fermeture manifestent pour défendre leur emploi. Ceux-ci seront supprimés quelques semaines plus tard.

Cet exemple illustre la tension radicale entre deux systèmes de représentation du monde, deux systèmes de valeurs, deux conceptions de l'homme. Le sens, pour les actionnaires au service desquels travaille le PDG, s'inscrit dans une logique financière, la *share holder value*, la valeur pour l'actionnaire. Le sens, pour les travailleurs qui sont licenciés, s'inscrit dans une nécessité existentielle, la peur de perdre leur emploi qui est au fondement de leur existence sociale, dans la mesure où il leur assure des revenus, une insertion professionnelle, une reconnaissance symbolique et une identité professionnelle. La mise en perspective de ces deux sens est au principe même du processus de désymbolisation à l'œuvre dans la société hypermoderne. Si les uns et les autres sont dans la même entreprise, ils ne sont plus dans la même Société. Ils vivent dans des imaginaires sociaux différents. Les uns pensent chiffres, plus-value, rentabilité, marges, pourcentages, résultats financiers, évolution des cours de la Bourse. Ils ont les yeux rivés sur le Dow Jones, le Nasdaq et le Cac 40. Ils vivent ces chiffres comme le seul monde réel : si les résultats ne sont pas bons, l'entreprise n'est plus performante, elle n'attire plus de capitaux, donc elle meurt. Les autres ne calculent pas, ils vivent. Leur travail et leur salaire sont des nécessités de survie. Ce ne sont pas des chiffres qui déterminent leur action, mais des activités concrètes, des relations humaines, des revenus qui conditionnent leur existence. Leur emploi est un support qui rythme le temps de vie, structure les comportements, canalise la sociabilité et mobilise les investissements affectifs.

Selon Cornelius Castoriadis, l'Occident moderne est animé par deux significations imaginaires sociales opposées : « Le projet d'autonomie individuelle et collective, la lutte pour l'émancipation de l'être humain, aussi bien intellectuelle et spirituelle qu'effective dans la réalité sociale ; et le projet capitaliste démentiel, d'une expansion illimitée d'une (pseudo)-maîtrise (pseudo)-rationnelle qui a cessé de concerner seulement les forces productives et l'économie pour devenir un projet global (et pour autant encore plus monstrueux) d'une maîtrise totale des données physiques, biologiques, psychiques, sociales, culturelles » (Castoriadis, 1996). Ces deux conceptions du monde deviennent de plus en plus étrangères l'une à l'autre. On perçoit dans cet antagonisme un conflit d'intérêts entre le capital et le travail, et une opposition entre deux systèmes de sens, l'un affirmant la primauté de nécessités économiques, l'autre la primauté des nécessités sociales. Dans l'entreprise industrielle, cet antagonisme se traduisait concrètement par un affrontement entre les ouvriers et les patrons. Les revendications principales des travailleurs s'exprimaient autour de problèmes liés à l'exploitation, l'amélioration des conditions de travail, l'augmentation des salaires, le refus de la répression disciplinaire et la diminution du temps de travail. Dans l'entreprise hypermoderne, ces luttes traditionnelles sont moins fréquentes. La grève a quasiment disparu dans les entreprises privées, sauf devant l'annonce de licenciements. Les solidarités collectives du monde du travail peinent à s'exprimer en termes de mouvements sociaux, dont les grèves sont la figure emblématique. Les effets de l'opposition capital/travail s'expriment sous d'autres formes. Lorsque les patrons deviennent des managers, leur lien avec le capital est plus abstrait. Lorsque les ouvriers deviennent des « ressources humaines », les revendications sont plus individualisées. Entre le capital, le travail et le management, les intérêts en présence et les logiques à l'œuvre semblent parfois incohérentes.

Le sens du travail est mis en souffrance

Le travail se caractérise par cinq éléments significatifs : l'*acte* de travail débouchant sur la production d'un bien ou d'un service ; la *rémunération* comme contrepartie de cette production ; l'appartenance à un *collectif*, une communauté de professionnels ; la mise en œuvre d'une *organisation* qui fixe à chacun sa place et sa tâche ; et enfin la *valeur* attribuée aux contributions de chacun. On assiste actuellement à une mutation majeure qui transforme chacun de ces registres et, en conséquence, le sens même du travail.

L'acte de travail est de moins en moins connecté à la réalisation d'un produit concret ou d'un service spécifique. Il se perd dans un système complexe, abstrait, déterritorialisé qui ne permet plus à l'agent de cerner concrètement les fruits de son activité.

La rémunération n'est pas vraiment connectée à la qualité ou à la quantité du travail fourni. Malgré les efforts pour développer l'avancement au mérite, les primes de résultats et les stock-options, les liens entre la productivité réelle et les salaires sont loin d'être évidents. D'autant que la productivité dépend de plus en plus de performances collectives, alors que les rémunérations sont individualisées.

Le collectif de travail n'est plus porteur de liens stables. Il ne fonde plus un sentiment d'appartenance dans la durée. Il n'est plus le support essentiel de l'identité sociale : les identités de métier disparaissent, les appartenances à un « corps » professionnel deviennent obsolètes, la mobilité ne permet plus de s'installer durablement dans un groupe de travail. Le collectif n'opère plus sa fonction de médiation entre l'individu et l'entreprise. En cas de conflit, il n'est plus le lieu où se décident les formes de résistance, les stratégies de lutte, l'élaboration des revendications. Il ne joue plus comme élément central de solidarité et de protection. Les injonctions de flexibilité comme les systèmes d'évaluation individualisés renforcent la compétition plutôt que la collaboration.

L'organisation du travail devient virtuelle. Dans les structures réticulaires et polyfonctionnelles, chacun ne sait plus très bien qui fait quoi, qui est qui, où est qui… Dans un monde de réorganisation permanente où la flexibilité devient la norme dominante, la notion même d'organisation, comme aménagement assurant la cohérence et la stabilité d'un ensemble, devient floue.

La valeur du travail n'est plus attachée à la qualité de l'œuvre, de l'objet réalisé, de l'activité concrète. Elle s'inscrit moins dans l'ordre du réalisé que dans celui de l'adhésion à un système de pensée, à une « vision », un « esprit », une « culture », une « philosophie », à des valeurs comportementales, à un ensemble de croyances et de principes qu'il faut intérioriser.

Les mondes de l'artisanat, de l'agriculture traditionnelle, de l'industrie inscrivent le sens du travail dans l'activité, dans un lien direct entre le *comment faire* et le *pour quoi faire*. Dans ce contexte, les définitions formelles de la qualité ne sont pas nécessaires pour savoir ce qui est bien ou mal. Dans l'univers concret, la qualité peut se « mesurer » sur des critères directement accessibles et communs à tous : un mur mal agencé, ça se voit ; un moteur, ça marche ou ça ne marche pas ; une pièce défectueuse, ça se voit et ça se remplace.

Le collectif sait très bien en quoi consiste un « bel ouvrage », de même qu'il peut évaluer très précisément les contributions réelles de chacun à la production collective. C'est donc ce collectif qui est porteur de sens, qui est le maillon central de l'apprentissage du métier, qui fixe en dernier ressort les normes acceptables, les modes de fonctionnement utiles, les appréciations qui comptent vraiment. Il protège des jugements arbitraires venus de l'extérieur, de la même façon qu'il réprime les comportements déviants de ses membres. Il opère comme une instance d'élaboration symbolique qui permet à chacun de se situer par rapport aux autres, de construire une échelle de valeurs sur ce qui se fait et ne se fait pas, donc sur le contenu et les finalités du travail. Il donne un sens à l'activité. Il sert d'espace de transition entre le sens prescrit par l'institution et le sens produit par le sujet.

Le sens prescrit par les institutions inscrit l'activité dans des missions socialement définies et légitimées. Le sens produit par le sujet lui-même renvoie aux capacités autoréflexives, à l'idée de conscience. Il s'agit alors de se référer à soi-même, à des référents intériorisés inscrits dans des systèmes de valeurs et de significations transmises par l'éducation et la culture. Ce jugement s'effectue à partir de l'expérience biographique du sujet. « Telle action est alors inscrite dans une chaîne symbolique qui lui donne sens, comme indexée à une autre histoire, à d'autres vies avec lesquelles le sujet dialogue même à son insu » (Clot, 1995). À ce titre, le sens que l'opérateur donne à son action est une régulation et même un déterminant essentiel de l'action. Tout individu, quelles que soient les conditions de travail, quel que soit le degré d'instrumentalisation dont il est l'objet, a besoin de donner de la valeur à ce qu'il produit, de mettre de la cohérence face au chaos, de la régulation face au désordre, de la rationalité face aux contradictions, de la créativité face à l'uniformité. Cela lui permet de s'accomplir en accomplissant sa tâche.

Le sens du travail est « mis en souffrance » lorsque les efforts accomplis pour être plus performant débouchent sur des plans sociaux ou des fermetures d'usine et, plus fondamentalement, lorsque l'activité est évaluée à partir de critères qui ne font pas sens. Dans le travail industriel, la production est tangible, la qualité est perceptible. L'ouvrier sait quand il a bien travaillé et il peut le montrer à partir d'objets concrets. La fierté de l'œuvre valorise le travail ouvrier. La « tiertiarisation » change les données du sens : la subjectivité intervient de façon centrale ; l'acte de travail ne peut plus s'évaluer en fonction de la qualité des objets produits mais de la qualité du service rendu ; la construction de normes préétablies ne permet pas vraiment de mesurer cette dernière. Pourtant, l'agent et le destinataire sont les mieux placés pour évaluer la relation de service. Évaluer, c'est donner de la valeur, formuler un jugement sur le service rendu. C'est mettre en œuvre la subjectivité des protagonistes dans une confrontation sur le sens de l'action, des significations construites les uns par les autres.

Dans l'univers managérial, la subjectivité est mobilisée sur des objectifs, des résultats, des critères de réussite qui tendent à exclure tout ce qui n'est pas utile ou rentable. La valeur marchande tend à s'imposer sur toute autre considération. Le sens de l'acte est considéré par l'entreprise en fonction de ce qu'il rapporte. Les autres systèmes de sens sont mis de côté. Mais comme ils ne disparaissent pas complètement, et malgré les pressions pour que les agents adhèrent au sens prescrit par l'entreprise, les tensions sont vives. Chaque agent garde son « sens à soi ». S'il semble adhérer à ce que le management attend de lui, cette adhésion n'est que de façade. Dès qu'il le peut, il dénonce l'inanité d'un système qui pervertit le « bon sens » ou qu'il estime à « contresens » de ses propres valeurs.

Entre le non-sens et l'insensé

Dans une recherche sur la modernisation de La Poste, Fabienne Hanique décrit les effets sur les agents de la « modernisation du service public ». L'introduction de la gestion managériale dans un univers bureaucratique est intéressante à observer. La modernisation aboutit à une financiarisation croissante des activités, au déploiement d'actions commerciales, à une transformation des systèmes d'évaluation des carrières et des compétences. Qualité, efficacité, rentabilité, le service public intègre des valeurs nouvelles. Face à ces transformations, « l'agent modernisé apparaît comme un agent déboussolé qui ne sait plus de quel côté se tourner pour chercher des règles qui fassent sens dans son action quotidienne. Si elles ne font pas totalement défaut, les références habituelles perdent de leur efficacité. La force impérative des règles administratives et juridiques n'est plus valorisée par l'institution [...] ; le collectif éclaté, exténué, sans cesse recomposé, n'est plus en mesure de renouveler un genre [1] professionnel auquel les agents puissent se référer lorsque le doute s'empare d'eux ; la hiérarchie, coupée de ses troupes et accaparée par la gestion, ne constitue plus une ressource et perd sa capacité à juger le travail effectué » (Hanique, 2004).

Un exemple parmi bien d'autres illustre les effets de non-sens et de contresens produits par l'importation de la logique marchande dans des milieux de travail imprégnés

1. « Le genre est un corps d'évaluation partagé qui organise l'activité personnelle de façon tacite » (Clot, 1999). Le genre désigne l'ensemble des savoirs expérientiels, des significations imaginaires, des habitus et des valeurs partagées par un groupe professionnel.

par une culture de service public. Dans la logique administrative, l'agent reçoit un traitement qui rétribue un travail ou un service. La logique managériale introduit un système de commissionnement et d'intéressement afin de valoriser les compétences et d'encourager l'approche commerciale des guichetiers et des facteurs. Un responsable départemental résume ce changement de culture par une formule : « Aujourd'hui, un guichetier doit savoir détecter l'attente client ; il y a quinze ans, il devait connaître la réglementation par cœur. »

Pour favoriser l'émergence de la culture client, La Poste organise des « challenges » entre guichetiers en récompensant les meilleurs vendeurs. Janine évoque sa victoire en ces termes : « L'an dernier, j'ai gagné un VTT, un beau, pas un à cent balles [...] J'ai gagné parce que je suis tombée sur la directrice de l'école qui voulait faire une opération autour de la coupe du monde et qui m'en a acheté pour 1 000 euros d'enveloppes d'un coup ! J'étais drôlement contente avec mon VTT, et en même temps, j'avais honte... J'étais pas fière, parce que j'avais gagné ça sans avoir rien fait... C'est pas vraiment du boulot. » En définitive, commente Fabienne Hanique, « le guichetier constate que, parmi toutes les composantes de son activité, la seule qui soit symboliquement et financièrement gratifiée de la part de l'institution est celle dont le résultat paraît le plus déconnecté de la qualité de son action singulière [...] Recevant une prime à titre de récompense d'une action qui pour lui ne génère aucune fierté, le guichetier se trouve enfermé dans un paradoxe dont il se sort péniblement soit en considérant la rétribution avec une certaine dérision, soit en niant une partie des termes de cette équation illogique qui consiste à gratifier l'ingratifiable : le hasard ».

Si la victoire est due au hasard, la récompense n'est pas méritée. La reconnaissance obtenue dans ces conditions a des répercussions psychologiques négatives. Si l'agent l'accepte, il a honte parce qu'il ne la mérite pas. S'il la refuse, il se met en porte-à-faux vis-à-vis de l'entreprise et se punit en renonçant à un avantage. Quoi qu'il fasse, il ne peut se vanter d'être récompensé et la récompense ne lui apporte aucune satisfaction. La dérision est alors la seule réponse. L'agent se moque d'un système qui le dévalorise en cherchant à le gratifier. Il se moque également de lui-même, bien obligé d'accepter une gratification qu'il rejette. En définitive, le « challenge » contribue à distendre un peu plus le rapport de l'agent à son entreprise. Comment, en effet, adhérer à un système aussi paradoxal ?

Lorsque les dispositifs d'évaluation et de reconnaissance sont déconnectés des valeurs et du sens que les agents attribuent à leur activité, on entre dans une crise de la symbolisation. Comme à la loterie, la chance devient le facteur clé de la réussite et non l'activité réelle du sujet. D'où un sentiment d'incohérence que le sujet affronte dans la solitude.

L'individu abandonné à lui-même

L'idéologie gestionnaire et la culture managériale ont pour ambition de proposer une nouvelle morale sociale alors que le projet de construire une société consacrée à l'ordre économique embrouille les finalités et les valeurs. Émile Durkheim insistait sur le couplage des contraintes sociales et des contraintes morales comme fondement du lien social. Lorsque ces dernières s'affaiblissent, l'individu est « abandonné à lui-même ». Le travail joue pour lui un rôle central : « La division du travail suppose que le travailleur, bien loin de rester courbé sur sa tâche, ne perd pas de vue ses collaborateurs, agit sur eux et reçoit leur action [...] Il sent qu'il sert à quelque chose [...] Dès lors, si spéciale, si uniforme que puisse être son activité, c'est celle d'un être intelligent, car elle a un sens et il le sait » (Durkheim, 1893). Le travail fait sens dans la mesure où il donne le sentiment de contribuer à une œuvre collective et que chaque activité a une fin en dehors d'elle-même.

Dans l'univers de la gestion, ce sens fondateur du lien social et de la capacité réflexive du sujet se perd. La mobilisation exigée dans un sens peut à tout moment l'être dans un autre sens, parfois radicalement contradictoire. Une même action peut, selon la conjoncture, entraîner une gratification ou une sanction. Des règles, dont on dit qu'elles doivent être scrupuleusement respectées, doivent aussi être détournées pour remplir les objectifs. L'avancement au mérite est individualisé alors que la réussite dépend du travail en équipe. La concurrence est exacerbée alors que la coopération est nécessaire. Chaque employé doit faire la preuve de ses capacités d'initiative dans un univers prescriptif qui lui impose ce qu'il doit faire. Tous ces éléments contribuent à transformer en profondeur l'expérience sociale du travail. La « modernisation » fait éclater les collectifs au profit d'une collection d'individus interchangeables. Elle fait disparaître le travail concret, signe tangible de la production de chacun, au profit de processus, en partie informatisés, qui rendent abstraites les contributions de chacun. La seule réalité tangible est une traduction chiffrée et financière, parfois fort éloignée de la valeur que l'employé accorde à ses activités. L'utilité de chacun est soumise à des évaluations établies sur des critères instables, perçus comme plus ou moins arbitraires.

L'entreprise n'est pas seulement un lieu de production. Comme toute communauté humaine, elle est régie par des règles non écrites qui organisent les échanges entre les individus et les groupes. La fidélité des employés à leur firme et le sentiment de sécurité dans le travail, sont fondés sur des contrats implicites comme la promesse de pouvoir progresser dans la hiérarchie ou d'avoir des augmentations de salaire en vieillissant. « Les contrats implicites ont une fonction cruciale : créer une économie de partenariat. Ils sont essentiels au bon fonctionnement d'une entreprise » (Cohen, 2000). La révolution financière des années 1990 a répudié ces engagements implicites en fermant des sites rentables, en licenciant des vieux salariés, en dénonçant des contrats passés depuis des années avec des sous-traitants, en exigeant du management intermédiaire qu'il trahisse des engagements passés avec le personnel ou les autres partenaires de l'entreprise. Il y a là une rupture du contrat social qui liait les différents acteurs économiques.

Plus l'univers du travail semble perdre son « âme », plus l'entreprise demande d'y croire. Chaque salarié est invité à projeter son propre idéal dans l'idéal proposé par l'entreprise et à introjecter les valeurs de l'entreprise pour nourrir son Idéal du Moi. La production de sens devient une affaire personnelle, encadrée par les consignes proposées par l'entreprise, modèles qui se substituent aux référents issus de la société. Cette substitution ne se fait pas sans conséquences. Sur le plan idéologique, elle exalte l'individualisme, elle contribue à la dévalorisation des vertus publiques. Elle valorise l'intéressement contre le désintéressement, l'individu au détriment du collectif, le privé contre le public, les biens personnels contre le bien commun, l'activité professionnelle contre l'activité militante ou culturelle, la modernité contre la tradition, l'action contre la réflexion. Dans le registre social, elle exacerbe l'individualisme et la lutte des places. Sur le plan des personnes, elle exalte le narcissisme et la compétition individuelle. Elle contribue à aliéner le sujet dans le mirage de l'accomplissement de soi, la réussite financière et professionnelle devenant le point focal de l'existence et la mesure des qualités et des défauts de l'individu. Mirage d'autant plus périlleux qu'il le plonge dans une course permanente pour accomplir un destin sous emprise. Il croit conquérir pouvoir et autonomie alors qu'il devient le serviteur zélé d'entreprises qui peuvent le congédier à tout moment. Certains peuvent y gagner quelques compensations financières, mais ils sont dépossédés du sens de leur réussite.

CHAPITRE 7

La puissance et l'argent

> « Gagner donc, mais gagner malgré la rhétorique néolibérale se trouve maintenant totalement disjoint de toute fonction sociale et même de toute légitimation interne au système. On ne gagne pas par ce que l'on vaut, on vaut par ce que l'on gagne. »
>
> CORNELIUS CASTORIADIS

Depuis le siècle des Lumières, l'idée de progrès donnait à l'humanité une perspective et à chaque individu un sens à sa vie, c'est-à-dire une orientation, un but, mais également une signification à son existence. Aujourd'hui, la référence au progrès est en crise. La quête de réussite individuelle trouve sa finalité en elle-même, sans référence à l'altérité, au désintéressement ou au bien commun. Le projet pour chaque individu est de gagner et de jouir le plus possible.

Au-delà de la dénonciation du « toujours plus », il faut comprendre quels sont les ressorts profonds de la compétition généralisée et pourquoi l'instauration d'une « société de marché » suscite en définitive peu de réactions négatives. La compétition est plutôt vécue comme une valeur positive et juste. Les champions sportifs, malgré le dopage, les stars de télé, malgré l'artificialité, les patrons des multinationales, malgré les affaires, restent des modèles enviés. Si quelques sondages indiquent que les professions auxquels les jeunes aspirent sont celles de chercheur, médecin ou enseignant, la lutte semble bien inégale entre les métiers qui rapportent et ceux qui donnent du sens. Entre les réussites dominées par le marché de l'argent et celles qui sont dominées par le marché des valeurs symboliques, l'écart ne cesse de croître, au détriment des secondes.

Bien que la gestion apparaisse à beaucoup comme insignifiante, elle ne provoque pas d'opposition frontale et suscite même une adhésion plutôt soutenue, en tout cas de la part de ceux qui sont chargés de la mettre en œuvre [1]. Les raisons de cette soumission tacite ou active sont sans doute complexes, entre menace et ambition, intérêt et laisser-faire. La gestion arrive à mobiliser les énergies parce qu'elle s'appuie sur un moteur puissant alimenté par un carburant performant. Le narcissisme et l'argent servent d'aiguillon favorisant une mobilisation psychique active soutenue par l'intérêt pécuniaire. Chaque individu veut réussir sa vie dans une compétition où on lui propose de monter toujours plus haut, de gagner toujours plus d'argent, d'acquérir un plus grand pouvoir. Quand bien même il sait que les satisfactions proposées sont largement illusoires, il ne résiste pas au désir d'y croire. D'autant que rien ne vient remplacer cette exaltation du désir.

1. Il est frappant de constater, à l'inverse, que tous ceux qui ne sont plus en charge de gérer quoi que ce soit, parce que placardisés, licenciés, démissionnés ou mis à la retraite, tiennent un discours critique et souvent virulent sur l'univers gestionnaire.

La réussite, une valeur pervertie

Six mois après la première diffusion de *Loft Story* en Hollande, avant sa reprise en France en 2001, un journaliste avait interviewé l'une des gagnantes pour savoir ce qu'elle était devenue. Retournée à la vie quotidienne, celle-ci racontait les illusions et désillusions du succès en insistant sur un point : « On devient riche et célèbre, mais on ne le mérite pas. On n'a rien fait pour notre pays. »

Cette réflexion illustre parfaitement le processus d'inversion des valeurs et du mérite. La richesse, la notoriété ou la reconnaissance dépendent moins de la valeur de ce que l'on fait que de ce que l'on gagne. Un PDG d'entreprise, un présentateur de télévision, une vedette du show-business ou un spéculateur professionnel peuvent gagner cent à mille fois plus qu'un chercheur qui travaille sur le cancer, une infirmière qui soulage la douleur de ses patients, un instituteur qui aide des enfants à apprendre à lire ou à écrire. On entend dire qu'il convient par ailleurs de limiter les impôts des plus fortunés pour ne pas décourager l'initiative et la création. Le comble est atteint lorsque des dirigeants qui ont mis leur entreprise en danger, provoqué des licenciements multiples, vu s'effondrer le cours de leur titre en Bourse, partent avec une indemnité conséquente qui représente plusieurs années de salaire de leurs employés [1].

1. Ainsi, on a pu voir Jean-Marie Messier toucher en 2002 un salaire de 5,2 millions d'euros et réclamer une indemnité de plus de 21 millions d'euros, alors même qu'il avait été remercié au milieu de l'année par son conseil d'administration pour cause de gestion catastrophique. L'action de Vivendi s'était effondrée, des milliers d'emplois étaient menacés.

La corruption, les affaires qui éclaboussent régulièrement les grandes multinationales ou les cabinets d'audit ne sont pas des phénomènes périphériques. Ils sont la conséquence logique d'un monde dans lequel la spéculation financière rapporte plus que toute autre activité. Lorsque la réussite se mesure à l'aune du montant de ses revenus, comment espérer que des individus continuent de valoriser l'intégrité, l'honnêteté, la fierté du bel ouvrage ou le souci du bien commun ? « Ces types anthropologiques, pour la plupart, le capitalisme les a hérités des périodes historiques antérieures : le juge incorruptible, le fonctionnaire wébérien, l'enseignant dévoué à sa tâche, l'ouvrier pour qui son travail, malgré tout, était une source de fierté. De tels personnages deviennent inconcevables dans la période contemporaine » (Castoriadis, 1996). Et pourtant, certains choisissent cette voie contre leur propre intérêt, comme si la nécessité de redonner du sens à leur activité l'emportait sur toutes les considérations financières. Mais ils le font dans le silence. Ils ne représentent plus l'exemplarité. Ils ne sont plus présentés comme des modèles. L'idéal contemporain, c'est d'être compétitif, quoi qu'il en coûte.

Dans un contexte de marchés concurrentiels, chaque entreprise cherche des avantages compétitifs. L'histoire a montré que la compétition était plus stimulante que la planification comme mode de régulation de l'économie. La fameuse « main invisible » permet de favoriser les meilleurs et d'éliminer les moins bons. À condition, bien sûr, que l'égalité des chances, la transparence et le respect des règles communes soient assurés. Il est intéressant de noter que la compétition, comme émulation, a laissé la place à la compétitivité comme objectif en soi. Ce qui, au départ, était un moyen est devenu une fin. Ce qui était une condition pour assurer un développement de l'économie est devenu un « évangile » fondé sur quelques idées simples. « Nous sommes engagés dans une guerre technologique, industrielle et économique sans merci à l'échelle mondiale. L'objectif est de survivre, de ne pas se faire tuer. La survie passe par la compétitivité, hors d'elle, pas de salut, pas de connaissance, pas de bien-être économique et social [...]. La compétitivité est comme la grâce. On l'a ou on ne l'a pas. Ceux qui l'ont seront sauvés. Ceux qui commettent le péché de ne pas être compétitifs sont condamnés à disparaître » (Petrella, 2003).

Compétitivité et logique de guerre

Le Word Competitiveness Index a été conçu par le World Economic Forum en collaboration avec The Institute for Management Development de Lausanne. L'objectif est de classer chaque année les pays en fonction de leur compétitivité. À partir de 330 critères, il mesure l'environnement compétitif des pays et l'agressivité des entreprises à l'échelle mondiale.

Le classement ainsi établi est observé chaque année avec attention par les milieux économiques et politiques. Il est un facteur non négligeable de « la confiance des marchés » ou de leur défiance. Il a un impact sur les décisions des investisseurs. Il détermine une logique d'excellence (les investissements vont aux pays classés comme les plus compétitifs, donc aux pays les plus riches) et une logique d'exclusion (les pays les moins compétitifs, donc les moins attrayants sont des pays dans lesquels il est risqué d'investir).

« L'idéologie de la compétitivité renforce [...] la primauté de la logique de guerre dans les relations entre les entreprises, les opérateurs économiques, les villes, les États. Les entreprises deviennent des armées qui s'affrontent pour la conquête des marchés et la défense des positions acquises. Leurs dirigeants sont des généraux, des stratèges. Tous les moyens sont bons dans ce combat : recherche et développement, les brevets, les aides de l'État, la spéculation financière, le dumping des prix, la délocalisation des unités de production, les fusions, les acquisitions. La logique de guerre réduit le rôle de l'État à celui d'un vaste système d'ingénierie juridique, bureaucratique et financière mis au service de l'entreprise. L'État n'est plus l'expression politique de l'intérêt public collectif, il devient un acteur parmi d'autres, chargé de créer les conditions les plus favorables à la compétitivité des entreprises ».

Source : R. Petrella, « L'Évangile de la compétitivité », in « Le nouveau capitalisme », *Manière de voir*, n° 72, décembre 2003-janvier 2004.

« Je veux être numéro un »

En mars 2001, l'entreprise Danone annonce la suppression de 2500 emplois en Europe, la restructuration de l'activité biscuit et la fermeture de deux sites à Calais et Ris-Orangis. Cette annonce fait l'effet d'une bombe, d'autant que l'entreprise est florissante et que les activités concernées sont rentables. Pour le président-directeur général du groupe, Frank Riboud, il s'agit d'un « plan de licenciements offensif », c'est-à-dire « un moyen d'anticiper les évolutions du marché », accompagné d'un plan social qui se présente comme un modèle du genre.

Au beau milieu de « l'affaire », Bill Crist, président de Calpers [1], le plus important fonds de pension de la fonction

1. Calpers gère les pensions et l'épargne retraite de 1,2 million de fonctionnaires de l'État de Californie pour 160 milliards de dollars.

publique aux États-Unis, déclare : « Danone n'a pas réduit ses effectifs en réponse à une demande d'un fonds de pension. » Calpers détient à cette époque 414000 actions Danone pour 53 millions de dollars. « La décision de Frank Riboud procède d'une vision stratégique à long terme du management sur laquelle Calpers ne se prononce pas. Il est néanmoins important, déclare Bill Crist, que les dirigeants de Danone fournissent l'assurance que ce plan est stratégique et qu'ils feront tout leur possible sur le long terme, tant pour les actionnaires que pour les salariés. » Pour ce gestionnaire financier, il n'y a pas d'antagonisme entre l'intérêt des actionnaires et celui des salariés. « Sur le long terme, les changements structurels de la société devraient être profitables aux salariés. Les emplois seront mieux soutenus par un véritable marché [...] Ces licenciements sont faits aujourd'hui, mais ils ont des conséquences positives à long terme. »

Pour les actionnaires, la suppression d'emplois est le signe d'une direction dynamique, capable de préparer l'avenir, tout en assurant au présent une rémunération conséquente des actions. Mais si « les marchés sont contents », il n'en va pas de même du personnel. « Frank Riboud, ton image est noyée par toutes les larmes que tu as fait verser », mentionne une pancarte des manifestants de la biscuiterie LU à Calais. Dans l'entreprise, apparaît une fracture entre le personnel concerné par les fermetures de sites et le personnel en place. Si les salariés des usines LU de Calais et de Ris-Orangis préconisent le boycott des produits Danone, ceux de Besançon sont contre. Antagonisme habituel entre les salariés sacrifiés sur l'autel de la rentabilité et les salariés préservés qui ont, du moins à court terme, tout intérêt à ce que l'entreprise prospère. Pourtant, ils effectuent des métiers équivalents pour des salaires similaires. Ils sont issus, pour l'immense majorité d'entre eux, de la classe ouvrière. Mais les intérêts sont divergents entre ceux qui se battent pour ne pas basculer dans le chômage, la précarité ou l'exclusion, et ceux qui voudraient sauvegarder leur emploi. La solidarité de classe a du mal à subsister entre ceux que l'on jette et ceux que l'on garde.

La situation est particulièrement *insensée*, dans l'acception la plus profonde du terme, lorsque ceux-là mêmes qui sont licenciés, du fait de la fermeture de leur unité de production, sont félicités pour la qualité de leur travail. La même semaine, ils apprendront la décision de fermeture de leur usine et ils recevront un avis notifiant « une participation record aux bénéfices ». La direction souhaitait récompenser les efforts consentis par le personnel pour les excellents résultats réalisés l'année précédente sur les deux sites menacés.

Devant la mobilisation du personnel, l'entourage de Frank Riboud explique : « Il y a une explosion irrationnelle, incompréhensible. » Comment comprendre en effet, quand on appartient au top management, que des décisions si bonnes pour l'entreprise soient perçues comme mauvaises par ceux qui y travaillent ?

Pour le président du groupe, il s'agit, sans aucun doute, d'une bonne décision. Elle correspond à une orientation stratégique : être numéro un mondial. Contrairement à Marks & Spencer, ce n'est pas la pression des actionnaires et la faible rentabilité des sites concernés qui expliquent la fermeture des usines LU de Calais et Ris-Orangis. Quels sont donc les éléments qui fondent cette décision ? Choisi comme successeur par son père, Antoine Riboud, en 1996, alors qu'il ne possède qu'une infime partie du capital de l'entreprise, Frank Riboud doit faire ses preuves. Frank est un sportif qui rêve d'être un champion. Il le proclame explicitement : « Notre stratégie : être champion dans sa catégorie. » Il applique à l'entreprise les principes de ceux qui veulent gagner. Comme tout sportif de haut niveau, il faut affûter sa technique et connaître ses points forts pour améliorer ses résultats. Ses modèles, il va les chercher du côté des multinationales de la grande consommation, Coca-Cola, Kellogg's, Pepsi-Cola, Campbell. Il abandonne la diversification des produits (épicerie, confiserie, condiments, bières) pour se centrer sur trois pôles : les produits laitiers frais, les eaux minérales et les biscuits. Il développe le secteur international pour réaliser 75 % de l'activité hors de l'Hexagone. Comme son père, Frank Riboud a la fibre sociale. Il est attentif à reclasser ses salariés après la fermeture d'un site, il se dote d'un comité d'entreprise européen, il est précurseur dans l'application des 35 heures, il est attentif à respecter la législation sociale et le droit du travail.

C'est la raison pour laquelle il trouve incompréhensible l'appel au boycottage de ses produits et la mobilisation autour de la fermeture des sites de Calais et Ris-Orangis. « Danone est un des plus beaux fleurons de l'économie française, dit-il, son plan social est un de plus avantageux. Il va bien au-delà des exigences légales. » Dans le monde des décideurs, ces deux arguments suffisent pour donner une réponse rationnelle aux objections qui lui sont présentées. Ceux qui résistent à l'objectif d'être numéro un sont des poids morts. Il est donc légitime de d'en débarrasser.

Dans l'univers de la compétition généralisée, le sens de l'action se résume à l'objectif d'être champion. Il s'impose à toutes les autres considérations. Un champion se doit d'être le premier. Tout est bon pour réaliser cet objectif. Mais que signifie vouloir être numéro un pour une entreprise ? Il ne suffit plus d'être seulement rentable, il faut être devant les autres. Il ne suffit plus qu'une entreprise soit viable, elle doit être la meilleure. Dans une optique marketing, le fait d'être numéro un confère un avantage stratégique. Il ne s'agit plus d'être productif, mais d'éliminer les concurrents. La production devient un champ de courses. En banalisant la compétition comme modèle des rapports sociaux, on transforme la société en terrain de jeu, on banalise la quête mégalomaniaque de ses dirigeants et on naturalise l'idée de guerre économique.

Il n'est pas question ici de réduire l'évolution du capitalisme au désir de toute-puissance de ceux qui le gouvernent [1]. Mais de montrer que les incohérences de ce système sont l'expression d'une passion démesurée qui semble les habiter. La rationalité purement économique est en définitive plus sage. Elle permet de comprendre que le développement ne peut durablement s'effectuer sans prendre en compte les équilibres sociaux, la protection de l'environnement, un minimum de régulation juridique et politique et la prise en compte de la santé publique. Mais ce modèle est aujourd'hui menacé par une logique folle : lorsque chacun veut être un champion, plus personne ne se préoccupe du bien commun. La vie n'a plus d'autre sens que de dépasser les autres et de ne pas se laisser dépasser. La perversion de la concurrence commence au moment où l'homme croit que, pour être le meilleur, il doit être le premier.

1. Émile Durkheim affirmait : « L'évolution sociale n'est pas explicable par des causes purement psychiques », in *Les Règles de la méthode sociologique* (1895, 1981), p. 103.

L'argent entre le besoin et le désir

« Je ne suis pas assez payé pour ce métier très dur », déclare Luc Vandevelde au moment où il décide de fermer 38 magasins de Marks & Spencer et de supprimer plusieurs centaines d'emplois. Pour cette tâche, il va recevoir 16,2 millions d'euros, soit mille fois plus que le revenu annuel moyen de ses salariés. À quel besoin répond la revendication de Luc Vandevelde ? À quels éléments de comparaison se réfère-t-il lorsqu'il déclare ne pas être assez payé ? Le moindre de ses employés devrait travailler mille ans pour accumuler une telle somme.

Comment peut-on justifier de tels écarts ? Peut-on encore parler d'équivalence entre le revenu de l'un et ceux des autres ? Quel sens donner à la valeur travail lorsque des patrons touchent des sommes mille fois supérieures à leurs employés ? Que vaut une société dans laquelle les 80 plus grandes fortunes représentent des revenus moyens de plus d'un milliard de personnes ? Un monde dans lequel les 1 % des plus riches ont un revenu égal à 57 % des plus pauvres, dans lequel les 3 personnes les plus riches possèdent une fortune supérieure au PIB des 58 pays les plus pauvres ? N'y a-t-il pas dans ces chiffres quelque chose d'insensé ?

S'il reste un équivalent général, puisqu'il permet toutes les comparaisons possibles, l'argent met en évidence l'obscénité de ces écarts. Son objectivité radicale dévoile la folie du monde et la crise symbolique dans laquelle nous sommes plongés. L'échelle de valeurs dont l'argent rend compte subvertit l'échelle des valeurs humaines. L'argent ne fait plus sens comme référent pour mesurer la valeur des choses et des gens. Et pourtant il reste un déterminant essentiel des conduites humaines. Dans l'univers spéculatif, les raisons de gagner ou de perdre obéissent à des considérations de plus en plus éloignées de la réalité du travail réalisé. L'économie de production est alors dominée par des logiques financières. Les marchés financiers créent un univers dont les valeurs semblent déconnectées de celles du monde du travail.

L'argent est utilisé comme unité de mesure dans l'univers marchand et au-delà pour tout ce qui concerne les « ressources humaines », les relations de service, la santé, l'éducation, la culture, l'environnement. Comme élément central de régulation des rapports sociaux, il colonise le monde vécu. L'apparente objectivité qu'il induit comme instrument de calcul en fait l'instrument d'une « rationalité cognitive-instrumentale » (Habermas, 1987) qui s'étend bien au-delà des sphères de l'économie. Selon Habermas, cette évolution perturbe « la reproduction symbolique du monde vécu », c'est-à-dire les registres dont dépendent la cohésion sociale et la socialisation des individus. « Monétariser des activités qui ont pour but de donner ou transmettre du sens, c'est inévitablement les mettre en crise », souligne pour sa part André Gorz (1988). Lorsque la qualité de la vie est évaluée à l'aune de ce quelle coûte et de ce qu'elle rapporte, lorsque les mérites et les performances sont essentiellement considérés en termes financiers, lorsque la reconnaissance et l'existence sociales n'ont d'autre valeur que monétaire, le registre symbolique perd sa substance même.

L'imaginaire, dans ses dimensions les plus fantasmatiques, dicte alors sa loi. L'argent devient l'instrument de la réalisation de soi-même, le moyen pour satisfaire les fantasmes de toute-puissance et de jouissance infinie. Il ouvre toutes les portes et supprime tous les obstacles. Lorsque sa possession permet l'accomplissement de tous les rêves, il devient la finalité même de l'existence. « L'argent se présente comme la parole sociale : non plus simple intermédiaire de l'échange, mais ce qui permet tout échange ; non plus le simple métal battu, mais ce qui signe et distingue l'homme ; non plus le résultat d'un désir d'échange préalable, mais ce qui véhicule le désir en lui-même » (Bouilloud et Guienne, 1999).

Ce déplacement du symbolique vers l'imaginaire, du réel vers le désir, confère à l'argent un statut hors limite. Lorsque rien ne s'oppose à la toute-puissance du désir, on assiste au déchaînement des passions. Il n'y a plus d'entrave à la mégalomanie de ceux qui occupent les positions de pouvoir. L'argent « fait perdre la tête » parce qu'il subvertit les limites entre le réel, l'imaginaire et le symbolique. L'argent est un transformateur. « Il change tous les désirs qui sont de l'ordre de la qualité, de l'intuition, de l'indicible [...] en besoins qui sont de l'ordre de la quantité, du rationnel, de l'exprimable [...]. Si le désir fait partie du champ de l'imaginaire, le besoin fait partie du champ du réel immédiat. Cette transformation est opérée par l'argent au moment même où il devient un équivalent général [...] En s'investissant ainsi, le désir devient mesurable et s'abolit lui-même en tant que désir. Il ne va donc plus s'exprimer dans sa vérité, c'est-à-dire dans son aspect mouvant, fluctuant, voire totalitaire, il va prendre l'aspect réglé systématique, aseptisé lui permettant d'être reconnu et acceptable par la société. Il va perdre ses qualités de rapport entre des individus et des groupes situés historiquement et socialement pour devenir un rapport entre les choses. » [1] Lorsque l'argent véhicule le désir lui-même,

1. E. Enriquez, « L'argent, fétiche sacré », in Bouilloud et Guienne, 1999, p. 54.

il doit combler le manque, tous les manques. Comme la perte de sens produit une béance infinie, celle-ci ne peut être comblée que par un besoin d'argent tout aussi infini. La toute-puissance des marchés financiers se nourrit de l'infini du non-sens : ils entraînent le monde dans une course effrénée, un débordement permanent, une accumulation insatiable, une fuite en avant perpétuelle.

La course au toujours plus

Nous comprenons alors comment se construit un monde sur-occupé totalement dédié au culte de l'urgence (Aubert, 2003*a*). La dictature de l'instantanéité, de la réactivité, de l'immédiateté trouve d'abord sa source du côté des marchés financiers. Les marchés doivent être sans arrêt en mouvement. La raison est d'abord financière dans la mesure où, à chaque mouvement, ce sont des commissions qui tombent. Mais il y a une autre raison. L'arrêt c'est le vide et le vide c'est l'angoisse. Il faut maintenir une logique d'*acting out* permanent. Le passage à l'acte est un mécanisme de défense qui consiste à mettre en acte ce que le sujet n'arrive pas à mettre en mots. Face à une bouffée d'angoisse, faute de pouvoir en identifier les causes et de pouvoir en élaborer un sens par la parole, l'individu se réfugie dans l'hyperactivité.

L'investissement permanent dans l'action est un moyen de lutter contre le sentiment de vacuité provoqué par le non-sens. Face à ce vide, il faut agir, faire des projets, se fixer des objectifs, des lignes de conduite, si possible avec des étapes. On découpe ainsi le temps en réalisations. Chaque action est construite sur une intentionnalité qui débouche sur l'action suivante et lui donne son sens. Ainsi, chacune des étapes semble utile et nécessaire, quand bien même l'ensemble du processus ne débouche sur rien. Chacun se mobilise au service d'objectifs décidés en fonction de logiques financières elles-mêmes déterminées par des « marchés financiers » qui deviennent le grand organisateur des comportements et des subjectivités. Lorsque les marchés ont confiance, tout va bien. Lorsqu'ils sont déprimés, il convient de se mobiliser. Pris dans un système virtuel qui l'exonère de penser par lui-même, l'agent diffère la question du sens ultime de l'action. Comme si l'action trouvait en définitive un sens en elle-même, puisqu'elle est nécessaire à l'action suivante. L'important, c'est la compétition, le mouvement perpétuel, la fuite en avant.

Le monde de la finance est l'archétype de cet univers. Monde fermé, étrange, présenté comme le cœur du capitalisme financier puisqu'il détermine la valeur en Bourse des entreprises. Dans une recherche sur les analystes financiers, Jean-Émile Berret éclaire les rouages intimes de ce milieu à partir d'une série d'interviews qu'il a réalisées auprès de ses représentants les plus éminents (Berret, 2002). L'un d'entre eux lui déclare : « Vous êtes très bien payé, mais il faut constamment justifier des choses auxquelles on ne croit pas. Quand il faut tous les jours écrire des papiers auxquels on ne croit pas, au bout d'un moment on se dit : "Où est le sens ? Quel est le sens de tout ça ? Y a pas de sens comme métier dans tout ça ?" » Le métier d'analyste financier exige une disponibilité totale. Dès 6 h 30 du matin, les analystes doivent produire des notes qui déterminent les ordres d'achat ou de vente des actions des entreprises qu'ils sont chargés de suivre. « Rémunération en contrepartie de dire des choses auxquelles on ne croit pas, rémunération dont on devient prisonnier, rémunération déconnectée de la qualité du travail, en tous les cas rémunération largement au-dessus de la moyenne, mais alors, à quelle valeur argent cela renvoie-t-il ? » s'interroge Jean-Émile Berret à la fin de sa recherche.

Pour Olivier Godechot, la réponse est tragique : « Le but du jeu est simple : il s'agit de gagner de l'argent, plus d'argent, plus que les collègues, plus que les entreprises concurrentes, plus que les années précédentes » (Godechot, 2000). Il s'agit donc d'un jeu dont la finalité est une compétition perpétuelle entre les joueurs pour occuper la première place. Jeu fascinant qui provoque une excitation permanente et laisse peu de place à l'introspection. Véritable pacte avec le diable. En contrepartie d'une quête de richesse démesurée, il faut supporter un « stress de démence », une « pression d'enfer », un « métier qui vous happe ». Pour Jean-Émile Berret, « les analystes sont sur la brèche. Ils le sont de plus en plus. La dimension des frontières, des décalages horaires, des distances, s'estompe. Il n'y a plus de vacance des marchés financiers, ils fonctionnent dans une agitation permanente et se nourrissent de cette agitation ».

L'investissement dans un temps suroccupé agit en définitive comme une drogue qui apporte un dérivatif immédiat reportant à plus tard l'interrogation sur les finalités de l'action. D'où une formule couramment employée dans les entreprises : « Nous avons le nez dans le guidon, nous savons que nous allons dans le mur et nous pédalons de plus en plus vite. » Les hommes de pouvoir ont besoin de cette course permanente. L'action est pour eux un viatique. Ils sont « accros » au travail. Le désœuvrement est facteur d'anxiété. S'arrêter les confronterait à la prise de conscience de l'inanité de cette course et à l'angoisse d'un monde déboussolé. La frénésie productiviste n'obéit pas seulement à une nécessité économique. Elle est l'expression d'un fantasme d'expansion infinie et de toute-puissance, elle répond à la nécessité inconsciente de canaliser l'angoisse.

L'aliénation dans le *toujours plus* touche les élites dirigeantes plus que les travailleurs de base. Des hommes et des femmes se mettent au service d'un pouvoir qu'ils croient posséder alors que c'est lui qui les possède. Dans cet univers, la satisfaction est toujours différée dans le temps. On accumule, on court, on se défonce pour des résultats à venir. L'aliénation, c'est l'hallucination permanente du désir. On anticipe sur une situation à venir. La jouissance est moins procurée par l'objet à conquérir que par la conquête elle-même. Et c'est cela qui entraîne une logique de puissance, une course au toujours plus. La guerre dite « économique » vient alors comme un alibi dont il faut entretenir la réalité. Elle vient justifier la peur, elle donne du corps au fantasme. Tant que les principaux acteurs de cette mise en scène continueront à jouer leur partition, le monde sera transformé en « scène économique », représentation imaginaire de la société dont les effets sont bien réels.

L'idéologie gestionnaire donne une légitimation « rationnelle » à cette représentation. Les grands principes du management évoquent la considération de la personne, la qualité des produits, le souci de l'environnement. Mais l'essentiel est de gagner, de produire toujours mieux, toujours plus, toujours plus vite, toujours moins cher. Le productivisme et l'activisme deviennent des buts en soi. L'efficacité, la rentabilité et l'utilité en sont les valeurs cardinales. Dans un tel univers, les énergies physiques, cognitives et psychiques sont transformées en capital et en force de travail. Il ne reste à l'individu ni temps, ni force, ni disponibilité pour autre chose. Retrouver le sens des mots, le sens de son désir, s'inventer une existence.

CHAPITRE 8

La gestion de soi

> « Qui a encore une âme aujourd'hui ? Pressés par le stress, impatients de gagner et de dépenser, de jouir et de mourir, les hommes et les femmes d'aujourd'hui font l'économie de cette représentation de leur expérience qu'on appelle une vie psychique. On n'a ni le temps ni l'espace pour se faire une âme. Ombiliqué sur son quant-à-soi, l'homme moderne est un narcissique peut-être douloureux mais sans remords. »
>
> JULIA KRISTEVA

Avec le développement du capitalisme financier, le Moi de chaque individu est devenu un capital qu'il faut faire fructifier[1]. Le taylorisme entraîne une instrumentalisation de l'humain, chaque individu devant s'adapter à la chaîne, à la machine, à la mécanique. La technocratie engendre une normalisation de l'humain, chaque individu devant s'adapter à des normes, des règles, des procédures. La gestion managériale engendre une rentabilisation de l'humain, chaque individu devant devenir le gestionnaire de sa vie, se fixer

1. Richard Sennett (1979) écrivait : « Avec le développement de l'individualisme, le Moi de chaque individu est devenu son principal fardeau. »

des objectifs, évaluer ses performances, rendre son temps rentable. La famille elle-même est imprégnée par le modèle managérial. Elle est chargée de fabriquer des individus productifs. À chaque période de son développement, l'individu doit établir une comptabilité existentielle pour faire la preuve de son employabilité. La vie humaine doit être productive. La société devient une vaste entreprise qui intègre ceux qui lui sont utiles et rejette les autres.

Le capital humain

Pour Norbert Bensel, directeur des ressources humaines de Daimler-Chrysler, « les collaborateurs de l'entreprise font partie de son capital [...] Leur motivation, leur savoir-faire et leur flexibilité, leur capacité d'innovation et leur souci des désirs de la clientèle constituent la matière première des services innovants [...] Ils sont des entrepreneurs » (Gorz, 2003). Les travailleurs, comme les chômeurs, sont invités à devenir des entrepreneurs. L'humain devient la principale ressource de l'entreprise, un facteur essentiel de son développement. Il convient donc de le gérer au même titre que les finances, les matières premières, les technologies, les stocks. Les théories du capital humain illustrent parfaitement la prévalence de l'approche gestionnaire pour traiter tout ce qui concerne la vie des hommes et des femmes. Elles sont apparues dans les années 1960 en même temps que les techniques de « rationalisation des choix budgétaires » [1].

1. En anglais, *Planning, Programming and Budgeting System (PPBS)*. Ces méthodes d'aide à la décision publique consistent à calculer très précisément les « coûts-avantages » et les « coûts-efficacité » des politiques publiques.

On peut ainsi calculer le coût de la vie humaine à partir des investissements nécessaires pour produire tel ou tel individu. À ce titre, la fabrication d'un médecin ou d'un ingénieur coûte à la société beaucoup plus que celle d'un ouvrier spécialisé ou d'une caissière de supermarché. Dans cette perspective, chaque individu peut être l'objet d'une évaluation « objective » sur ce qu'il coûte et ce qu'il rapporte à la société. La société gestionnaire a les moyens aujourd'hui de mesurer la rentabilité effective de chaque être humain, comme cela se fait dans les entreprises. Certains rêvent même d'un monde totalement consacré aux affaires. Ainsi, Pierre Lévy (2000) décrit sa société idéale dans laquelle « tout le monde sera constamment occupé à faire du business à propos de tout : sexualité, mariage, procréation, santé, beauté, identité, connaissance, relation, idée… Nous ne saurons plus très bien quand nous travaillerons ou quand nous ne travaillerons pas. Nous serons constamment occupés à faire du business […] même les salariés deviendront des entrepreneurs individuels, gérant leur carrière comme celle d'une petite entreprise […] La personne devient une entreprise, il n'y a plus de famille ni de nation qui tienne. La caractéristique du monde contemporain est désormais que tout le monde fait du commerce, c'est-à-dire achète et vend […] et veut revendre plus cher qu'il n'a investi ». Dans le nouvel ordre mondial dominé par les valeurs entrepreneuriales, tout est business. L'ensemble de la société doit accepter la loi inéluctable du commerce. Chacun est invité à se vendre pour s'enrichir. Le commerce n'est plus seulement un moyen pour favoriser les échanges et permettre à chacun d'acheter ce dont il a besoin. Il devient la finalité même de la vie humaine, son but ultime, sa raison d'être.

Se dessine ici un véritable projet de société : changer l'homme en entrepreneur pour un monde productiviste. Le manager émerge comme figure idéale de l'homme entreprenant, capable de prendre des risques, de décider, de résoudre des problèmes complexes, de supporter le stress, de développer son intelligence cognitive mais aussi émotionnelle, de mettre toutes ses qualités au service de la rentabilité. « De façon diffuse, les canons de la rationalité économique contemporaine (pragmatisme, utilitarisme, compétition, rentabilité, efficacité, désir de gain et de puissance) sont appliqués à ce qui est en passe de devenir la gestion des occupations des relations privées » (Jauréguiberry, 2003). Peu à peu l'espace privé est envahi par l'activité. Les technologies nouvelles permettent d'installer son bureau à son domicile. Il y a là une colonisation de l'espace et du temps « personnel ». Ce qui reste de « temps libre » est de plus en plus dominé par des préoccupations de rentabilité et d'intensité.

Il suffit pour s'en convaincre d'observer les emplois du temps du mercredi, jour de congé à l'école, dans certaines familles obsédées par le désir de donner à leurs enfants toutes les opportunités pour se distraire « utilement ». Le temps libre doit être amorti au mieux. Contre le risque de temps mort ou, pire, de désœuvrement, il convient de rendre productif chaque moment. Dès ses plus jeunes années, l'enfant est préparé à rendre son temps rentable : cours de musique, activités sportives, cours particuliers, détentes formatives et distractions instructives. Le mercredi n'est plus un jour de vacances. Il devient un jour « plein » qui doit lui apporter les compléments jugés nécessaires à sa scolarité afin de lui donner les meilleures chances pour sa « réussite » professionnelle future. Les parents investissent leurs enfants comme un capital qu'il convient de valoriser, appliquant la logique d'une gestion des ressources humaines à leur éducation.

Le management familial

Frédéric Engels (1884) proposait une hypothèse sur les liens entre les modes de production et les styles d'autorité dans la sphère familiale. Dans le système féodal, fondé sur la domination des seigneurs sur les serfs, le serf aurait tendance à se conduire comme un seigneur vis-à-vis de sa femme et de ses enfants. Dans le système capitaliste industriel, fondé sur la domination des grands entrepreneurs sur les prolétaires, l'ouvrier aurait tendance à se conduire comme un patron au sein de sa famille. Dans cette perspective, nous serions rentrés dans l'ère du management familial. Avec le développement du capitalisme financier, les principales caractéristiques du pouvoir managérial se retrouvent au sein de la famille.

La famille est perçue comme une petite entreprise qui doit se révéler performante dans ce qui constitue son principal objectif : fabriquer un individu employable. Les deux membres du couple vont mettre ensemble leurs capitaux respectifs (économiques, cognitifs, relationnels, culturels) afin de les investir durablement dans l'entreprise familiale. Le modèle n'est plus que la femme se consacre principalement à la carrière de son mari et à l'éducation des enfants. Cette division du travail traditionnelle est obsolète. La relation conjugale se veut contractuelle et égalitaire. Chacun investit au départ à la mesure de ses moyens. La mobilisation doit être réciproque et permanente. Les deux membres du couple doivent pouvoir mener de front leur vie professionnelle, leur vie familiale et leur vie personnelle. Il convient d'être « libres ensemble » (Singly, 2000), d'être performant sur tous les registres, que ce soit dans son travail, dans son corps ou dans sa tête. Il ne s'agit pas seulement de bien gagner sa vie mais également de bien gérer son corps, son « capital santé », ses capacités intellectuelles, de se maintenir à niveau sur le plan culturel, par des distractions formatives, par des sorties régulièrement programmées qui permettent d'actualiser ses connaissances et de rester « branché ». On veillera également à soigner son classement au bridge, au tennis, au golf, ses performances en vélo, en course à pied ou en natation, afin d'optimiser sa forme physique et intellectuelle. Les registres de l'amour et de la sexualité n'échappent pas à l'idéologie gestionnaire. Gérer les conflits de couple, gérer sa féminité comme sa masculinité, instaurer une bonne communication entre parents, enfants et conjoints, favoriser l'autonomie de chacun dans une interdépendance harmonieuse, former une équipe qui gagne, toutes les caractéristiques du modèle managérial sont à l'œuvre dans la sphère familiale.

L'enfant est lui aussi un capital qu'il faut faire fructifier. L'éducation devient une mise en valeur des capacités de l'enfant sur les plans physique, intellectuel ou psychique. Sa réussite scolaire est l'objet d'un investissement essentiel. D'abord dans le choix des établissements et des classes qui déterminent la qualité structurelle de l'enseignement ; ensuite dans une communication suivie avec les enseignants, afin d'évaluer au plus près ses résultats, matière par matière, de stimuler ses réussites et de prévenir ses échecs. En cas de problème, une négociation directe avec le professeur concerné permet d'établir un diagnostic rapide et de mettre en œuvre les moyens d'action qui s'imposent. Enfin, un suivi personnalisé de la production scolaire de l'enfant s'avère nécessaire, si possible dans le quotidien à la maison. Non pas dans une surveillance disciplinaire rigide fondée sur le vieux principe du bâton et de la carotte, de l'avertissement et du bon point, mais sur le modèle du *coaching*. Il s'agit d'un accompagnement systématique, fondé sur un dialogue confiant dans lequel on examine objectivement les points forts et les points faibles, on se fixe des objectifs et des étapes dans la progression, on met en place des stratégies en vue d'une amélioration progressive des résultats. L'essentiel est de susciter la motivation et de favoriser l'adhésion.

L'école ne doit pas être vécue comme une contrainte, mais comme un investissement pour l'avenir. La gestion de la carrière scolaire des enfants est un élément central qui rythme le temps familial : relevés des bulletins, devoirs, remise des notes, préparation d'examens… Les familles les plus battantes mettent en place des stratégies particulières permettant à leurs enfants d'accéder aux établissements d'excellence. Il faut choisir les bonnes filières, les classes pilotes, afin d'intégrer les meilleures « prépas », qui préparent aux concours d'entrée dans les grandes écoles. Les enfants les plus prometteurs sont l'objet de « plans de carrière » comme les cadres à haut potentiel dans les entreprises.

En cas de difficulté ou d'échec, on peut faire appel à des experts qui viendront utilement renforcer l'encadrement quotidien assuré par les parents : professeurs pour donner des cours particuliers dans les disciplines où l'enfant éprouve des faiblesses ; conseillers d'orientation au moment des choix décisifs ; psychologues en cas de difficultés comportementales ; psychothérapeutes en cas de troubles psychiques ou psychosomatiques ; orthophonistes en cas de difficultés de lecture ou d'écriture, etc. La liste des spécialistes prêts à intervenir n'a cessé de s'allonger depuis un quart de siècle. Élever un enfant devient l'objet de savoirs multiples. On ne peut plus simplement l'aborder de façon empirique à partir de l'intuition et de la bonne volonté des parents. Il faut dire que l'enjeu est de taille. Les parents se vivent comme responsables de la réussite ou de l'échec de leurs enfants. Un échec est non seulement une blessure narcissique grave, mais il est également porteur de soupçon. Si l'enfant ne réussit pas, s'il n'est pas bien dans sa peau, si ses résultats sont mauvais, c'est le bilan de l'entreprise familiale qui est négatif. Ils sont condamnés à réussir pour éviter la faillite.

Dans ce contexte, l'anxiété des parents est massive. Leur responsabilité première est d'armer leurs enfants pour affronter la lutte des places. *« Il faut les armer pour la vie », « acquérir dans l'enfance des armes pour mieux se battre »* [1]. Comment, en effet, préparer son enfant à affronter les contradictions majeures de la société hypermoderne : devenir un individu autonome, épanoui, bien dans sa peau, actif et, en même temps, employable, capable de se soumettre aux exigences du monde du travail, donc d'accepter la dépendance, la soumission aux normes, les contraintes du travail, les exigences de l'entreprise qui acceptera de l'embaucher ?

La comptabilité existentielle

À l'âge adulte, chaque individu doit devenir responsable de lui-même, de son existence sociale, de ses réussites

1. Citations extraites de *Psychologies*, n° 210, août 2002, magazine dans lequel on vous propose, entre autres, de mesurer votre « intelligence sexuelle », d'« échapper à la faillite du couple », de « cultiver la passion », d'apprendre à « gérer son couple », de « consulter pour mieux aimer », etc. Dirigé par un « vrai manager », Jean-Louis Servan-Schreiber, ce journal illustre parfaitement la prégnance de l'idéologie gestionnaire dans le champ affectif, relationnel, sexuel et familial.

comme de ses échecs. Le chômage n'est pas considéré comme la conséquence du décalage structurel entre le nombre d'emplois créés par le système économique et le nombre de personnes actives susceptibles d'occuper ces emplois. Il résulte de « défauts d'employabilité » d'une partie de la population et donc de son « inadaptation » face aux besoins de l'entreprise. Dans cette perspective, on résoudra le problème du chômage en incitant ou en obligeant les sans-emploi à mieux « gérer leurs compétences », acquérir celles qui leur manquent afin de se former au mieux pour se positionner sur le marché de l'emploi.

L'idéologie gestionnaire implique un renversement quant au rapport entre le social et l'économie : « Faire endosser par les prestataires de travail, transformés en entrepreneurs individuels, les contraintes et les insécurités que le capitalisme post-fordiste engendre » (Gorz, 2003). On est loin de la fin du travail évoqué par certains. Bien au contraire, l'ensemble de la vie doit être consacré à gérer son employabilité. Dès les petites classes, tout doit être mis au service de la formation de travailleurs employables. Le temps libre doit être consacré à la gestion de son capital compétence. Des bilans sont prévus régulièrement pour connaître ses points forts et ses points faibles. Le curriculum vitae doit décrire avec précision la comptabilité de ses qualifications, de ses formations et de ses performances afin de permettre aux employeurs de mesurer précisément le capital compétence. La vie devient un plan de carrière.

Chaque étape doit apparaître comme un investissement dans un projet professionnel. Une multitude de techniciens sont formés pour aider chaque individu à définir son orientation, élaborer des bilans-positionnement, des bilans-évaluation, des bilans-projets, ou encore des bilans-carrière. Des batteries de tests sont mises au point pour mesurer les aptitudes afin de les comparer au profil requis des emplois existants et de mesurer les probabilités de réussite professionnelle dans telle ou telle activité. Tests de connaissances techniques, tests d'intelligence, tests psychomoteurs, tests de personnalité et de comportement, les psychologies comportementales et cognitives sont mobilisées pour construire des typologies, des indicateurs, des grilles qui permettent d'identifier les traits de personnalité, les talents et les aspirations afin de les traduire en pistes professionnelles, de rationaliser les processus d'ajustement à l'emploi. La méthodologie de construction de projet fait florès. Par exemple, l'« activation du développement vocationnel et personnel » (ADVP), programme conçu au Canada et importé en France, permet d'accompagner l'individu dans ses choix de carrière à partir de plusieurs étapes : exploration de ses désirs, motivations, aspirations, valeurs, intérêts, aptitudes ; transformation de ces éléments en projets ; adéquation des projets à l'environnement socio-économique ; élaboration et mise en œuvre de stratégie dans le temps et l'espace [1].

Il ne s'agit plus seulement de mesurer les aptitudes et les compétences, mais de rendre l'individu « pro-actif » dans ses choix, de canaliser ses désirs pour les transformer en « forces projectives », d'imaginer de « nouveaux espaces d'investissement ». On demande à chacun d'établir une « comptabilité existentielle », de traduire sa vie en « crédits et en débits », en « indicateurs positifs et négatifs », en « facteurs de réussite et d'échec ». Traduction nécessaire pour se présenter sur le marché du travail afin d'en saisir les opportunités et de « maximiser ses chances » de trouver une place.

1. « Bilans de compétences, les carrières du moi », *Revue du Groupe familial*, n° 140, 1993.

Chaque individu doit faire la preuve de sa rentabilité. Elle est devenue l'exigence première pour avoir une place, donc une existence sociale. Pour être reconnu comme un individu à part entière, défini positivement, il convient d'être productif et d'intérioriser les valeurs du monde économique. Gestion des entreprises et gestion de soi obéissent aux mêmes lois. Il s'agit de rationaliser la production des hommes sur le modèle de la production des biens et des services et de rendre les individus productifs sur le modèle entrepreneurial. Chacun est invité à devenir l'entrepreneur de sa propre vie (Ehrenberg, 1992). Produire sa vie, se réaliser, se construire, autant de formulations contribuant à renvoyer l'image que le devenir de l'individu dépend de sa capacité à se gérer lui-même.

La réalisation de soi-même

La gestion de soi devient un impératif qui s'exprime par l'inflation galopante des ouvrages qui lui sont consacrés : *Mieux piloter sa vie*, *Devenir soi-même*, *Gagner en efficacité*, *Savoir organiser sa vie*, etc.

Dans le monde des gestionnaires, la subjectivité est l'objet d'une sollicitation massive et contradictoire : le sujet doit affirmer son autonomie et répondre à l'injonction d'être « bien dans sa peau », équilibré, épanoui, excellent dans tous les domaines de l'existence, capable de faire fructifier la diversité de ses talents. On lui propose une panoplie d'outils pour l'aider à bien gérer sa subjectivité : d'où une floraison de techniques de développement personnel comme l'analyse transactionnelle (AT), la programmation neurolinguistique (PNL) ou l'intelligence émotionnelle (IE). Des spécialistes du conseil vont aider ceux qui en ont les moyens à mieux gérer leur carrière, leur vie, leurs émotions, leur temps, leur stress… On a besoin d'un coach, comme n'importe quel sportif de haut niveau, pour améliorer ses résultats, rester compétitif et réussir à se maintenir à un bon niveau.

On peut remarquer une évolution dans cet appel à la subjectivité. Dans les années 1980, il s'agissait surtout de la mobiliser sur un projet d'excellence. Aujourd'hui, l'entreprise ne peut plus se présenter comme le lieu de la réussite et du succès. Elle est confrontée à des échecs, des crises, des restructurations. La subjectivité doit donc être préparée à supporter les aléas de l'existence, des moments d'expansion et de régression, de croissance et de décroissance. Il faut apprendre à faire face à l'échec, à l'adversité, être ouvert à soi-même et à autrui, oser verbaliser ses faiblesses et ses peurs. D'un côté, l'entreprise souhaite une adhésion profonde. De l'autre, elle peut à tout moment signifier à ses employés qu'elle n'a plus besoin d'eux. Pour affronter cette flexibilité de l'attachement, elle favorise l'éclosion d'une subjectivité fluide capable simultanément de se mobiliser massivement et de se désinvestir rapidement. D'où l'émergence de techniques de gestion de la subjectivité qui mobilisent le sujet, du côté de l'autonomie, l'estime de soi, le renforcement narcissique, la réflexivité, tout en canalisant les investissements psychiques vers des objectifs de rentabilité et de performance. D'où l'appel aux « managers de l'âme » [1] qui vont utiliser les outils du développement personnel au service du monde de l'entreprise.

1. L'expression est de Jacques Lacan dans les *Écrits* : « Comment ne pas glisser à devenir les managers des âmes dans un contexte social qui en requiert l'office ? » Elle est reprise par Valérie Brunel dans un ouvrage qui décrit ces différentes technologies de soi (2004).

Un texte de Will Schutz, *The Human Element*, écrit en 1994, résume assez bien la philosophie de ces approches : « La valeur fondamentale réside dans l'accomplissement de soi, le mien et celui d'autrui. En fait, ce que je peux faire de mieux pour autrui, c'est l'aider à se réaliser pleinement [...] le modèle de l'élément humain présente une théorie et une méthode éprouvées, destinées à vous aider à mieux vous connaître, mieux vous accepter, avoir une plus grande estime de vous-même, et, de ce fait, à pouvoir réaliser pleinement votre potentiel humain à la fois comme individu et comme membre du groupe [...]. En fonction du degré d'atteinte de ces objectifs, les équipes sont plus efficaces, les organisations plus productives, les individus plus accomplis [...]. »

La méthode Schutz connaît un succès impressionnant dans l'univers managérial. Les deux tiers des 500 premières entreprises mondiales ont fait appel à ces préceptes dans leurs fonctions de management. Elle est devenue un référent majeur des pratiques de coaching dans la plupart des pays développés.

Source : W. Schutz, *The Human Element : Productivity, Self-Esteem, and the Bottom Line*, Jossey-Bass Publishers, San Francisco, 1994. Traduction française in Brunel, 2003.

Dans l'idéologie de la réalisation de soi-même, l'humain a un potentiel qu'il s'agit de développer pour le mettre en synergie avec les objectifs de rentabilité de l'entreprise. L'accomplissement de soi, l'efficacité des groupes et la productivité des organisations doivent être en congruence. Il s'agit là d'une conception subjectiviste de l'action : « L'efficacité de l'individu dans la vie ou sa performance au travail sont déterminées avant tout par la qualité de ses relations à lui-même et à son environnement », note

Valérie Brunel. Une bonne gestion de soi est le facteur clé de la réussite de l'individu comme de l'entreprise. La théorie de « l'élément humain » donne à penser « un monde harmonieux et réconcilié, où ce qui est souhaitable pour le bien-être de la personne, ce qui est fondateur du lien social et ce qui est économiquement utile pour l'entreprise convergent et se nourrissent réciproquement [...] le bonheur de l'homme et le profit sont deux finalités conciliables et même convergentes » (Brunel, 2004). On saisit ici la dimension idéologique de ces approches : les contradictions sociales ne sont en définitive que des problèmes relationnels. À partir du moment où il n'y a pas de conflit d'intérêts entre le capital et le travail, les problèmes de l'entreprise peuvent être réglés dans le registre de la subjectivité. Une bonne gestion de soi, une meilleure ouverture aux autres, une approche positive des problèmes, une intersubjectivité confiante permettent de mobiliser les ressources internes de l'individu pour construire des relations de travail harmonieuses et efficaces.

Centré sur lui-même, l'individu « oublie » de s'interroger sur le fonctionnement global de l'entreprise, en particulier sur la violence qui y règne.

CHAPITRE 9

La part maudite de la performance

> « La quasi-totalité des problèmes qui se posent à nous aujourd'hui renvoie systématiquement à la question des limites qu'il nous faut définir et imposer aux forces de la démesure, de l'*hubris*, si nous voulons que notre monde reste humain et vivable. »
>
> ALAIN CAILLÉ

Le modèle managérial se développe à la mesure de la globalisation parce qu'il est particulièrement efficient. La « part bénite » de la performance est indéniable. Dans le registre financier, au premier chef, puisque la rentabilité financière est l'objectif principal, mais aussi dans les registres technologiques et commerciaux. La recherche-développement débouche sur la création permanente de nouveaux produits et l'amélioration de ceux qui existent. Les progrès techniques sont considérables. Les prix sont plutôt à la baisse dans les secteurs concurrentiels. Pour ce qui concerne l'organisation du travail et le management des hommes, l'analyse des performances débouche sur une évaluation plus contrastée. Le modèle managérial est un progrès par rapport au modèle hiérarchique et disciplinaire. Il favorise l'autonomie, l'initiative, l'efficience, la responsabilité, la communication et la mobilité. Les ouvrages de management n'en finissent pas de décliner tous les avantages d'une gestion fondée sur la mobilité des fonctions, l'avancement au mérite, la direction par objectifs, la flexibilité et la réactivité. À les entendre, ces transformations sont totalement positives. Ce qui n'a rien d'étonnant venant d'auteurs qui vendent aux entreprises les mille et une recettes censées leur apporter des gains de productivité. Du côté des salariés, ce modèle a des conséquences contradictoires, facteur de promotion et d'amélioration significative pour les uns, de dégradation et d'exclusion pour les autres.

Au-delà du positivisme radical qui ne voit que les effets bénéfiques de la performance élevée au rang d'une finalité, il convient de préciser les critères mis en avant pour la mesurer. Le management la présente comme une nécessité de survie pour les entreprises au même titre que l'excellence ou l'efficacité, sans que soient discutés les critères qui la fondent, en dehors de la logique du profit. Si la performance ne se mesure qu'à l'aune de sa profitabilité financière, elle laisse dans l'ombre ses répercussions humaines et sociales. Surtout, elle enclenche un cycle infernal : l'amélioration continue et accélérée de la productivité engendre une spirale qui peut avoir des conséquences destructrices. Cette « part maudite » est-elle un mal nécessaire, le prix à payer de la modernisation, ou la conséquence d'un système de pouvoir qui cherche à imposer sa logique quel qu'en soit le coût humain et social ?

Les deux faces de la gestion performante

Comme Janus, la culture de la haute performance a une face brillante du côté de l'efficacité, une face d'ombre du côté des conséquences pour ceux qui ont du mal à s'y adapter ou qui en sont exclus. Lors d'un débat avec Jean-Marie Descarpentries [1], ces deux faces étaient apparues clairement. Avant de devenir le PDG de Bull, il avait redressé une entreprise de logistique et de transport. Il était à l'époque perçu comme un « patron de choc » efficace et renommé. Dans son intervention, il déclinait la façon dont il avait transformé l'entreprise par un système de gestion informatisé : il avait mis à disposition de chaque chauffeur routier un ordinateur de bord et un GPS. L'ordinateur indiquait le planning des livraisons de la journée ainsi qu'un plan de guidage pour prendre les meilleures routes. La connaissance du temps de l'itinéraire, prévu en fonction de l'intensité du trafic, permettait de prévenir les clients de l'heure exacte de livraison. Chaque conducteur devenait également gestionnaire. Il établissait lui-même les pièces comptables puisqu'il pouvait au fur et à mesure évaluer le coût de transport, l'état de la livraison, la réalité des opérations effectuées et libeller la facture définitive. Il pouvait également appeler le siège pour régler les problèmes immédiatement avec le service concerné. Pour Jean-Marie Descarpentries, cette réorganisation présentait trois avantages décisifs : une gestion plus performante, une responsabilisation plus grande des routiers, une revalorisation de leur métier.

Ces avantages sont incontestables. La rentabilité de l'entreprise s'en est trouvée confortée. Mais cette présentation laisse dans l'ombre trois conséquences.

Un contrôle renforcé des chauffeurs. Dans l'ancien système, chaque routier était maître de sa conduite, du choix

1. Débat organisé en 1998 à l'ANVIE par Jean-Michel Saussois et Renaud Sainsaulieu.

du trajet, de l'ordre des livraisons. Il doit suivre aujourd'hui des directives précises constamment réactualisées. Il peut être contrôlé à chaque instant. Il doit justifier au jour le jour des résultats de son activité qui est mesurée en temps réel. Le siège peut modifier son planning, réajuster les délais de livraison, lui confier une tâche nouvelle. En définitive, chaque camion devient un univers sous surveillance permanente : boîte noire pour le contrôle de vitesse, des pauses, du nombre de kilomètres parcourus ; GPS en lien avec le siège de l'entreprise ; mouchard placé à l'arrière des camions indiquant le temps passé pour chacune des livraisons.

Une obligation de résultats. Rien n'est censé échapper à la vigilance de la direction pour « optimiser » le temps et l'activité des chauffeurs. D'un côté ils sont moins cantonnés dans un rôle de simples exécutants « attachés » à leur machine roulante. Ils ne sont plus enfermés dans une fonctionnalité stricte (la conduite). Leur métier s'ouvre sur de nouveaux aspects. Ils acquièrent de nouvelles responsabilités dans la relation au client et au fournisseur, dans l'établissement des documents comptables, dans la qualité du service rendu. Le chauffeur devient un interlocuteur qui représente l'entreprise et non un simple exécutant confiné dans sa tâche. Dans ce contexte, la rentabilité de chaque chauffeur est facilement mesurable. Cette évaluation permanente le met sous pression. Au stress de la conduite, qui était compensé auparavant par un sentiment de liberté liée à une activité « nomade », s'ajoute le stress d'être responsable de tous les problèmes rencontrés : respect des délais, qualité du produit livré, défaut dans la facturation, difficultés dans le recouvrement, etc.

Une exclusion des moins performants. Dans sa présentation, Jean-Marie Descarpentries était fier d'avoir pu revaloriser le salaire des routiers de 20 % et d'avoir réduit les effectifs de 30 % grâce aux gains de productivité réalisés. Un certain nombre de chauffeurs, habitués depuis toujours à effectuer des tâches de manutention simples, n'ont pas pu suivre ces transformations exigeant une maîtrise de l'informatique, de la comptabilité, ou encore des qualités relationnelles habituellement dévolues aux commerciaux. Ce manque d'adaptabilité a des conséquences implacables : on s'adapte ou l'on disparaît. Faute de pouvoir entrer dans la logique d'amélioration des performances, les 30 % qui n'ont pas su « saisir leur chance » vont retrouver la cohorte des exclus, des ratés de la modernisation, des « inemployables ».

Cet exemple illustre un phénomène que l'on retrouve dans tous les secteurs qui gèrent des « employés nomades » (Moeglin, 1996). Lorsque les entreprises ont des marchés fluctuants, lorsqu'elles doivent faire face à des imprévus ou mettre en place de la flexibilité, les employés perdent leur autonomie personnelle. « Plus la flexibilité croît, écrit P. Moeglin, plus celle de chaque agent tend à diminuer sous l'effet des contrôles en cours de route. Si les employés conservent une capacité d'initiative dans la maîtrise du temps, c'est parce que l'entreprise a besoin de leur laisser une autonomie de gestion, que ce soit dans la négociation avec un client, dans la prise en compte des modifications de la circulation ou encore dans l'aménagement des horaires. » On constate cependant des tensions de plus en plus vives liées au raccourcissement des délais, à l'impératif des « flux tendus », à l'exigence du « juste temps », aux conséquences du « zéro défaut » et de la gestion « au fil de l'eau ». Chacun est invité à travailler plus vite, à supprimer les temps « perdus », à justifier tout retard et tout contretemps. La revalorisation des salaires, contrepartie souvent mise en avant pour justifier la culture de la performance, ne compense pas toujours le surcroît de travail et la tension qu'elle provoque.

Le bilan est en fait contrasté. Pour les employés qui ont connu les univers tayloriens rigides et le travail à la chaîne, le progrès est indéniable. Pour les jeunes qui arrivent sur le marché du travail auxquels on confie d'emblée des responsabilités, l'attrait est incontestable. L'amélioration de la performance, la responsabilisation des salariés, l'adaptabilité aux transformations de l'environnement ne sont pas *a priori* négatives. À condition de ne pas évacuer les problèmes que ces transformations engendrent comme s'ils n'existaient pas, en considérant ceux qui les incarnent comme des « inadaptés », des « récalcitrants », des « archaïques », ou encore des « risquophobes » [1].

Du côté des cadres, on commence également à percevoir les effets de la culture de la performance. Si, dans un premier temps, ils ont été leurs plus vifs défenseurs, persuadés qu'ils avaient tout à y gagner, ils se rendent compte aujourd'hui qu'ils peuvent être concernés par sa part d'ombre. La culture de la haute performance ne fait plus recette, surtout lorsqu'elle vient justifier des pratiques de management dont la brutalité n'a rien à envier aux pratiques les plus répressives du pouvoir disciplinaire.

Managing in a High Performance Culture

> La lettre est arrivée un jeudi de février 2002. Elle l'attendait à son retour du boulot. Quand il a vu l'en-tête Cap Gemini, Thomas s'est douté du contenu. Trois jours

1. Voir note p. 135.

plus tôt, cet ingénieur commercial de 28 ans avait dû annuler en urgence ses vacances au ski pour se rendre à la convocation de son directeur de secteur. L'entretien fut bref, musclé. « De la bouche d'un responsable que j'avais croisé deux fois au détour d'un couloir, j'apprenais que j'allais être viré pour "manque de résultats" et "agressivité commerciale insuffisante" [...] La lettre m'enjoignait de quitter mon bureau de Cœur-Défense avant 12 heures, le lendemain. J'avais vraiment l'impression d'être viré comme un malpropre. » Le lendemain, pas de trace de son manager ni de son responsable des ressources humaines. À peine éjecté, déjà oublié.

Source : V. Monnier, « Tolérance zéro pour les cadres », *Le Nouvel Observateur*, 26 septembre-2 octobre 2002.

Cap Gemini, après sa fusion avec Ernst & Young, est devenu le cinquième groupe mondial de conseil et de services informatiques. Le groupe a effectué deux plans de restructurations, supprimant 5 500 postes en 2000 et 2001 dans les branches étrangères. Pour sauvegarder son image et éviter un plan social en France, obligatoire à partir de 10 licenciements dans le mois, la direction des ressources humaines a licencié 75 salariés en 2000 et 100 en 2001, sans dépasser le chiffre de 10 chaque mois. Il faut donc trouver des motifs. L'« insuffisance de résultats » et l'« inaptitude professionnelle » sont les raisons invoquées les plus courantes. La méthode consiste à disqualifier les personnes, espérant ainsi décourager les recours en justice. La technique consiste à culpabiliser les salariés, à critiquer systématiquement leur comportement, à leur donner des objectifs inaccessibles, à les évaluer négativement, jusqu'à ce qu'ils démissionnent, ou ne soient plus en mesure de réagir. On peut alors les « remercier » sans crainte de procès.

Les mêmes pratiques se développent dans d'autres sociétés. En mars 2001, le journal *Le Monde* révèle la mise en œuvre, à partir d'informations livrées par des employés d'IBM, d'un système d'évaluation de la performance qui vise à identifier des salariés appelés « faibles contributeurs [1] ». Ce programme, intitulé *Managing in a High Performance Culture 2001*, définit les critères de notation que chaque manager doit appliquer pour évaluer ses collaborateurs, afin de « placer plus haut la barre ». Le document commence par définir la « gestion de la performance » : « L'évolution constante de notre marché nous impose une amélioration constante de notre performance. S'améliorer en permanence est un élément essentiel pour atteindre une culture de la haute performance [...]. Saurons-nous placer plus haut la barre ? »

La suite donne aux managers des indications pour « identifier et gérer les faibles contributeurs ». Une fois identifiés, ceux-ci reçoivent la note 4, selon la procédure *Personal Business Commitment* ; sur une échelle de 1 à 4, la notation 4 est la plus basse. Elle signifie que les résultats de l'employé sont insuffisants et « mènent à une procédure de mise en garde ». Cette mise en garde, qui précède le licenciement, est en principe de trois à six mois. Dans les faits, elle est souvent réduite à deux ou trois semaines. Selon les syndicats, ces évaluations négatives sont en hausse constante. L'évaluation personnalisée serait en fait utilisée systématiquement pour licencier une partie du personnel. Les managers auraient même des quotas à respecter dans l'attribution de la note 4. Après avoir démenti l'existence de ces quotas, la directrice des ressources humaines a admis

1. *Le Monde* y a consacré un dossier suivi par Laure Belot et Laurent Mauduit dans ses éditions des 8, 9 et 12 mars 2002.

l'existence de « fourchettes qui permettent de donner des indicateurs et des objectifs aux managers pour les notations ». Ces fourchettes pouvaient « varier en fonction des résultats de chaque unité du groupe ». Les managers eux-mêmes expriment leur embarras devant l'obligation qui leur est faite de mal noter des collaborateurs, surtout lorsque ceux-ci ont réalisé leurs objectifs quantitatifs. Il leur faut alors juger leur comportement, les accuser de mauvais esprit, mettre en cause leur personnalité.

Les conséquences pour les salariés sont désastreuses. Eux, que l'on célébrait comme une élite, sont qualifiés de mauvais. Dans une entreprise qui a toujours valorisé l'excellence, l'évaluation négative est vécue comme une blessure redoutable. En perdant la reconnaissance de l'entreprise, ils perdent leur assise narcissique. Confrontés à une double perte, de l'emploi et de l'estime de soi, beaucoup s'effondrent sans comprendre ce qui leur arrive. Pour ceux qui restent, la situation est également conflictuelle. Chacun sait combien le système est injuste, que les « grands principes » énoncés depuis toujours ne sont pas respectés, que la menace d'être licencié pèse sur tous. La compétition féroce liée à la concurrence face au marché se retrouve à tous les échelons, entre les salariés, pour obtenir une promotion, réussir sa carrière, espérer échapper au prochain dégraissage. Elle n'est pas sans conséquences sur le « moral des troupes ».

« On est de trop, on coûte trop cher »

Dans le langage des responsables des ressources humaines, « les effectifs sont un coût ». Cette approche abstraite permet de mettre de côté les violences et les souffrances que les licenciements engendrent. Une fermeture de site ne débouche pas seulement sur des faits quantifiables : nombre d'emplois perdus, nombre de personnes reclassées, nombre de personnes mises en préretraite, indemnités financières, etc. « Ils représentent pour les personnes concernées autant d'épreuves, de ruptures, de traumatismes, de pertes dont on n'a pas toujours conscience, ou qui s'effacent derrière les impératifs économiques, financiers, les diktats de la modernisation, les nouvelles règles du jeu de la mondialisation » (Linhart *et al.*, 2002).

Les médecins du travail alertent régulièrement les pouvoirs publics sur les pathologies liées à la menace de perte d'emploi. Trois médecins de l'Isère (Achard, Chastel et Dell'Accio, 1998) ont observé l'apparition de troubles au sein d'entreprises mettant en œuvre des plans sociaux. « Les salariés se sentent trahis, détruits, écrivent-ils dans l'enquête, et tentent de s'en sortir par la maladie ou la fuite. » La répétition des symptômes psychologiques comme la démotivation – « on n'en peut plus » –, le scepticisme – « on n'y croit plus » –, la dévalorisation « on est trop cher » –, le dénigrement des dirigeants – « ils nous mentent » –, la perte d'estime de soi et de l'identité professionnelle – « on est de trop », auxquels s'ajoutent des troubles somatiques et psychosomatiques que les médecins ont classés dans cinq catégories :

- troubles psychiques : crises d'angoisse, phobies, états de panique, insomnies ;
- troubles digestifs : ulcères gastriques, crampes épigastriques, rectocolites ulcéro-hémorragiques ;
- troubles dermatologiques : psoriasis, eczémas, crises d'urticaire ;
- troubles cardiovasculaires : infarctus du myocarde ;
- troubles comportementaux : migraines, tabagisme, violences physiques, alcoolisme, suicides, etc.

Les « survivants », selon la terminologie devenue depuis familière, développent des pathologies similaires à ceux qui sont licenciés. « On est de trop, on coûte trop cher », estiment ces salariés face à des transformations dans lesquelles ils se sentent instrumentalisés et impuissants.

Danièle Linhart a analysé les conséquences d'une restructuration à partir d'entretiens avec une centaine de travailleurs de l'entreprise Chausson confrontés à la fermeture de leur usine après plusieurs plans sociaux étalés sur quatre ans (1993-1996) [1]. Dans les plans sociaux, même ceux qui sont apparemment les plus avantageux pour les salariés, les aspects financiers et administratifs conduisent à oublier les personnes. Les négociations portent sur des procédures techniques de mesures de reclassement et prennent la forme comptable d'indemnités. « Le vécu est transposé, transfiguré aux clauses juridiques, conventionnelles ; il est dépecé, saucissonné à travers des bilans de compétences, des prises en charge par les sociétés de reconversion, niés par des indemnités financières censées apurer les dettes et remettre les pendules à zéro » (Linhart *et al.*, 2002).

La souffrance engendrée n'entre pas dans les préoccupations de la gestion. Les responsables pensent que les salariés doivent s'adapter à la modernisation, que ces changements ont un caractère inéluctable et que les états d'âme ne sont pas de mise. Seule l'action est importante. Les drames personnels, les conséquences subjectives doivent s'effacer devant les nécessités économiques. On trouve là une contradiction majeure du management. D'un côté un discours qui valorise les ressources humaines, célèbre la

1. La décision de fermer l'usine, prise en 1991 par la direction, avait été tenue secrète, ce qui en dit long sur le sens de l'éthique de ces dirigeants.

considération des personnes et insiste sur les implications subjectives des travailleurs dans la bonne marche de l'entreprise. De l'autre une incapacité à prendre en compte cette subjectivité lorsqu'elle s'exprime en dehors des figures imposées par l'entreprise. Même les responsables syndicaux, pourtant très proches du monde du travail, mais surtout impliqués dans les batailles et les négociations pour obtenir des mesures les plus avantageuses possible, sont peu à l'écoute de cette souffrance. Un leader syndical, admiré par tous pour sa combativité et son intelligence, avoue sa surprise devant le degré de souffrance qui se dégageait des entretiens : « Je ne m'imaginais pas que des salariés qui avaient bénéficié d'un si bon plan puissent en sortir traumatisés à ce point. »

Traumatisme, le mot n'est pas trop fort. Car ce n'est pas seulement un emploi qui se perd, pour éventuellement en retrouver un autre, c'est toute une vie qui est brisée : sentiment de dévalorisation de soi, rupture des réseaux de solidarité, perte des éléments constitutifs de l'identité professionnelle, culpabilité, honte, repli sur soi, déchirement de la communauté de travail qui étayait l'existence. L'acceptation de la perte d'emploi nécessite un long travail d'élaboration psychique, de désidentification au collectif de travail, de désidéalisation de sa propre réussite professionnelle au sein de l'entreprise, de désengagement des implications narcissiques suscitées par la croyance que l'accomplissement de soi passe par le travail. Elle passe également par la projection de soi dans un avenir concevable. La perte de confiance dans un avenir, pour soi et pour ses enfants, qui s'annonce répétitif et incompréhensible, produit une anxiété profonde qui fait écho à l'angoisse de séparation et la peur de l'abandon. Angoisses archaïques qui trouvent leur source au cœur de l'appareil psychique et peuvent avoir des effets dévastateurs si l'on n'aide pas les personnes à les surmonter.

La « modernisation » se présente comme le passage d'un monde avec des règles du jeu connues à un monde instable, imprévisible, flexible, incertain. Il s'agit moins de s'adapter à un autre monde que d'accepter de vivre dans l'adaptabilité et l'insécurité. Il faut être prêt à s'engager et à se désengager à tout moment. Les employés doivent s'impliquer totalement et, brutalement, être capables de partir ailleurs. « Tout ce qui constituait la spécificité, la valeur de leur passé d'ouvriers, à savoir une forme de socialisation très forte, tissée de proximité, de complicité, d'entraide, de production de sens et de valeur à distance de la rationalité de l'entreprise, une forme collective de quant-à-soi, entre contestation de l'ordre établi et adhésion à l'idéologie productive, se trouve balayé, réduit à néant. Le fait même qu'on puisse y trouver un quelconque attachement prouve qu'on est décalé, inadapté, voire qu'on n'a plus de place » (Linhart *et al.*, 2002).

Le licenciement ne signifie pas seulement la perte de l'emploi, mais aussi la perte d'une partie de son histoire. Lorsque l'histoire est niée, lorsqu'elle perd de sa valeur, le deuil ne peut pas se faire. De nombreux chercheurs ont décrit la désorganisation psychique entraînée par la perte d'emploi. La disparition de l'activité professionnelle est une véritable amputation du Moi qui réduit les stimulations et les étayages dont le sujet a besoin pour développer ses fonctions défensives, narcissiques et élaboratives. « Le travail est à la fois un lieu de décharge et de canalisation de l'énergie interne, une situation de renforcement de l'estime de soi grâce aux échanges et aux sentiments d'utilité qu'il procure, un cadre offrant, par le partage des codes communs, des repères pour penser le monde et sa vie » (Morel-Jayle, 2000).

Sur le plan psychique et social, la rupture d'une activité professionnelle s'apparente à la mort. Florence Morel-Jayle a décrit très précisément les rapports étroits entre le travail de deuil et la perte d'emploi. Cette dernière peut parfois être l'occasion de s'inventer une autre existence, une opportunité pour changer d'activité et découvrir d'autres mondes sociaux. Mais lorsque la rupture est brutale, lorsqu'elle est vécue comme un échec personnel ou comme une exclusion non méritée, elle engendre des vulnérabilités narcissiques intenses, étayées sur la honte et la culpabilité, qui laissent le sujet en plein désarroi. Les sentiments de trahison, d'impuissance, d'accablement peuvent engendrer une dépression profonde. En particulier s'il vit la situation comme une évaluation dépréciée de lui-même : « Je ne suis bon à rien, je n'ai pas su me défendre, je suis en définitive responsable de mon échec. » Cette attitude est d'autant plus fréquente que l'environnement célèbre le mérite personnel, légitime un monde de compétition permanente, glorifie les gagnants et stigmatise les perdants.

La dégradation des conditions de travail

L'accent mis sur les incidences subjectives de la recherche effrénée de performance ne doit pas conduire à minimiser ses conséquences plus objectives. Les maladies professionnelles et les accidents du travail sont un symptôme de la dureté des conditions de travail. Depuis dix ans, les maladies reconnues ont triplé en France [1]. Les accidents du travail nécessitant un arrêt recommencent à croître depuis 1990,

1. 124000 cas ont été recensés en 1999 par la Caisse nationale d'assurance maladie des travailleurs salariés (CNAMTS).

pour atteindre le chiffre de 911 000 en 1999 [1]. Ces chiffres sont vraisemblablement en deçà de la réalité dans la mesure où les grandes entreprises ont tendance à ne pas les déclarer parce qu'ils déterminent le montant de leur cotisation à la branche accident et maladie de la Sécurité sociale. Une étude menée dans le Rhône par le docteur Bergeret a montré que, sur 516 cancers du poumon répertoriés, 116 avaient une origine professionnelle, mais qu'aucun n'avait été déclaré comme tel (Hodebourg, 2000). Les travailleurs précaires et les jeunes sont particulièrement touchés. Les premiers subissent deux fois plus d'accidents que les salariés permanents. Un travailleur sur cinq est victime d'un accident avant 30 ans. Ce sont les salariés des sous-traitants qui sont les plus exposés dans la mesure où les grandes entreprises évacuent le risque interne par ce biais, en imposant par ailleurs à leurs sous-traitants des cadences et des prix aberrants. Dans une étude sur les centrales nucléaires, Annie Thébaud-Mony indique que « 85 % des tâches de maintenance sont effectuées par des travailleurs « extérieurs » qui prennent 80 % de la dose collective de contamination des centrales » (Thébaud-Mony, 2000).

Selon une étude de la Fondation de Dublin [2], les travailleurs européens ont le sentiment que leurs conditions de travail se dégradent. Cet organisme effectue régulièrement des sondages en profondeur auprès d'un échan-

1. Selon la DARES, cellule statistique du ministère du Travail. Cité par Martine Bulard, 2001.

2. Créée en 1975, la Fondation de Dublin pour l'amélioration des conditions de vie et du travail est l'une des douze agences mises en place par la Commission européenne. Son conseil d'administration comprend des représentants des États de la Commission, des syndicats et du patronat. L'étude référencée a été menée par Pascal Paoli et Damien Mérié en avril 2001.

tillon important – plus de 21 000 personnes dans l'ensemble des pays européens – sur leur perception de leurs conditions de travail. En 2001, 47 % jugent leur position de travail pénible, contre 43 % en 1990 ; 56 % déclarent travailler à grande vitesse, contre 48 % en 1990 ; 60 % se disent soumis à des délais serrés, contre 50 % en 1990. Ces jugements subjectifs révèlent des tendances lourdes, confirmées dans toutes les études sur la souffrance au travail : 33 % des salariés déclarent souffrir du dos, 28 % de stress, 23 % d'épuisement. L'accélération des rythmes de travail dépend largement des modifications de l'organisation. Pour 67 % des salariés, le rythme de travail dépend directement du client, contre 48 % des collègues et seulement 38 % des supérieurs hiérarchiques. Le nombre de salariés ayant des horaires fixes diminue constamment. Dans le même temps, la proportion de ceux qui affirment dépendre de consignes strictes augmente, expression de l'ambiguïté de la « modernisation » des conditions de travail, entre un discours qui assimile la flexibilité à la liberté et des pratiques qui intensifient les contrôles, les prescriptions et les exigences.

La bétaillère

Ned Allen est dans la galère : licenciement, divorce, perte de son logement, problèmes financiers. « C'est ainsi que j'ai atterri à PC Solution, le supermarché de l'informatique à votre domicile. J'étais affecté au "département software". La grande salle avait reçu le nom de "bétaillère" parce qu'elle était divisée en plusieurs séries de box minuscules équipés d'un moniteur, d'une chaise et d'un casque. 120 cachots dans lesquels les forçats du téléphone étaient affectés à la vente. La camelote à placer était un kit à 329 dollars et quelques. J'étais payé 5 dollars de l'heure,

40 heures par semaine, pas d'heures sup, pas de couverture sociale. Mais je touchais 10 % sur chaque kit placé. Le rendement minimal était de 15 unités à la semaine. Si je ne l'atteignais pas, j'étais viré, sans discussion [...] Le problème, c'était qu'un seul interlocuteur sur vingt se laissait approcher. Au total, donc, il fallait compter sur cinq appels par jour, guère plus, pour avoir une chance de placer une vente. Avec le minimum de 15 unités placées, on comprend mieux l'angoisse permanente qui planait sur la bétaillère.

Il y avait des moments où, levant mon regard fatigué de l'écran et m'étirant discrètement sur ma chaise, je surprenais toutes ces têtes ployées dans une course effrénée aux résultats et je me disais : "Voici la taule du futur. Un bagne pour travailleurs comme ces usines textiles vers 1900 où la question était de survivre aux cadences infernales ou de mourir à la tâche. L'exploitation absolue à l'ombre du cyberespace." »

Source : Douglas Kennedy, *Les Désarrois de Ned Allen*, Paris, Belfond, 1999 (trad. Bernard Cohen).

L'exploitation est toujours d'actualité. Mais elle apparaît moins visible dans la mesure où la mobilisation psychique est plus importante. La flexibilité sollicite des qualités nouvelles de la part des personnes. « Il importe que chacun partage le souci de la production et de sa régulation ; les dispositions relationnelles sont jugées déterminantes dans le service à la clientèle et le fonctionnement des équipes. Les moments et les critères de l'évaluation du travail accompli sont souvent plus diffus, l'activité perd de sa contenance [...]. La disponibilité au client ou au flux de production, sous la pression de l'urgence, devient un principe directeur de l'activité » (Périlleux, 2001). Les conséquences personnelles de la flexibilité exigent mobilité, disponibilité, acceptation de l'incertitude, implication dans le travail, goût de la complexité, mobilisation mentale et psychique, adaptabilité, capacité à la reconversion. Autant de qualités stimulantes pour un esprit combatif, compétitif, ambitieux, mais qui obligent à être constamment en mouvement et à accepter sans réserves les exigences de l'entreprise [1].

L'accroissement des horaires d'ouverture, la flexibilité, le raccourcissement des délais de livraison, les rémunérations des salariés indexées sur la satisfaction du client sont d'autant d'éléments qui accentuent la pression permanente subie par les employés. Dans le modèle hiérarchique et disciplinaire, les conditions de travail étaient certes pénibles, mais la solidarité entre les employés en atténuait les effets psychologiques. La communauté des travailleurs fournissait un étayage pour supporter les contraintes. Cette solidarité organique s'affaiblit. La tentation du « chacun pour soi » est d'autant plus forte qu'elle est encouragée par l'avancement au mérite, la menace des plans sociaux, la diversité des statuts, la mobilité verticale et horizontale et l'individualisation des rémunérations. Les revendications collectives sont désamorcées au profit d'un encouragement à la négociation individuelle des situations. La violence des conditions de travail se déplace massivement à un niveau psychologique.

1. Voir le récit d'un chef de rayon de Carrefour qui, pour moins de 1500 euros par mois, se dévoue corps et âme à son entreprise (Philonenko et Guienne, 1997), ou encore celui d'Hélène Weber (2005) sur l'adhésion à McDonald's.

Les violences innocentes

Dans l'exemple des établissements Chausson, la duplicité de la direction générale est évidente. Chaque plan social contribuait à conserver « les meilleurs », sur lesquels pesait une exigence de productivité accrue, et à justifier l'exclusion des autres, pour insuffisance de rendement. Rappelons que la décision de fermeture avait été prise dès l'origine. L'alibi du manque de productivité servait de masque aux mensonges de la direction générale [1] et à la stratégie décidée par des actionnaires, en l'occurrence Peugeot et Renault.

Le déni de la réalité engendre chez les travailleurs une sidération, une révolte impuissante, une incompréhension totale et une incapacité de se défendre face à une destruction programmée pour des raisons non avouées. Il y a là une violence destructrice, présentée comme la conséquence d'une rationalité économique vécue comme totalement irrationnelle. Plus l'implication personnelle des salariés est sollicitée pour favoriser la « réussite » de l'entreprise, plus la vulnérabilité est grande face à un abandon de la production qui n'est en rien dû à une mauvaise productivité. Ce non-sens empêche d'entrer dans un travail psychique pour retrouver la confiance en soi et la sécurité permettant de s'investir dans un avenir nouveau. Ce sont les fondements mêmes de la vie subjective et sociale qui sont attaqués. La gestion managériale et le discours qui l'accompagne montrent ici leurs dangers. La destruction n'est pas tant le fait d'un comportement pervers que d'un choix stratégique, effet d'un système de pouvoir abstrait,

1. La direction de l'usine n'était pas au courant de la décision de fermeture.

éloigné du terrain, occupé par des personnes qui n'en subissent pas les conséquences.

Ce pouvoir opaque met en porte-à-faux le management de terrain qui partage la souffrance des salariés alors qu'il est perçu comme responsable de cette violence. En dehors du top management, les cadres intermédiaires sont souvent exclus du processus de décision. Alors qu'ils seraient prêts à s'investir dans la recherche de solutions alternatives, qui éviteraient la fermeture des sites ou l'application de plans sociaux drastiques. Au nom de la modernisation et de l'innovation, on leur demande de sacrifier leurs troupes. Ils vivent frontalement la contradiction entre des logiques industrielles et commerciales, qui permettent de mesurer la viabilité des activités dont ils ont la responsabilité, et les logiques financières qui conduisent à les supprimer.

Dans un contexte de réorganisation permanente, il faut sans cesse développer de nouveaux projets, de nouveaux sites, de nouvelles configurations, qui rendent obsolètes et archaïques les anciennes façons de faire, les techniques passées, les modalités d'organisation existantes et les hommes qui les mettaient en œuvre. D'autant que ces évolutions sont accompagnées d'un discours sur « les salariés incapables de s'adapter et d'innover, dépassés dans leur savoir, prisonniers de leur routine ». Autant d'arguments qui justifient leur mise à l'écart. Si les travailleurs ne sont pas flexibles, ils deviennent des travailleurs jetables (Abécassis et Roche, 2001). Non contents d'être licenciés, ils sont doublement disqualifiés. La responsabilité de leur licenciement est attribuée à un manque de productivité, alors qu'elle résulte d'une transformation des conditions de production et d'un manque de préparation de la part de l'entreprise.

De tout temps, les salariés se sont adaptés aux situations nouvelles. Ils sont parfaitement capables d'innover quand on fait appel à leur capacité réflexive et à leur imagination. Le discours sur l'archaïsme et la rigidité des employés apparaît dès lors comme singulièrement violent surtout vis-à-vis de salariés qui mettent leur intelligence au service de la production. *A fortiori* dans des organisations qui assortissent les impératifs de productivité à des normes de fonctionnement très strictes. « L'organisation du travail, incapable de résoudre la tension entre des logiques contraires, perturbe profondément les activités productives : les salariés sont livrés à ces contradictions et sommés de trouver des solutions. Il y a comme une sous-traitance aux salariés, même les plus subalternes, des problèmes que l'organisation ne parvient pas à résoudre » (Linhart *et al.*, 2002). Dans l'entreprise hiérarchique, lorsque l'employé était face à des exigences contradictoires, il faisait appel à son chef pour opérer un choix. Dans les organisations réticulaires, c'est à chacun de trouver des réponses aux incohérences du système. Et s'il n'y parvient pas, il a le sentiment d'être dépossédé, de ne pas être à la hauteur de ce qu'on lui demande. Il vit dans une insécurité permanente.

L'individualisation engendre la vulnérabilité qui favorise l'auto-accusation. Chacun se sent coupable de ne pas satisfaire des exigences toujours plus pressantes et d'autant plus difficiles à contester qu'elles émanent d'un pouvoir lointain, abstrait, inaccessible. On connaît rarement le visage et le nom des responsables de la gestion stratégique. Dans l'exemple Chausson, les décideurs sont des « personnes morales », en l'occurrence des représentants de Renault et de Peugeot. La décision est prise lors d'un conseil d'administration, en quelques minutes. Aucune discussion approfondie n'a eu lieu sur les conséquences financières, sociales et humaines de cette décision. Les *violences innocentes* sont des violences dont la source est brouillée par un système opaque. Elles se dissimulent derrière le paravent d'orientations stratégiques, de décisions qui, au départ, paraissent abstraites puisque leurs conséquences concrètes sont lointaines. Elles sont générées par des gens « bien », des personnes « morales », soutenues par la légitimité que confèrent la notabilité, les diplômes et l'assurance d'avoir raison. Violences « innocentes » puisque le droit lui-même vient les justifier et que l'État apporte son concours pour les mettre en œuvre.

Si ceux qui causent ces violences sont innocents, alors ceux qui les subissent deviennent coupables. Coupables de protester, coupables de résister, coupables de s'opposer. Leur lutte devient illégitime. Ce sont eux qui sont désignés comme violents. La domination de l'idéologie gestionnaire banalise la violence considérée comme la conséquence inéluctable de changements nécessaires, d'une modernisation obligée. Plutôt que de dénoncer la violence d'un système économique injuste et destructeur, chacun se débat dans la solitude face à des conditions de travail qui ne cessent de se dégrader, dans un contexte où les droits sociaux sont désignés comme des entraves à la performance. Pour Robert Castel (2003), ce sont des groupes sociaux entiers qui, aujourd'hui, perdent pied. Une grande partie de la classe ouvrière, privée de la possibilité de maîtriser son avenir, en est revenue à vivre « au jour la journée ». Jusque dans les années 1970, un ouvrier pouvait se dire que sa situation allait s'améliorer et que ce qu'il n'allait pas obtenir pour lui-même, ses enfants l'obtiendraient un jour. Chacun pouvait anticiper un avenir meilleur. La « modernisation » conduit à saper les fondements du progrès social en remettant en cause les droits sociaux attachés au travail. Ces droits qui ont assuré aux travailleurs la protection, c'est-à-dire la sécurité et un minimum d'indépendance sociale. Aujourd'hui, le patronat et les gestionnaires affirment que les protections sociales sont des obstacles au développement de l'économie. En fait, la flexibilité produit la précarité. Dès lors que les principes d'une protection sociale pour tous ne s'imposent plus, on rompt un principe essentiel : la prééminence de l'intérêt collectif et des valeurs de cohésion sociale sur le libre jeu des intérêts particuliers.

La privatisation des protections collectives remet en question le principe selon lequel chaque individu est semblable à tous les autres. Une société de semblables n'est pas une société d'égaux, mais une société qui reconnaît à chacun le droit à une existence sociale, c'est-à-dire un minimum de ressources et de protection. Pour Robert Castel, affirmer qu'il suffirait que l'individu soit libéré des contraintes étatiques et juridiques pour développer ses capacités et son esprit d'entreprise est un discours de classe. Seuls ceux qui ont des ressources peuvent s'affranchir d'un support collectif. En définitive, la « performance sans limites » a des effets mortifères. Elle justifie une course en avant perpétuelle et une compétition sans fin dans laquelle le besoin de puissance est justifié par la nécessité de survivre face à la puissance de ses concurrents. Il faut être en tête de la course, au risque de ne plus exister. L'obsession de la performance, la compétition pour être le meilleur, accroître ses marges, écraser ses concurrents, innover pour créer de nouveaux produits, engendrent une course folle en avant qui met le monde sous pression.

Chapitre 10

Une société d'individus sous pression

« – Comment un homme s'assure-t-il de son pouvoir ?
Winston réfléchit :
– En le faisant souffrir, répondit-il.
– Exactement. En le faisant souffrir. L'obéissance ne suffit pas. »

George Orwell, *1984*

Les évolutions technologiques pourraient libérer l'homme du travail. Elles semblent au contraire le mettre sous pression. Si elles allègent la pénibilité physique, elles accroissent la pression psychique. « Les techniques semblent éliminer l'homme et, de fait, elles en limitent l'usage. Mais la cause pour laquelle elles diffusent ce principe d'économie est la hausse irrésistible du prix de l'homme par rapport aux objets » (Cohen, 2000). Un ouvrier gagnait moins de 50 euros par mois au milieu du XIXe siècle. Il en gagne aujourd'hui plus de 1200 en travaillant deux fois moins. Ces gains de temps et d'argent ont été rendus possibles par un formidable accroissement de la productivité du travail. Tout se passe comme si ce que l'homme gagne en temps, il le paie en intensité, ce qu'il gagne en autonomie, il le paie en implication. Plus de responsabilités, donc plus de pouvoir ; ce que les Anglo-Saxons nomment l'*empowerment* le rend comptable de ce qu'il fait. L'allègement de la charge physique se compense par un investissement subjectif accru. « L'homme moderne, poursuit Daniel Cohen, découvre aujourd'hui qu'une société prospère n'est pas une société libérée du travail. Contrairement en effet à ce que pensent les théoriciens de la fin du travail, les techniques modernes ne remplacent pas l'homme. Elles exigent au contraire qu'il fasse plus de choses. À payer sept fois plus les ouvriers aujourd'hui qu'hier, le capital en veut pour son argent : il attend qu'ils fassent sept fois plus de choses également. »

D'où une pression, par le temps, par les résultats, mais aussi par la peur, qui a des conséquences redoutables. Elle engendre des comportements d'addiction, un stress structurel, un sentiment de harcèlement contre lequel il est difficile de se défendre, et des souffrances que l'on cache, au risque, si elles étaient exprimées, de se retrouver sur la touche.

La pression du toujours plus et la menace de perdre sa place

En 2003, un des cabinets de consultants les plus prestigieux, parmi les *big five*, annonce deux mesures. La programmation des diagnostics clients sera dorénavant réalisée par les consultants en deux jours, au lieu de trois. Les notes attribuées aux consultants pour l'évaluation seront toutes baissées. Que penser d'une telle décision ? D'un côté le « toujours plus » exigé du personnel (faire mieux en moins de temps), de l'autre le « toujours moins » attribué au personnel (accroître sa rentabilité sans accroître sa rémunération). Cet exemple est symptomatique dans la mesure où ce cabinet vend son modèle de gestion à toutes les grandes entreprises dans le monde entier. Il illustre trois phénomènes majeurs :

- la culture de l'urgence par le resserrement systématique du temps et l'obligation de réagir « dans l'immédiat », qui correspond à une intensification de la mondialisation et de la concurrence (Aubert, 2003 *a*) ;
- les illusions de la motivation par les résultats, dans la mesure où les entreprises ne peuvent pas (ou ne veulent pas) assumer leurs propres engagements lorsque les employés vont « au-delà des attentes ». On révise les objectifs à la hausse en ce qui concerne les contributions demandées et à la baisse en ce qui concerne les rétributions proposées ;
- la peur d'être mis sur la touche, en interne, par la technique de la placardisation, et à l'extérieur par des pressions multiples qui vont du licenciement direct à la démission forcée. La menace est devenue une politique courante de gestion du personnel (Lhuilier, 2002).

Dans l'entreprise managériale, l'incertitude constitue moins une ressource, comme l'avaient montré Michel Crozier et Erhard Friedberg (1977), qu'une menace. Ne pas savoir si on vous accordera les moyens demandés, si le dépassement de budget sera accepté, si la promotion attendue sera accordée. Les cadres et les employés ont le sentiment de ne plus contrôler leur environnement de travail et leur avenir. La menace consiste surtout à ne plus savoir sur quels critères reposent les récompenses et les sanctions. Les réussites et les échecs n'étant plus objectivables à partir d'éléments concrets, l'incertitude recouvre la peur d'être désavoué et de se retrouver sur la touche. Lorsque la lutte des places fait rage, la crainte d'être mis « hors jeu » est permanente. « Car un risque majeur réside évidemment aujourd'hui dans la possibilité de ne plus faire partie du jeu organisationnel. En même temps, se développe l'idée selon laquelle faire partie du jeu est en soi une récompense. On se situe donc dans un système minimaliste, mais impitoyable, de lutte pour rester dans le jeu et si possible dans la course » (Courpasson, 2000).

L'acceptation du risque est un élément nodal dans la culture de l'entreprise. La lutte des places est naturalisée. Elle est considérée comme nécessaire et utile : que le meilleur gagne ! La force de ce système de pouvoir est évidente. Il se présente comme juste et non arbitraire, puisque ce n'est pas l'organisation qui est en définitive responsable de la place attribuée à chacun, mais le « mérite » de chacun qui est censé déterminer la place occupée. Dans ce contexte, celui qui perd sa place, ou n'obtient pas celle qu'il convoite, ne peut s'en prendre qu'à lui-même. Les autres étant « meilleurs », il est normal qu'ils soient choisis. La logique du marché s'impose dans la gestion des ressources humaines. La concurrence entre les personnes conduit à focaliser l'attention sur les performances des uns et des autres et à désamorcer les critiques sur les performances du système d'organisation. Celui-ci se trouve dédouané de toute responsabilité, comme ceux qui en assurent la direction. Le top management bénéficie d'un écran protecteur. La concurrence n'est pas perçue comme un système de gouvernement, mais comme un mode de fonctionnement normal lié à la nature des choses. La menace de perdre sa place est vécue comme le lot commun de tous les salariés. La logique *up or out* (soit tu montes, soit tu pars) est considérée comme normale. Elle pousse chacun à se dépasser pour « le système » afin d'assurer sa pérennité. On perçoit le marché de dupes : la finalité devient la survie de l'entreprise pour laquelle chaque salarié peut être amené à sacrifier la sienne.

L'entreprise attend de ses employés qu'ils soient forts, dynamiques, compétents, disponibles, sûrs d'eux, capables de faire face aux contradictions et de remplir des objectifs toujours plus ambitieux. *Above expectations*, peut-on lire parmi les critères d'évaluation utilisés pour mesurer les compétences. Il faut être « au-delà des attentes » pour être apprécié. Le contexte suscite une pression continuelle, un sentiment de ne jamais en faire assez, une angoisse de ne pas être à la hauteur de ce que l'entreprise exige.

Dans certains cas, la condamnation à réussir est sous-tendue par une menace objective. L'absence de résultats se paie par une mise à la porte immédiate. La plupart du temps, il s'agit surtout d'une obligation intériorisée. Celle-ci ne serait pas aussi impérieuse si elle n'était relayée par un soubassement inconscient. Le système managérial suscite un modèle de personnalité narcissique, agressif, pragmatique, sans état d'âme, centré sur l'action plutôt que la réflexion, prêt à tout pour réussir. L'employé projette sur l'entreprise son propre idéal de toute-puissance et d'excellence et, simultanément, introjecte l'idéal d'expansion et de conquête proposé par l'entreprise. Il y a comme une osmose entre les objectifs de l'entreprise et le fonctionnement psychique de l'agent qui identifie sa réussite personnelle aux résultats de son entreprise. Il croit que celle-ci va pouvoir assouvir ses propres fantasmes, en particulier la mégalomanie d'être le plus fort, le plus grand, le plus puissant. Mais la jouissance du pouvoir a son revers, l'angoisse de la perte d'objet. Angoisse archaïque qui révèle la peur de perdre l'amour de l'être aimé. D'où une tension permanente pour être à la hauteur de ses exigences.

Les nouvelles pathologies du travail

> Alain, 40 ans, ingénieur commercial chez un grand constructeur informatique, a fait une belle carrière. Jusqu'au jour où, concurrence oblige, ses objectifs ont été révisés à la hausse. Pression, stress, insomnies, le cycle infernal s'enclenche. Alain se met au Prozac, puis il augmente les doses, puis il passe à la cocaïne. Deux ans plus tard, c'est l'overdose et la cure de désintoxication.
>
> Cette histoire n'a rien d'exceptionnel. Selon Patrick Laure, chercheur au CHU de Nancy, un cadre sur cinq, aujourd'hui, est dopé. « La prise de psychotropes – antidépresseurs, tranquillisants –, autant que celle de vraies drogues, reflète une culture de la conquête qui devient nécessairement une culture de l'anxiété. Le fait que ces médicaments soient utilisés pour renforcer les capacités corporelles et psychiques exprime la recherche forcenée de tenir le coup dans la compétition. » Lorsque la pression est trop forte, la tentation est grande d'avoir recours à des produits pour la supporter.
>
> Source : P. Laure, *Les Drogues de la performance*, CHU de Nancy, 1998.

Les conséquences psychopathologiques de ces situations sont aujourd'hui connues (Aubert et Gaulejac, 1991 ; Ehrenberg, 1992 ; Dejours, 1998). En particulier la dépression, l'épuisement professionnel et l'addiction au travail. La dépression est souvent larvée, dissimulée, puisqu'il faut toujours paraître en forme. On ressent un malaise diffus, un « ras-le-bol », un sentiment de lassitude, l'impression de ne pas arriver à faire face. On ne se sent pas vraiment malade mais « pompé ». L'épuisement professionnel présente des symptômes équivalents. Le terme anglais qui le désigne est intéressant. Le *burn out* survient lorsqu'on s'est trop évertué à atteindre un but irréalisable. On est consumé de l'intérieur. L'appareil psychique est alors comme un élastique trop tendu, comme s'il n'avait plus de ressort. L'épuisement professionnel va de pair avec un surinvestissement du travail. Les psychiatres reçoivent de plus en plus de patients « drogués » par leur activité professionnelle [1].

Les *work addicts* développent un rapport d'assuétude au travail présentant les mêmes symptômes que celui des drogués. Dans un premier temps, l'hyperactivisme a des effets psychostimulants : hyperstimulation sensorielle, gratifications narcissiques, fort étayage groupal sur l'entreprise, fantasme de fusion entre le Moi et l'Idéal, etc. Mais très vite, d'autres effets se font sentir, comme l'impossibilité de se détendre, le besoin incoercible d'activité, la migraine du week-end, l'angoisse des vacances, l'affaiblissement des capacités créatrices et fantasmatiques (Guiho-Bailly et Guillet, 1996). Un cadre de Xerox nous racontait qu'il ne prenait plus que deux semaines de vacances consécutives. Auparavant, il en prenait trois. La première, il décompressait, la seconde, il était malade, et la troisième, il se remettait en condition pour retrouver le rythme et la pression du travail. Il avait donc préféré supprimer celle du milieu. On constate d'ailleurs un rétrécissement généralisé des vacances longues. Pour les drogués du travail, l'état de manque peut devenir dramatique en cas de rupture du lien avec l'entreprise. Tel ce cadre qui

1. Dès 1979, Max Pagès avait décrit ce phénomène dans le chapitre « Le travail comme drogue » dans l'ouvrage *L'Emprise de l'organisation*.

continuait à venir dans son entreprise tous les jours, six mois après son licenciement.

Les caractéristiques de l'hyperactivité au travail ont fait l'objet de recherches en France (Brustein, 1999) et au Québec menées par Jacques Rhéaume et Marie-France Maranda. L'hyperactivité est une surcharge de travail qui s'installe durablement parce qu'elle est considérée comme normale et acceptée volontairement. Elle est vécue comme une réponse à une exigence de l'organisation, même si elle résulte en fait d'un « choix » personnel, dans un contexte où les critères pour définir la charge de travail sont flous ou inexistants. Elle est source de fierté tout en s'accompagnant d'une plainte peu convaincante de « victimisation » : « je n'en peux plus », « je suis épuisé », « je n'ai plus de temps à moi ». Elle traduit un surinvestissement dans le travail qui vient combler un sentiment de manque. Face aux exigences de la gestion managériale, les travailleurs ont le sentiment qu'ils n'en font pas assez. Comme si le travail réalisé n'était jamais satisfaisant. La combinaison d'une attente de reconnaissance inassouvie, de critères flottants définissant concrètement le travail à faire et de l'incertitude face à la logique d'obsolescence, produit un sentiment de menace. « Alors se produit l'imprévisible : au lieu d'un désinvestissement ou d'un retrait relatif de la personne, c'est l'hyperactivité au travail qui se manifeste, exacerbée, comme une façon de se protéger et de défendre le métier qui apparaît menacé. » [1] Tentative illusoire pour répondre à l'incomplétude narcissique, aux exigences infinies de performance et aux menaces de licenciement, l'hyperactivité devient, comme le stress, un symptôme banal tant il paraît répandu.

1. Jacques Rhéaume, « L'hyperactivité au travail : entre narcissisme et identité », in Aubert (dir.), 2004.

Le stress, stimulant ou maladie ?

La définition du stress reste relativement vague [1]. Empiriquement, on évoque un sentiment diffus de malaise et d'anxiété à travers l'expérience de situations de travail qualifiées de stressantes. On distingue des événements soudains et bouleversants qui ont un effet parfois traumatisant mais ponctuel, et des situations permanentes, vécues quotidiennement, qui sont moins spectaculaires mais extrêmement nocives. Le phénomène est alarmant quand le stress devient chronique. Selon Pierre Marty, fondateur de l'École de psychosomatique de Paris, la décharge des tensions induites par le stress permanent provoque des souffrances psycho-émotionnelles – angoisse, dépression, troubles du sommeil et de la sexualité – et des troubles somatiques plus ou moins graves – hypertension, altération des défenses immunitaires, ulcères, maladies cardiovasculaires (Marty, 1976).

Dans l'entreprise « performante », le stress n'est pas considéré comme une maladie professionnelle mais comme une donnée quasi naturelle à laquelle il convient de s'adapter. Il est tellement répandu que la « résistance au stress » est exigée comme une qualité nécessaire pour réussir.

1. Nicole Aubert et Max Pagès sont les premiers en France à avoir analysé le stress comme un phénomène social, rompant ainsi avec les études d'inspiration nord-américaine considérant « les facteurs de stress » dans une perspective béhavioriste. Le stress est un processus à plusieurs niveaux, dont l'origine et l'extension sont liées aux transformations des modes de management. Les auteurs mettent en évidence qu'au-delà des situations objectives, c'est surtout l'absence de maîtrise sur l'organisation de son travail qui est un facteur déterminant de stress (Aubert et Pagès, 1989).

Plutôt que de s'interroger sur ses causes, on apprend à « le gérer ». Cette gestion consiste à l'apprivoiser par des exercices ou des gadgets : relâchement des épaules, respiration ventrale, relaxation, méditation, massages, balles en caoutchouc « anti-stress », caisson permettant de mesurer les capacités de résistance, etc. Dans ce domaine, l'imagination des experts est sans limites. Ils n'essaient pas de résoudre le problème en s'attaquant à ses causes. Ils le considèrent comme un mal nécessaire auquel il convient de s'adapter en canalisant ses effets les plus nocifs.

Le Bureau international du travail publie chaque année un rapport qui montre l'accroissement du phénomène. Le dernier rapport indique qu'une personne sur dix souffre de stress dans le monde, trois sur dix de troubles mentaux et que 5 % des départs de l'entreprise sont dus à la dépression. Selon les chiffres de l'Agence européenne pour la sécurité et la santé au travail, 28 % des salariés européens seraient touchés, soit 41 millions de travailleurs, dont une majorité de femmes. Le stress arrive juste derrière le mal de dos comme problème de santé lié au travail. Il est la cause de 24 % des crises cardiaques. Il favorise le cancer, provoque une surconsommation de tabac, d'alcool et une mauvaise alimentation. Il est une des causes majeures de la dépression et conduit parfois au suicide [1]. Dans cette étude, les causes invoquées sont l'absence de contrôle de l'employé sur son travail, la répétition des tâches, la pression des délais et des cadences, l'environnement (bruit, émanations toxiques) et l'exposition à la violence. Le coût humain et économique

1. Étude citée par Anna Diamantopoulou, commissaire européen aux Affaires sociales, à l'occasion du lancement de la campagne « Pour la prévention du stress d'origine professionnelle » au Parlement européen, en juillet 2002. Étude réalisée par Eurostat, Agence européenne pour la sécurité et la santé au travail, basée à Bilbao en Espagne.

du stress professionnel représente 20 milliards d'euros par an en perte de productivité et en coûts médicaux, sans compter l'absentéisme qu'il engendre.

Dans une étude effectuée auprès de 700 dirigeants et cadres dirigeants d'entreprises françaises, Jean-Benjamin Stora indique que 46 % se considèrent comme « hyper-stressés », 32 % ont des troubles cardiovasculaires, 63 % de l'asthénie, 24 % des troubles du sommeil et 12 % des troubles gastriques. Les causes évoquées de ces troubles sont diverses : la mise en œuvre d'objectifs irréalistes, les conflits entre les membres de la direction, les relations avec les différentes structures de l'organisation, les rythmes de travail, les efforts d'adaptation dans les moments de croissance rapide, la concurrence entre collègues, etc. (Stora, 1998). La liste est intéressante dans la mesure où elle décline parfaitement l'ensemble des fonctions d'un manager, comme si le stress était inhérent à la fonction elle-même. Cette liste montre que le stress n'est pas principalement la conséquence d'une crise, d'une situation passagère ou d'une mauvaise conjoncture. Il est généré par le fonctionnement même de l'entreprise.

Le stress ne touche pas seulement les cadres et les dirigeants, même si c'est celui dont on parle le plus. Les médecins du travail sont de plus en plus nombreux à démontrer le lien entre les nouvelles formes d'organisation du travail et l'aggravation des troubles de santé des salariés. Le département d'épidémiologie de l'Inserm de Toulouse a mené une étude auprès de 30000 salariés qui fait apparaître une aggravation sensible des symptômes liés aux conditions de travail et plus précisément au stress qu'elles provoquent chez les salariés des catégories les plus défavorisées (Delberghe, 2002).

Face à ce qui devrait être considéré comme une épidémie,

les réactions des pouvoirs publics et des entreprises sont plutôt discrètes, pour ne pas dire inexistantes. C'est à chaque travailleur de se « soigner », comme s'il était entendu qu'il s'agit là d'un symptôme d'une vulnérabilité psychique nécessitant un soutien psychologique ou une aide médicale. C'est le patient qui doit en tirer les conséquences et apprendre à vivre avec. Les conditions de travail qui le provoquent ne sont pas mises en cause. Bien au contraire. Du côté de l'entreprise, on prétend que le stress a un caractère stimulant, qu'il faut apprendre à le transformer en « stimulation positive », qu'une dose de « bon stress » favorise la performance. Le stress est banalisé ou présenté comme la conséquence de comportements individuels, au même titre que le harcèlement moral.

Harcèlement moral ou morale du harcèlement ?

3 millions d'Européens seraient victimes de harcèlement sexuel, 12 millions de harcèlement moral, indique Anna Diamantopoulou dans son rapport au Parlement européen. Le débat sur le harcèlement moral a mis en lumière l'intensité du malaise dans le monde du travail. Le succès du livre de Marie-France Hirigoyen (1998) a servi de révélateur sur l'importance de cette souffrance sociale. En particulier, sur le lien entre la souffrance psychique, habituellement confiée à un psychiatre dans le secret de son cabinet, et des situations de travail vécues au quotidien. Le retentissement de son ouvrage conduira le Parlement à légiférer. « Constituent un harcèlement moral les agissements répétés qui ont pour objet ou pour effet une dégradation des conditions de travail d'un salarié susceptible de porter atteinte à ses droits et à sa dignité, d'altérer sa

santé physique ou mentale, ou de compromettre son avenir professionnel. Le harcèlement moral peut être le fait de l'employé, d'un supérieur hiérarchique ou de tout autre collègue. »[1] La loi stipule qu'une procédure de médiation peut être engagée par toute personne de l'entreprise s'estimant victime de harcèlement moral ou sexuel.

La reconnaissance légale de la violence faite à des salariés est un progrès notable. La loi met en cause des comportements singuliers, des agissements pervers qui existent certainement et qu'il convient de condamner. Mais, ce faisant, elle occulte les causes profondes du harcèlement. Elle contribue à individualiser le problème. Elle minimise le fait que les comportements de harcèlement, du côté du harceleur comme du côté des victimes, sont la conséquence d'une pression généralisée qui se développe dans le monde du travail.

Faut-il pour autant parler d'organisation perverse, au risque de tomber dans le piège de l'anthropomorphisme organisationnel ? Une organisation n'a pas de tête, ni de bras, ni un cœur, contrairement aux images largement répandues dans certains ouvrages de gestion. Elle n'a pas non plus d'appareil psychique, d'intelligence ou de sentiments. Toutes les métaphores qui attribuent à l'organisation des caractéristiques humaines laissent croire que les conflits qu'elle génère pourraient être résolus de la même façon que l'on traite les problèmes somatiques ou psychosomatiques. Si l'organisation est une production humaine, elle n'obéit pas aux mêmes lois que la biologie et la psychologie. Une organisation n'est ni névrosée, ni paranoïaque, ni perverse. En revanche, son mode de fonctionnement peut

1. Article 168 de la loi 2002-73 du 17 janvier 2002, *Bulletin officiel* de janvier 2002.

susciter chez les employés des comportements névrotiques, paranoïaques ou pervers (Enriquez, 1998). En particulier, elle peut mettre en œuvre des modes de management qui favorisent le harcèlement moral, c'est-à-dire des relations de violence, d'exclusion, de mise en quarantaine.

Un contexte violent et paradoxal dans lequel les règles du jeu sont incertaines, le cadre instable, les formes de sanction ou de reconnaissance mouvantes, les promesses non tenues, peut susciter des comportements sadomasochistes, sentiment de toute-puissance pour les uns, soumission inconditionnelle pour les autres, et bien d'autres formes de perversions. On sait que la pratique du double langage peut rendre fou. Lorsque l'ensemble du système d'organisation devient paradoxal, alors qu'il se présente comme parfaitement rationnel, les employés « pètent les plombs », selon l'expression consacrée. Il convient donc d'analyser cette « folie » comme une violence plutôt que comme une pathologie. La souffrance psychique et les problèmes relationnels sont les effets des modes de management. La notion de harcèlement moral tend à focaliser le problème sur le comportement des personnes, plutôt que sur les processus qui les génèrent. Lorsque le harcèlement, le stress, la dépression ou plus généralement la souffrance psychique se développent, c'est la gestion même de l'entreprise qui doit être interrogée. Dans la plupart des cas, le harcèlement n'est pas le fait d'une personne particulière mais d'une situation d'ensemble.

La majorité des employés se sentent individuellement harcelés parce qu'ils sont collectivement soumis à une pression intense [1]. Mais faute de pouvoir intervenir sur les

1. Rapport du Conseil économique et social présenté par Michel Debout (2001).

méfaits de l'organisation du travail, ils s'agressent entre eux, jusqu'à s'en prendre à eux-mêmes, comme dans les expériences d'Henri Laborit. Lorsqu'un rat, enfermé dans une cage, reçoit une décharge électrique, il agresse son « collègue ». S'il est seul, il développe des troubles psychosomatiques (Laborit, 1999). Faute de pouvoir agir sur les causes de la souffrance, en l'occurrence l'expérimentateur qui provoque les décharges, il retourne les armes contre lui. Dans le monde du travail, les mêmes processus sont à l'œuvre. Mais ici, l'expérimentateur est une figure abstraite. On peut accuser « le capitalisme », « le libéralisme », « le système », mais on n'a aucune prise sur lui. La hiérarchie, comme les collaborateurs et les subordonnés, sont pris eux aussi dans une pression permanente qu'ils n'arrivent pas à contrôler. Chacun essaie de décharger son agressivité sur l'autre, contribuant ainsi à renforcer la logique du « sauve qui peut ».

Pouvoir focaliser le sentiment de harcèlement sur une personne est rassurant, comme s'il suffisait que cette personne change de comportement pour résoudre le problème. C'est occulter un fait majeur : dans l'entreprise hypermoderne, tout le monde est mis sous tension. Chacun subit et exerce des pressions, dans une chaîne sans fin où chaque maillon peut se trouver dans une position de harceleur ou de harcelé. Le harcèlement ne peut être traité comme un problème strictement comportemental (Cru, 2002)[1], même s'il a des effets psychologiques. Une politique de prévention doit prendre en compte le contexte organisationnel qui le fait émerger. « Pour libérer la parole et prévenir le harcè-

1. Damien Cru est responsable du pôle « Santé et travail » à l'ARACT (Agence régionale pour l'amélioration des conditions de travail d'Île-de-France).

lement, il faut redonner force au cadre symbolique : que soit prise en compte la souffrance du sujet dans une organisation du travail soumise à des dérégulations de plus en plus fortes » (Giust, 2002). Il convient en particulier de lutter contre les politiques de gestion des ressources humaines qui génèrent le harcèlement.

Une quête éperdue de reconnaissance

En effet, la cause majeure du harcèlement est à rechercher dans les trois tendances managériales qui mettent l'ensemble du système d'organisation sous pression : l'écart entre les objectifs fixés et les moyens attribués ; le décalage massif entre les prescriptions et l'activité concrète ; l'écart entre les récompenses espérées et les rétributions effectives. Du côté de l'entreprise, le management de projet, l'avancement au mérite, la qualité totale, le zéro défaut, les flux tendus, l'individualisation des gratifications et la flexibilité sont autant de procédures qui mettent en concurrence les individus dans une exigence de faire toujours mieux. Lorsque chacun est invité à se défoncer pour atteindre ses objectifs, le désir de réussite personnelle et la peur d'échouer sont exacerbés. D'autant que les critères de succès sont de plus en plus exigeants et les risques de l'échec de plus en plus présents. La réussite ne peut être que temporaire dans un univers où la compétition oblige à des prouesses constamment renouvelées.

Dans ce contexte, chacun entre dans une quête éperdue de reconnaissance. L'entreprise prétend fournir à ses employées un cadre de vie, un projet de développement personnel, une activité prenante, un système de gratification et tout un ensemble de dispositifs qui permettent de s'impliquer dans le travail, de s'identifier à ses résultats, de se mobiliser psychiquement sur ce qu'elle représente. Comme une mère toute-puissante, elle répond fantasmatiquement au désir d'être totalement comblé par un même objet. Mais la satisfaction de ce désir est une illusion. Y croire, c'est se confronter à l'angoisse de perte d'objet : la peur de perdre les gratifications, de ne plus être à la hauteur des attentes de l'entreprise, tout comme un enfant a peur de perdre l'amour de sa mère. Cette angoisse survient lorsque « le sujet imagine que son objet anaclitique risque de lui faire défaut, de lui échapper », selon la définition de Jean Bergeret (1996). L'objet « anaclitique » est l'objet sur lequel le sujet s'appuie pour son développement psychique. Cela peut être une personne, mais également une institution, une entreprise, un groupe.

Face à l'angoisse, le mode privilégié de défense est le repli sur soi et l'activisme forcené. Certains deviennent des agents dociles de l'organisation en se laissant totalement instrumentaliser. Le travail devient une obsession, ils se concentrent sur leurs objectifs, toute distraction est vécue comme un dérangement insupportable. La tension crée des conditions propices au harcèlement, soit dans une position perverse dans laquelle les autres sont perçus comme des objets utilitaires, soit dans une position masochiste de victime dans laquelle l'autre est source d'une souffrance dont on ne veut plus se passer, soit dans une position paranoïaque dans laquelle l'autre est perçu comme un persécuteur. Le vécu de ces différentes positions est lié à des composantes psychiques déjà présentes. Les uns ont une propension à se positionner en exécutants dociles de la volonté d'autrui, les autres en victimes ou encore en bourreaux. En définitive, ce sont les conditions de travail qui sollicitent et favorisent tel ou tel fonctionnement psychique.

Tous les ingrédients sont présents pour favoriser un contexte de harcèlement généralisé. Pour Daniel Sibony, la violence dans nos sociétés est forcément harcelante parce que répétitive. La perversion n'est pas la dominante majeure de cette violence. C'est plutôt du côté de la demande de reconnaissance, de ce qu'il nomme « l'entre-deux-chocs narcissiques » qu'il faut comprendre ce type de violence, « car bien souvent les gens déclenchent une angoisse agressive dès lors que leur cadrage narcissique est menacé ou qu'ils le croient tel » (Sibony, 1998).

Dans l'univers managérial, le narcissisme est l'instance psychique la plus sollicitée, à l'encontre de l'univers hiérarchique qui s'adressait de façon massive au Surmoi. Le contrat de travail y est moins fondé sur le droit que sur une attente de reconnaissance réciproque. C'est un contrat narcissique (Aulagnier, 1981) par lequel l'employé investit sa libido dans un ensemble dont il devient partie prenante et qui lui offre reconnaissance et idéalisation. L'individu attend de l'entreprise qu'elle favorise son accomplissement, l'entreprise attend de l'individu qu'il adhère totalement à ses objectifs et à ses valeurs. Ce contrat narcissique crée une osmose intense entre l'individu et son entreprise, osmose qui perdure tant que l'entreprise lui apporte les gratifications qu'il attend. Lorsque ce contrat fantasmatique est rompu, émergent le ressentiment, la perte de confiance, le rejet, le dépit et la démobilisation psychique. « En réalité, le ressentiment s'installe non en raison du fait que le travail demande trop aux sujets mais plutôt parce qu'il ne leur donne ou ne leur rend pas assez. À ceux qui acceptent de s'offrir sans compter, le plus souvent dans l'anonymat social et à leurs risques et périls, on mesure chichement la reconnaissance, on dénie la compétence et l'on conteste l'initiative quand elle bouscule les pouvoirs » (Clot, 1999).

Il y a là une contradiction majeure: plus on obtient de la reconnaissance par les promotions et les primes, plus on monte haut dans les sphères du pouvoir, plus la compétition fait rage et plus on risque de se retrouver sur la touche, rejoignant la cohorte des exclus de la reconnaissance. On peut parfois se retrouver dans un placard doré, mais les entreprises ont de moins en moins les moyens de garder ceux qui sont devenus inutiles. La maladie est alors une issue « honorable » pour l'entreprise, qui évite le licenciement, et pour le salarié, qui trouve un moyen de cristalliser une souffrance diffuse sur un symptôme précis.

« Un gagnant, ça produit immanquablement des perdants », écrit Albert Jacquard. Le culte de la performance repose sur l'illusion de la toute-puissance. Chaque individu, persuadé au fond de lui-même qu'il est le meilleur, adhère à une culture de la compétition qui célèbre le mérite individuel. Sûr de l'emporter, il ne voit pas qu'en fin de compte les perdants seront toujours plus nombreux que les gagnants et que le coût de la victoire est élevé. L'illusion narcissique rend aveugle sur les chances réelles de réussite, d'autant que l'exigence de réussite continuelle conduit obligatoirement à l'échec. La mise à l'écart des moins performants conduit à l'exclusion des plus âgés, des plus faibles, des récalcitrants et, en fin de compte, de tous ceux qui s'essoufflent.

L'externalisation des coûts psychiques et sociaux du travail

Le stress et l'exclusion sont considérés, du côté du management, comme des « facteurs externes » dans la mesure où ils concernent les individus et non l'entreprise.

Michel Albert le disait crûment : « Pour les entreprises, le chômage n'est pas un problème, c'est une solution. » C'est dire qu'elles n'ont pas besoin de se préoccuper du plein-emploi. Bien au contraire, un certain volume de chômage permet de compresser les salaires, de trouver facilement de la main-d'œuvre et d'affronter une combativité amoindrie de la part des salariés. Les plans sociaux sont aujourd'hui perçus comme le signe d'une politique dynamique de gestion des ressources humaines, du moins dans les grandes entreprises cotées en Bourse. Quand les effectifs baissent, les actions montent. Les dirigeants n'ont de cesse de demander plus de flexibilité et un allègement des charges. On entend, ici ou là, dire que les chômeurs sont responsables de leur situation, dans la mesure où ce sont eux qui refuseraient de travailler. Dans ce contexte, les dirigeants des entreprises peuvent se dédouaner de leur responsabilité, d'autant qu'ils menacent de les délocaliser si les pouvoirs publics leur imposent de prendre en charge les coûts sociaux de ces choix.

On peut constater les mêmes logiques à l'œuvre à propos des troubles psychiques. On connaît les difficultés pour faire reconnaître une maladie professionnelle. Il a fallu beaucoup de luttes pour que la responsabilité des employeurs soit reconnue et qu'ils soient condamnés à l'assumer. Seules les maladies dont on a fait la preuve qu'elles étaient directement provoquées par les conditions de travail sont considérées comme des maladies professionnelles. Dans le registre psychosomatique, ces preuves sont difficiles à apporter. Le lien entre des troubles psychiques et des conditions de travail stressantes ou harcelantes est difficile à démontrer. D'autant que d'autres facteurs, familiaux et personnels, interviennent toujours en la matière. Comment prouver qu'une dépression nerveuse, un ulcère à l'estomac ou un infarctus du myocarde sont la conséquence directe de la pression du travail ? La frontière est poreuse entre la maladie mentale et la souffrance liée à des conditions de travail dégradées. « La nébuleuse des pathologies psychosomatiques, qui n'a pas forcément une cause identifiable en termes de pathologie mentale, n'empêche que le recours répétitif au système de soins pour des affections somatiques sans cause organique est une des expressions courantes du mal-être social » (Lazarus, 1995).

Maladie ou malaise existentiel ? Pathologie ou violence des conditions de travail ? Dépression ou désespoir ? Comment qualifier les interfaces entre les symptômes éprouvés par les salariés, qui ont des effets somatiques et psychosomatiques, et les conditions de travail qui les génèrent ? Le stress ainsi que l'hyperactivisme sont des phénomènes sociaux avant d'être des « maladies » personnelles. Quand ils s'expriment sous forme de symptômes somatiques ou psychosomatiques, ils ressortissent à une approche médicale. Mais, à l'origine, le problème n'est pas médical. S'il se traduit par des symptômes individuels, il vient d'un malaise provoqué par les conditions de travail. Ses sources ne sont pas psychologiques. Elles sont inscrites dans un mode de fonctionnement de l'organisation qui « désorganise » les équilibres de base des employés et provoque une série de malaises qui disparaissent lorsque la pression du travail s'allège.

Doit-on, dans ces conditions, parler de maladies ? Que peuvent faire les médecins et les psychiatres face à ces phénomènes ? Peut-on accepter que l'assurance maladie assume le coût financier de ces « maladies » alors que c'est la pression du travail qui en est la cause ?

La réponse à ces questions est complexe. Entre l'idéologie humaniste (« la vie humaine n'a pas de prix ») et l'idéologie gestionnaire (« la santé a un coût »), le débat est ouvert. Mais on peut difficilement accepter qu'il se déroule hors de l'entreprise, alors que les conditions de travail sont un déterminant majeur de la souffrance psychique et sociale (Dejours, 1998). L'occultation de la responsabilité de l'entreprise dans ce domaine conduit à un double piège. D'un côté une aggravation continue des troubles et des dépenses de santé ; de l'autre un aveuglement sur la dégradation des conditions de travail et de ses conséquences sociales. Pour sortir de ce piège, il est urgent de rétablir les liens entre la gestion des ressources humaines et la santé mentale. Le paradoxe est à son comble quand on sait qu'aujourd'hui le système de santé est, lui aussi, obligé de se soumettre aux diktats de l'idéologie gestionnaire.

Nous l'avons vu, le pouvoir managérial a pour objectif de canaliser l'énergie psychique pour la transformer en force de travail. Il est de la responsabilité de l'entreprise de « gérer » les conséquences de ce mode de fonctionnement. Les processus de mobilisation psychique ont des conséquences sur la santé mentale de ceux qui la subissent. Pression pour ceux qui se laissent bercer par les sirènes de la réussite, dépression pour ceux qui n'arrivent pas à répondre aux exigences de la haute performance, stress pour tous ceux qui doivent supporter la culture du harcèlement. Les uns se dopent pour rester dans la course, les autres se médicalisent pour soigner leurs blessures, tous vivent dans l'anxiété et la peur. Tout se passe comme si les entreprises qui pratiquent ce type de management jouissaient d'une impunité totale quant à ses conséquences humaines, sociales et financières. C'est en définitive à la collectivité d'en assumer les frais, alors que ces mêmes entreprises se plaignent de payer trop de charges.

Pour sortir de cette contradiction, il serait utile de calculer les coûts économiques, sociaux et humains de la quête effrénée à la performance. Dans le même esprit, les dégradations de l'environnement devraient être réparées par ceux qui en sont la cause. La pollution, l'exploitation des ressources naturelles, les atteintes à la nature ont été considérées pendant longtemps comme les conséquences inévitables du développement industriel. Aujourd'hui, le monde est plus attentif à la nécessité de protéger notre planète. La protection de l'environnement devient une priorité.

La gestion devrait nous fournir des outils aussi performants, pour évaluer ces coûts sociaux et psychiques, que ceux qu'elle a créés pour évaluer les bénéfices et les pertes financières. Cette préoccupation serait le signe qu'elle n'est plus une idéologie au service du pouvoir dominant mais une science au service de l'intérêt général. En attendant, on peut être sûr qu'un allègement de la pression au travail permettrait de réduire les dépenses de santé qu'elle entraîne.

Halte au productivisme et à l'activisme forcené

L'obsession gestionnaire conduit à un activisme forcené qui ne supporte pas le moindre temps mort. Cette agitation permanente fait perdre le sens de la vie même. C'est ainsi que les inactifs ou les chômeurs sont considérés comme des oisifs ou des planqués qui n'ont pas vraiment le droit à une existence sociale. Honte à tous ceux qui ne s'investissent pas dans la productivité ! Honte à tous les désœuvrés, tous les contemplatifs, tous les « inutiles au monde » (Castel, 1995).

Pourtant, il devient évident que le monde va à sa perte si l'on ne change pas ce modèle de développement productiviste. Les débats sur le développement durable *(sustainable)* proposent une alternative à cette destruction annoncée. Certains y voient un progrès indéniable qui oblige les milieux économiques à prendre en compte l'environnement. D'autres une mascarade destinée à légitimer le productivisme. Selon ces derniers, « le développement durable, mis en scène à la conférence de Rio en 1992, est une "monstruosité verbale" caractéristique de "l'idéologie développementiste", qui fonde une entreprise agressive vis-à-vis de la nature comme vis-à-vis des peuples : œuvre à la fois économique et militaire de domination et conquête. Il nous faut renoncer à cette course folle vers une consommation toujours accrue [...] pour éviter la destruction définitive des conditions de vie sur terre, mais aussi et surtout pour sortir l'humanité de la misère psychique et morale. L'après-développement est la recherche de modes d'épanouissement collectif dans lesquels ne serait pas privilégié un bien-être matériel destructeur de l'environnement et du lien social. Cet objectif peut s'appeler l'*umran* (épanouissement) comme chez Ibn Khaldun, le *swadeshi-sarvodaya* (amélioration des conditions sociales de tous) comme chez Gandhi, ou le *hamtaare* (être bien ensemble) comme chez les Toucouleurs, l'important est de signifier la rupture avec l'entreprise de destruction qui se perpétue sous le nom de développement, ou aujourd'hui de mondialisation » [1].

On mesure le décalage entre la philosophie qui inspire ce manifeste et l'idéologie gestionnaire. L'une marquée par

1. Manifeste du Réseau pour l'après-développement (RAD), extrait de *Décoloniser l'imaginaire* de Serge Latouche aux Éditions Parangon. Cité par la revue *Partage*, n° 170, janvier 2004.

l'utopie d'un monde attentif aux besoins de l'humanité, l'autre par la recherche de la productivité. Pour lutter contre le culte de l'urgence et l'activisme forcené, il faudrait oser réhabiliter des valeurs désuètes et passées de mode, comme la lenteur et le désœuvrement. « Le désœuvrement consiste à affirmer l'existentiel comme finalité, plutôt que la production, la qualité de l'être au monde, plutôt que la puissance » (Blanchot, 1986). L'existentiel, c'est le registre du monde vécu, des sentiments, des émotions, des relations affectives, amoureuses, sociales. C'est une attention à l'écoute et à la parole. Non pas une parole réduite à un langage rationnel, mais une parole vivante, une parole qui chante, qui exprime les choses de la vie, la profondeur d'une existence humaine. Une parole qui se donne pour finalité d'enchanter le monde au lieu de l'enfermer dans des calculs, des programmes ou des classifications. Le monde vécu est à l'opposé du monde de la productivité et de la performance. Il célèbre le jeu plutôt que le travail, le plaisir des corps plutôt que la quête de résultat, la disponibilité à l'autre plutôt que la mesure des performances.

Alors que, des siècles durant, les hommes ont rêvé de se libérer de l'obligation de travailler, il est paradoxal de penser qu'aujourd'hui la libération passe d'abord par le travail, quitte à perdre sa vie à la gagner, comme beaucoup de nos élites qui déclarent avoir une vie infernale tout en se présentant comme un modèle pour les autres. L'idéal de la Grèce antique était de s'affranchir du travail. Rappelons-nous l'histoire des Indiens Tupi-Guarani qui avaient quitté leur terre parce qu'ils trouvaient insupportable de consacrer quatre à cinq heures par jour pour assurer leur subsistance. Ils sont partis en masse, à travers la jungle, à la recherche d'une terre idéale où ils pourraient vivre sans travailler autant. C'est cette terre mirifique que les Espagnols appelleront l'Eldorado.

> Le 17 août 1551, une flotte armée par le roi du Portugal accoste sur les côtes brésiliennes. À son bord, un certain Amerigo Vespucci. Il décrit un monde qui présente toutes les caractéristiques du paradis terrestre. « Le travail et les tourments n'y sont pas une obligation pour les hommes. Les arbres ne nécessitent aucun soin et donnent des fruits en abondance, les fleurs et les sources fournissent une onde pure, la mer grouille de poissons, la terre incroyablement féconde regorge de fruits succulents. Les hommes vivent encore dans une innocence totale. Ils ont une peau rougeâtre parce qu'ils vont tout nus de leur croissance à leur mort, et sont ainsi brunis par le soleil. Ils ne possèdent ni vêtement, ni parure, ni aucun bien propre. Tout appartient à la communauté, y compris les femmes [...] La pudeur et les commandements de la morale sont complètement étrangers à ces enfants de la nature, le père dort avec sa fille, le frère avec sa sœur, le fils avec sa mère. Ils ignorent les inhibitions, ce qui ne les empêche pas d'atteindre l'âge de cinquante ans, quand ils ne sont pas mangés avant... Le cannibalisme est en effet la seule caractéristique déplaisante. »
>
> Source : S. Zweig (1941), *Amerigo. Récit d'une erreur historique*, Paris, Belfond, 1992 (trad. Dominique Autrand).

Il faudrait revenir sur les raisons profondes qui ont conduit à la disparition d'une civilisation aussi idyllique. Au-delà de la nostalgie du monde sauvage, comment comprendre que l'esprit de conquête, de labeur et d'austérité l'emporte sur le goût de l'insouciance, du bonheur immédiat, du désœuvrement ?

Nous avons évoqué avec Marcel Gauchet une explication à l'activisme forcené de l'univers gestionnaire. En se voulant l'égal de Dieu, en assurant sa maîtrise sur la nature, en voulant posséder les choses, exploiter les ressources, accumuler les biens, l'homme a perdu son insouciance. Dans sa lutte contre l'angoisse de mort, il en oublie le sens de la vie. La quête du « toujours plus » le conduit à renoncer à la joie des moments présents.

« Ne rêvons pas ! » nous rappellent constamment les gestionnaires. Il faut être sérieux et réaliste. L'utopie est dangereuse. Il est vrai que la « fin du travail » est un mythe entretenu par quelques intellectuels qui ne sont pas menacés par la pauvreté ou le chômage. Dans notre société, c'est le travail qui apporte la sécurité, l'autonomie et les supports nécessaires pour exister socialement. Il pourrait donc paraître paradoxal de vouloir se libérer de ce qui apporte à chaque individu des moyens de subsister et d'exister. D'autant que c'est par le travail que l'homme a pu conquérir le confort, l'allongement de la durée de vie, la protection contre les catastrophes naturelles, une sécurité toujours relative mais globalement assurée. Ceux qui vivent encore hors de la sphère du travail « gestionnaire » aimeraient pouvoir partager tous ses « méfaits » pour sortir de la misère. Pour eux, la performance est, à l'évidence, synonyme de progrès et de bien-être.

Nous devons rappeler ces données pour ne pas entretenir une naïveté provocante ou un angélisme dévastateur. Le désœuvrement est un luxe. Il est insupportable pour celui qui a faim et invivable pour celui qui est stigmatisé. Lorsque les chômeurs sont accusés de se complaire dans l'assistance et de vivre sur le dos de la société, on voit le chemin qu'il reste à parcourir pour considérer le désœuvrement comme une finalité sociale. Là encore, il ne faut pas opposer l'objectivité des conditions d'existence (chacun a besoin de supports matériels pour exister socialement) aux éléments qui favorisent une subjectivité heureuse et donnent un sens à cette existence. Le travail est un moyen de subsistance et non la finalité de l'existence.

Ce rappel est d'autant plus nécessaire que l'école est devenue un système de lutte contre le désœuvrement. Dès le plus jeune âge, les enfants doivent apprendre à travailler plutôt qu'à « être ensemble », à emmagasiner des savoirs préconstruits plutôt que de vivre pleinement l'expérience de relations spontanées et conviviales qui fonde une communauté harmonieuse. L'école valorise l'application de programmes, la discipline, le classement, la compétition et la sélection, comme s'il convenait de préparer les enfants le plus tôt possible à entrer dans un monde de la production plutôt qu'à vivre en société. On pourrait rêver d'une autre école qui valorise l'éclosion d'une socialité primaire (être bien ensemble) et même la vie contemplative (Arendt, 1961), c'est-à-dire la spontanéité, le temps, la flânerie, le repos, la sensibilité, l'écoute des autres, la compréhension des différences…

> « Je condamne l'ignorance qui règne en ce moment dans les démocraties aussi bien que dans les régimes totalitaires. Cette ignorance est si forte, souvent si totale, qu'on la dirait voulue par le système, sinon par les régimes. J'ai souvent réfléchi à ce que pourrait être l'éducation de l'enfant. Je pense qu'il faudrait des études de base très simples, où l'enfant apprendrait qu'il existe au sein de l'univers, sur une planète dont il devra plus tard ménager les ressources, qu'il dépend de l'air, de l'eau, de tous les êtres vivants et que la moindre violence risque de tout détruire. Il apprendrait que les hommes se sont entre-tués

dans des guerres qui n'ont jamais fait que produire d'autres guerres et que chaque pays arrange son histoire mensongèrement de façon à flatter son orgueil. On lui apprendrait assez du passé pour qu'il se sente relié aux hommes qui l'ont précédé, pour qu'il les admire là où ils méritent de l'être, sans en faire des idoles. On essaierait de le familiariser à la fois avec les livres et les choses, il saurait le nom des plantes, il connaîtrait les animaux. Son éducation sexuelle comprendrait la présence d'un accouchement, son éducation mentale, la vue des grands malades et des morts. Il y a certainement un moyen de parler aux enfants de choses véritablement importantes plus tôt qu'on le fait. »

Source : Marguerite Yourcenar,
Les Yeux ouverts, Paris, LGF, 1981.

Qu'y a-t-il de plus important que d'enseigner aux enfants de vivre ensemble dans le respect de notre planète terre et dans le but de construire une société d'humains solidaires et non violents ? Il conviendrait, pour ce faire, de refuser la lutte des places qui oblige chaque individu à faire la preuve de son utilité pour avoir une existence sociale.

CHAPITRE II

Éclatement des classes sociales et lutte des places

> « Une société d'individus ne serait plus à proprement parler une société mais un état de nature, c'est-à-dire un état sans loi, sans droit, sans constitution politique et sans institutions sociales, en proie à une concurrence effrénée des individus entre eux, à la guerre de tous contre tous. »
>
> ROBERT CASTEL

L'EXIGENCE de mobilité est un dogme des sociétés libérales, au même titre que la flexibilité est exigée dans l'entreprise. L'individu hypermoderne doit être disponible pour changer d'emploi, de lieu, de mode de vie. Celui qui résiste est catalogué comme inemployable. L'adaptabilité permanente aux transformations socio-économiques devient une norme, en particulier dans le monde du travail où elle est énoncée comme une nécessité. La gestion managériale affirme que la mobilité est facteur de progrès dans la mesure où elle encourage l'initiative, le mérite individuel, la motivation pour réussir et une plus grande égalité des chances. Ce modèle s'oppose à la vision d'une société stratifiée, divisée en classes sociales, figée dans l'immobilisme. Cette opposition simpliste recouvre une réalité contradictoire. La société hypermoderne se caractérise par une instabilité des positions individuelles, facteur de mobilité, et une permanence du poids de l'origine sociale dans les trajectoires sociales, facteur de reproduction des inégalités. Nous avions évoqué, dans un ouvrage précédent, le fait que « la lutte des places se substitue à la lutte des classes » (Gaulejac et Taboada-Léonetti, 1994). Plus de dix ans après, le phénomène n'a fait que s'amplifier. Les classes sociales se désagrègent. Les individus sont confrontés à une lutte de plus en plus solitaire pour exister socialement. Les uns dans une compétition acharnée pour entrer dans l'élite, d'autres pour conserver des positions acquises ; d'autres enfin, confrontés à la désinsertion sociale, errent désespérément pour trouver ou retrouver une situation et une reconnaissance.

Le risque de perdre sa place

D'après L.-A. Vallet (1999), la fluidité sociale, le fait de changer de position sociale, c'est-à-dire d'occuper une place différente de son milieu d'origine, augmente en moyenne de 0,5 par an, ce qui représente 20 % depuis les années 1960. Le cloisonnement entre les catégories sociales ne disparaît donc pas brutalement, mais se modifie en profondeur dans la durée. Ces changements concernent principalement les enfants d'agriculteurs, d'ouvriers et d'employés qui quittent leur milieu d'origine pour rejoindre les professions intermédiaires, alors que les enfants de cadres bénéficient d'une position sociale acquise : 75 % d'entre eux font partie des classes supérieures et intermédiaires. La reproduction sociale continue de produire ses effets, quand bien même la mobilité augmente, en particulier du fait de la croissance du groupe des cadres qui constituent aujourd'hui, avec les professions intermédiaires, près de 35 % de la population active, contre moins de 15 % dans les années 1950.

La caractéristique essentielle de cette « fluidité sociale » réside dans les transformations du marché de l'emploi et l'émergence d'un processus généralisé de précarisation. La fragilisation des relations d'emploi concerne toutes les catégories de salariés. « Au-delà des variations conjoncturelles de l'activité, le risque objectif de perte d'emploi a augmenté d'environ 30 % entre le début des années 1980 et la fin des années 1990 » (Maurin, 2002).

Chaque année, 1 500 000 emplois disparaissent, ce qui représente 6 % de la population active, soit un actif sur deux en dix ans. La flexibilité exigée par les entreprises ne touche pas de la même façon les différentes catégories sociales. En 2000, le taux de mobilité annuel des employés et ouvriers non qualifiés a été de 24 %, soit le double de celui des cadres et professions intermédiaires (12 %). Plus de 60 % des employés et plus de 70 % des ouvriers non qualifiés sont recrutés avec des statuts précaires, contre 30 % pour les professions intermédiaires et 20 % pour les cadres. Les changements sont plus le fait de la montée de l'instabilité dans l'emploi que d'un choix de vie. Les jeunes sont particulièrement touchés par le phénomène. Pendant les dix premières années de leur trajectoire professionnelle, ils sont confrontés à une mobilité subie : ce sont les plus vulnérables qui servent de main-d'œuvre d'appoint en fonction des aléas de la conjoncture (Commissariat au Plan, 2003).

On assiste à un renversement des normes. Pour la société industrielle, la norme dominante était de s'adapter à un ordre social considéré comme stable, dans lequel l'amélioration de son sort passait par une montée progressive de l'« échelle sociale », tout en restant en lien et en continuité avec son milieu d'origine. C'est ce modèle qui se transforme. Chaque individu devient une « particule élémentaire » qui doit se libérer de toutes les entraves supposées l'empêcher de « réussir », de prendre des risques pour se réaliser pleinement et faire carrière. La mobilité devient la norme. L'homme flexible remplace l'homme de métier. Le métier, qui était l'élément fondateur de l'identité professionnelle, n'est plus l'élément persistant des trajectoires. À l'identité de métier, qui ancrait chaque individu dans une corporation, dans un univers professionnel structuré dont il partageait les normes, les habitus et les savoir-faire, se substitue une identité flexible, polyvalente, qui varie en fonction des aléas de la carrière. La reconversion devient un passage nécessaire. L'adaptabilité, une norme imposée.

Dans ce contexte, les mouvements sociaux se transforment. L'idée même de lutte des classes s'estompe. Cela ne signifie pas que les luttes sociales n'existent plus. Simplement que les luttes collectives, qui ont marqué l'histoire de la société industrielle, tendent à s'atténuer au profit de luttes plus individuelles pour avoir une place, pour améliorer sa position sociale, pour conquérir du pouvoir. Si chacun est aujourd'hui invité à « gérer sa vie », comme on gère sa carrière professionnelle, cette gestion n'est pas pour autant égalitaire. Les possibilités de promotion restent étroitement dépendantes des origines sociales et de l'héritage.

Une société de désintégration

La société industrielle était[1] une société stratifiée, inégalitaire, constituée de classes qui jouaient un rôle central d'intégration pour leurs différents membres. L'appartenance à une classe fondait un sentiment profond d'identité sociale qui se transmettait de génération en génération. On se reconnaissait comme paysan, ouvrier, commerçant ou cadre. Le travail était à la fois une nécessité de survie, une valeur et un élément central de l'insertion sociale. La mobilité était faible. L'ordre socio-économique imposait sa reproduction. Les possibilités de promotion étaient rares et soumises à des passages réglementés comme l'obtention du diplôme ou l'ascension hiérarchique au sein de l'entreprise. À côté de classes bien identifiées comme la bourgeoisie et le prolétariat, un certain nombre de groupes sociaux avaient des problèmes d'intégration. Mais le contrat social était clair, l'intégration des marginaux et du sous-prolétariat devait se faire par le travail.

Le terme « sous-prolétariat », qui désignait les populations pauvres vivant dans la précarité, était significatif. Il s'agissait de la classe la plus « inférieure » dont la vocation était de rejoindre la classe des travailleurs. Le préfixe « sous » représentait une position dans les strates d'une société conçue comme un ordre hiérarchique stable où chacun était invité à gravir les échelons. On était plus ou

1. Faut-il parler à l'imparfait ? Des traces de la société industrielle subsistent dans les entreprises, l'urbanisme, les modes d'organisation du travail, comme dans les représentations individuelles et collectives. Pourtant, ce modèle semble en voie de disparition progressive au profit d'un autre modèle, la société hypermoderne, dont nous essayons de cerner les contours (Aubert, 2004).

moins haut ou plus ou moins bas dans l'« échelle sociale », ce qui permettait à chacun de situer sa place par rapport aux autres. La société était conçue comme un ensemble dans lequel le progrès économique devait donner à tous un emploi.

Le travail est devenu l'élément essentiel pour fixer la position de chacun dans la société et pour canaliser les finalités de l'existence sur la carrière professionnelle. L'espoir d'améliorer sa position est devenu une aspiration commune donnant un sens à l'histoire individuelle. Dans la société industrielle, les conflits sociaux portaient essentiellement sur la répartition de la richesse produite entre les différentes catégories sociales. S'il existait des inégalités, des injustices et de l'exploitation, la société tout entière était tendue vers la perspective d'un accroissement des niveaux de vie, d'une possibilité d'accès pour tous à la culture, d'une promotion pour le plus grand nombre. Le conflit central s'organisait autour de la question des inégalités et de l'exploitation, question qui animait le débat politique.

On assiste aujourd'hui à un éclatement de ce modèle. L'idéologie « gestionnaire », qui valorise la mobilité et la flexibilité, transforme non seulement le mode d'organisation des entreprises mais l'ensemble de la société. Dans un monde caractérisé par l'intégration, la stratification, la centralisation et la hiérarchisation, ce nouveau modèle introduit l'instabilité, l'éclatement, la précarité et l'insécurité. La recherche de la productivité entraîne une diminution des emplois protégés et le rejet des travailleurs insuffisamment performants. Les tâches non qualifiées et les emplois ouvriers sont soit automatisés, soit confiés à des entreprises externes qui ne font pas bénéficier leur personnel des mêmes avantages.

Cette évolution risque de se généraliser. Elle conduit à une division du travail autour de trois pôles : un pôle d'emplois permanents, un pôle d'emplois périphériques et un pôle d'emplois précaires (Abécassis et Roche, 2001). En France, un rapport du Centre d'études et de recherches sur les qualifications notait dès 1993 que, sur 25 millions d'actifs, 13 millions étaient en situation de vulnérabilité économique et sociale et 5 millions en situation de précarité. On observe une désintégration de la société. Si la croissance contribue à créer de nouveaux emplois, elle transforme des emplois « protégés » en emplois volatils, instables, incertains.

L'éclatement de la classe ouvrière

En vingt ans, de 1982 à 2002, près de 1 300 000 emplois ouvriers ont été supprimés. Au début des années 1980, il y avait encore plus de 100000 ouvriers non qualifiés dans la métallurgie, 160000 dans la confection et 100000 dans le textile. Ces trois catégories ne représentent aujourd'hui que 30000 emplois. « Le déclin de la classe ouvrière n'est pas seulement quantitatif. Il est avant tout qualitatif. Les personnes non qualifiées ne se trouvent plus en équipe sur les vastes chaînes de montage des années 1960. Elles sont éparpillées dans des sociétés de nettoyage ou de surveillance, auxquelles les nouveaux établissements industriels livrent leurs locaux le soir, après la fermeture » (Goux et Maurin, 1998).

Dans les années 1960, les trois quarts des ouvriers travaillaient dans l'industrie. À l'heure actuelle, plus de 50 % travaillent dans les sociétés de service comme réparateurs, agents d'entretien, manutentionnaires, conducteurs, souvent dans des entreprises de petite taille. Les autres rejoignent les hypermarchés, les sociétés de restauration, les centres d'appels téléphoniques. La nouvelle classe ouvrière se distingue de moins en moins du monde des employés.

Michel Verret (1988), dès la fin des années 1980, analysait l'éclatement de la classe ouvrière en trois pôles :

• Le pôle *promotionnel* rassemble les ouvriers qualifiés qui deviennent techniciens et ceux qui sont en reconversion dans des emplois dont la qualification et le contenu sont différents. Objectivement et subjectivement, ils sont plus proches des classes moyennes que de la classe ouvrière. En France, 44 % des ouvriers sont propriétaires de leurs logements ou en accession à la propriété. Ces travailleurs ont tendance à quitter les organisations ouvrières traditionnelles (syndicats et partis) pour s'investir dans une carrière professionnelle et défendre des valeurs plus individualistes que sociales. Leur identité est tiraillée entre une identité héritée, moteur d'une conscience de classe qui s'estompe, et une identité acquise qui les assimile aux modes de vie des classes moyennes.

• Le pôle *traditionnel* se réfère au modèle de « l'ouvrier pauvre, solidaire et rebelle », qui garde une conscience de classe forte, se manifestant par des positions proches du Parti communiste, de la CGT, ou de certains partis d'extrême gauche. Mais ce modèle de référence devient de plus en plus obsolète. Appuyé sur la nostalgie des luttes passées, sur le mythe du prolétariat incarnant l'avenir de l'humanité et sur l'attente d'une révolution hypothétique, il ne provoque plus l'adhésion massive qu'il suscitait. Faute de pouvoir se ressourcer dans les luttes sociales, la conscience de classe s'effrite et les référents identitaires se fragilisent [1]. Il y a là un décalage entre une affirmation identitaire forte et une nécessité d'adaptation à une société nouvelle.

• Le pôle *en perdition* est composé des plus vulnérables, ceux qui font les frais des restructurations, des changements technologiques et de la « modernisation ». Peu qualifiés, ils occupent des emplois précaires, incertains, dans lesquels ils perdent les valeurs traditionnelles fondées sur une conscience de classe affirmée et la valeur travail comme facteur de revalorisation. Dans la classe ouvrière, on s'identifie à ce que l'on fait. Lorsque ce que l'on fait est qualifié de « petit boulot », parfois même de « sale boulot », il ne peut être facteur de valorisation identitaire. La déqualification est alors un élément de disqualification et de désaffiliation (Castel, 1995). La précarité engendre l'isolement social et l'invalidation psychologique.

En 2004, les ouvriers représentent moins de 20 % de la population active, contre plus de 34 % en 1975. Il y a donc une diminution continue et importante des emplois ouvriers. Le sentiment d'appartenance à une classe se dilue. Les solidarités s'estompent devant la défense d'intérêts plus personnels et la montée de l'individualisme.

La tradition ouvrière, dans le contexte de la société industrielle, s'est construite en opposition au capital. Les ouvriers partageaient les mêmes conditions sociales, la même identité de classe, les mêmes aspirations dans un combat solidaire contre les patrons et les actionnaires pour défendre « le travail ». Les aspirations ouvrières semblent

1. « La conscience de classe construit l'image d'un conflit, elle canalise les sentiments d'injustice et de révolte, elle leur donne un sens, elle transforme la frustration en affirmation positive de la dignité du travail et de l'expérience ouvrière » (Dubet et Lapeyronnie, 1992).

aujourd'hui bien éloignées de cette représentation marxiste de la société. La perte d'influence du Parti communiste est le symptôme de ce phénomène. Faute de lutter pour améliorer la condition ouvrière et lui donner l'espérance d'accéder à un plus grand pouvoir, le combat n'a plus de sens. La recherche de Danièle Linhart (2002) décrite précédemment illustre cruellement ce propos. « Les Chaussons », selon l'expression de l'époque, symbolisaient l'avant-garde du prolétariat et la fierté du monde ouvrier. Aujourd'hui, ils expriment le désenchantement et le repli sur soi. Trompés par des plans sociaux successifs qui leur promettaient la sauvegarde de l'usine contre une augmentation du rendement, ils se sont battus farouchement sur le double front de la protection sociale des licenciés et l'amélioration de la productivité. Les luttes menées à l'époque ont été considérées comme exemplaires. Aujourd'hui, l'usine est fermée. On sait à présent que la décision de fermeture avait été prise dès le départ, avant la mise en œuvre des plans sociaux successifs, moyen de désamorcer la combativité du personnel. À chaque vague, les employés étaient déchirés entre l'espoir de conserver leur emploi et la solidarité avec les licenciés. Les entretiens menés cinq ans après montrent que la culpabilité des « survivants » est toujours active, ravivée par la honte d'avoir été complices, malgré eux, d'une trahison. Sentiments d'autant plus complexes qu'ils savent aujourd'hui que leurs luttes étaient vouées à l'échec.

Cet exemple est caractéristique des transformations profondes du monde ouvrier. D'une part, les travailleurs ont le sentiment que l'on dispose d'eux comme de pions. De l'autre, ils ne peuvent plus identifier leur avenir, et *a fortiori* celui de leurs enfants, avec celui de la classe ouvrière. L'éclatement du vote ouvrier sur l'échiquier politique révèle l'éclatement de la classe ouvrière sur la scène sociale. Il est l'expression d'un mélange de colère, de désillusion et de désarroi idéologique.

Le travail ouvrier n'a pas pour autant disparu. Plus d'un quart des travailleurs, en France, ont des conditions concrètes de travail et d'existence qui les assimilent à la condition ouvrière : répétition, exécution, routine, pénibilité physique, salaires médiocres, etc. C'est le sentiment d'appartenance à un collectif clairement identifié, partageant la même communauté de destin et une identité commune, qui fait défaut. D'autant que la dévalorisation de la condition ouvrière est patente. Elle est considérée comme une population archaïque, à la limite de l'obsolescence, prise en tenaille entre le rêve promotionnel des classes moyennes et la hantise de se faire rattraper par les plus défavorisés (Beaud et Pialoux, 1999).

L'éclatement de la bourgeoisie

Pour Michel Pinçon et Monique Pinçon-Charlot (2000), seule la bourgeoisie, dans la société post-industrielle, a résisté à la disparition des classes sociales. Contrairement aux autres catégories sociales, elle conserve une conscience très nette de ses intérêts et de ce qui la distingue des autres classes. Pourtant, comme la classe ouvrière, elle est traversée par des tensions importantes. Elle aussi éclate entre un pôle dynamique, mobile, compétitif, un pôle accroché à des traditions de plus en plus difficiles à maintenir et un pôle menacé par la régression, la déchéance et la désinsertion sociales.

Le pôle dynamique correspond pour une part à la nouvelle classe dirigeante en émergence, l'*hyperbourgeoisie* (Duclos, 2002). Elle regroupe ceux qui occupent des positions de pouvoir dans les groupes financiers et les multinationales, ainsi que les consultants en finance, en droit, en informatique, en stratégie qui les conseillent. « L'hyperclasse s'est développée dans un mouvement de sortie du monde de l'ingénieur [...] pour s'emparer du pouvoir mondial », écrit Denis Duclos. Modelée sur la grande bourgeoisie américaine, cette nouvelle bourgeoisie s'éloigne des valeurs de l'éthique protestante pour ne conserver que l'esprit du capitalisme. Elle participe à la construction d'un monde ultralibéral, c'est-à-dire d'un monde à sa mesure, sans barrières pour la circulation des capitaux, des marchandises, des services, donc sans limites à l'extension de sa domination. Elle n'est plus au service d'un projet industriel qui suppose de réinvestir les bénéfices de la production, mais au service d'une logique financière animée par des intérêts spéculatifs. Faire fructifier son capital non pas dans un projet social, animé par une préoccupation du bien commun, mais dans un projet individuel qui ne se donne aucune finalité autre que de s'enrichir. À l'image du capitalisme financier, l'hyperbourgeoisie est déterritorialisée. Elle possède des « pied-à-terre » dans de multiples contrées, des avoirs dans différents paradis fiscaux, des activités dans différents pays. Elle s'éloigne progressivement de ses « attachements » nationaux et de ses racines identitaires. Michel Pinçon et Monique Pinçon-Charlot (1996) ont décrit comment le cosmopolitisme et la « multi-territorialité » internationale sont des composantes importantes de la « haute société » qui accueille des individualités de toutes sortes, issues de trajectoires sociales hétéroclites. Elle est par nature instable dans la mesure où l'appartenance à un monde volatil est éphémère, à l'image de fortunes qui se font et se défont rapidement.

D'où la difficulté de l'étudier, même si les processus de production et de reproduction des élites nationales sont relativement bien connus (Bauer et Bertin-Mourot, 1997). Une partie de l'hyperbourgeoisie est issue de la grande bourgeoisie d'affaires. La bourgeoisie financière a réussi à installer des dynasties. Elles constituent le noyau principal d'une caste qui a joué un rôle majeur dans la globalisation. Certains pensent que ce pôle va perdurer. L'inscription dans des cercles internationaux depuis plusieurs générations confère indéniablement une position privilégiée par rapport aux nouveaux venus. La vieille bourgeoisie d'affaires ne manque donc pas de ressources face à la mondialisation. Pour Anne-Catherine Wagner (1998 et 2003), l'internationalisation du capital conforte, plus qu'il ne subvertit, les rapports sociaux de domination les plus « classiques », même s'il peut contribuer à en brouiller la perception. Face à la lutte des places, certains sont mieux armés que d'autres. On constate, ici encore, le poids de l'origine sociale dans les trajectoires et la perpétuation des inégalités sociales.

Pour autant, des nouveaux venus, pour ne pas dire des « parvenus », contribuent à l'émergence d'une « internationale des managers » dont le destin s'identifie à leur carrière menée dans des multinationales, des holdings financiers ou des grands cabinets de consultants. Or, les carrières professionnelles, dans le monde du business, obéissent à des règles de plus en plus indépendantes des habitus de la bourgeoisie. Les valeurs managériales s'accommodent mal des valeurs traditionnelles. Le double mouvement de privatisation du monde et de déterritorialisation du capital contribue à accroître les tensions et les différences, au sein des bourgeoisies nationales, entre ceux qui désirent accéder à ce nouveau modèle, ceux qui le refusent au nom de valeurs auxquelles ils restent attachés et ceux qui n'arrivent plus à maintenir leur position sociale. Depuis deux siècles, la bourgeoisie assurait sa reproduction par une gestion de l'héritage selon le modèle du « bon père de famille » et par la consolidation de son capital culturel en investissant les grandes écoles (Bourdieu et Passeron, 1972 ; Bertaux, 1977). Ces deux stratégies ont fait leurs preuves. Leur pertinence est aujourd'hui de moins en moins évidente. Depuis quelques années, on voit des polytechniciens sur des voies de garage, des normaliens marginalisés, des énarques sur le déclin, des diplômés d'écoles de commerce sans débouchés. Le diplôme, aussi prestigieux soit-il, n'est plus le passeport d'une réussite assurée. Certains se retrouvent sur la touche, d'autres s'effondrent après un début de carrière flamboyant. La vie des cadres supérieurs n'est plus « un long fleuve tranquille », même pour ceux qui au départ possèdent tous les attributs nécessaires pour accéder à l'élite. Ces phénomènes sont encore plus accentués pour ceux qui n'ont pas obtenu les diplômes les plus prestigieux.

Dans ce contexte, une partie de la bourgeoisie traditionnelle se donne l'illusion de maintenir son rang en s'accrochant aux signes d'une domination passée alors que son pouvoir financier, social, culturel est grignoté de toutes parts. La lutte des places l'oblige à s'investir dans une compétition exacerbée pour faire carrière et accéder aux postes les plus élevés. C'est ainsi que l'on voit des enfants, dès la maternelle, entraînés pour avoir des parcours d'excellence, intégrer les meilleures classes, entrer dans les meilleurs établissements, se préparer aux meilleurs concours afin d'intégrer les grandes écoles. Grâce à une vigilance permanente, ces enfants sont éduqués comme on le fait pour des chevaux de course soumis à une sélection impitoyable. Si quelques-uns franchissent tous les obstacles, nombreux sont ceux qui s'épuisent dans cette course infernale (Léotard,

2001). Pour un qui semble « réussir », beaucoup sortent meurtris et amers d'un système scolaire perçu comme une vaste entreprise de sélection. Ils doivent alors réduire leurs ambitions, renoncer à atteindre les sommets pour se contenter d'une place « moyenne ».

Une nouvelle classe dominante ?

Peut-on encore, dans ces conditions, parler de classe dominante ? Le terme connote un marxisme archaïque qui semble aujourd'hui passé de mise chez la grande majorité des sociologues, en dehors de quelques irréductibles [1]. Le terme même de « classe sociale » semble aujourd'hui obsolète. Dans les années 1970, le débat sociologique s'organisait autour de la question de la reproduction sociale, des mouvements sociaux, des liens entre l'appartenance de classe et la conscience de classe. Trente ans plus tard, Pierre Bourdieu, dans ses articles sur le néolibéralisme, dénonce « le basculement des rapports de classe en faveur des propriétaires du capital » et la collusion entre « la noblesse d'État et la noblesse d'entreprise pour mettre en œuvre un projet politique de domination planétaire » (Bourdieu et Wacquant, 2000). Cette dénonciation d'une nouvelle classe planétaire est séduisante dans la mesure où elle permet d'identifier une caste symbolisant l'incarnation du pouvoir, comme en 1936 lorsque le Front populaire dénonçait la domination des deux cents familles.

1. Voir à ce sujet Louis Chauvel, 1999 ; le dossier « Exploitation et classes sociales : totem ou tabou ? », *Mouvements*, n°26, mars-avril 2003 ; et l'ouvrage dirigé par Paul Bouffartigue, 2004.

La domination du capital s'incarne moins aujourd'hui dans une classe propriétaire des moyens de production que dans le développement de systèmes d'organisation complexes fondés sur des logiques abstraites et déterritorialisées. L'hyperbourgeoisie conjugue les positions de puissance liées à des postes clés d'influence et de décision dans les grands groupes financiers, mais aussi dans les médias, dans les entreprises multinationales en particulier de l'informatique, de la distribution, du luxe et du tourisme. Cette classe partage aussi des signes de cohésion culturelle fondée sur une conception libérale de l'économie, la valorisation de la compétition, le désir de supprimer toutes les barrières qui freinent le libre-échange, qu'elles soient nationales, juridiques, institutionnelles ou encore intellectuelles. L'hyperbourgeoisie se coupe de ses filiations à mesure qu'elle se mondialise. Ce qui interroge sur ses capacités de reproduction. Loin de représenter une classe sociale homogène, elle est composée d'une collection d'individus, dont certains peuvent avoir des liens de parenté, alors que d'autres sont le produit de destinées hétéroclites et d'origines diverses. On peut douter qu'elles constituent à terme un groupe social pérenne capable d'assurer sa domination dans la durée.

Le degré d'abstraction des mécanismes financiers permet sans doute à l'hyperbourgeoisie de s'assurer de confortables plus-values, mais pas de contrôler sans partage ces systèmes d'organisation et, encore moins, de transmettre leurs pouvoirs à leurs descendants. Le monde de l'hyperbourgeoisie est instable et compétitif. Ses positions sont éphémères. On y voit des enrichissements fulgurants comme des chutes spectaculaires, des étoiles montantes et des disparitions soudaines. À l'inverse de la grande bourgeoisie du monde industriel, qui consolidait son pouvoir sur plusieurs générations par un étayage réciproque du capital économique, du capital social et du capital culturel, son pouvoir est plus abstrait, virtuel et volatil, comme le capital financier sur lequel elle le fonde. De plus, il n'existe pas entre ses membres de liens de solidarité qui les conduiraient à des stratégies concertées. Il s'agit d'un milieu dans lequel les valeurs sont fondées sur un individualisme exacerbé, une fascination de l'argent et une compétition acharnée.

L'hyperbourgeoisie est beaucoup moins préoccupée que la bourgeoisie capitaliste industrielle de légitimer son pouvoir. Si certains défendent l'idée d'une « bonne gouvernance », respectueuse de l'environnement, soucieuse des intérêts du personnel, attentive à la responsabilité citoyenne de l'entreprise, les autres sont essentiellement préoccupés par la défense de leurs intérêts particuliers dans une quête insatiable de rentabilité, soucieux de conquérir de nouvelles parts de marché et d'en tirer un profit immédiat. Les intérêts à court terme de ces derniers s'opposent aux soucis à long terme des précédents (Wallerstein, 1985). Le désenchantement de bon nombre de managers, qui ont pourtant adhéré avec passion à la « nouvelle économie », est le signe de cette fracture au sein des « dominants ».

Le capitalisme financier fait éclater la classe dirigeante et les valeurs qui lui donnaient une consistance. Le chacun pour soi domine, l'univers policé des conseils d'administration sans « histoire » laisse place à l'univers impitoyable des affaires et des affairistes. L'obsession d'éliminer le concurrent dans la course au profit se double d'une volonté tout aussi farouche de l'éliminer dans la course aux postes. Il faut « avoir la peau » de l'autre pour sauver la sienne. La culture de la haine conduit à promouvoir l'élimination au détriment de la coopération. Les solidarités de classe s'estompent au profit d'une férocité censée favoriser les meilleurs.

Le concept d'hyperbourgeoisie est intéressant pour désigner l'émergence de cet ensemble hétéroclite et multipolaire fasciné par la toute-puissance et le « multiculturalisme mondialiste ». Mais on ne peut pas dire qu'il s'agit vraiment d'une classe sociale. Plutôt d'un ensemble d'individus qui se bercent de l'illusion d'une puissance éphémère, à bien des égards virtuelle, se combattant dans une lutte farouche pour occuper les places les plus enviées. Il faut être le plus fort, le plus riche, le plus grand, en un mot le premier. L'hyperbourgeoisie se renouvelle en permanence, attentive à ceux qui montent, indifférente à ceux qui chutent. Centrée sur l'ici et maintenant, elle n'a pas de mémoire, pas de fidélité, pas d'attaches.

L'éclatement des classes n'est pas la fin des inégalités

Le développement de la lutte des places ne signifie pour autant ni la fin des classes, ni la fin des inégalités sociales. Chacun ne dispose pas des mêmes armes pour l'affronter. Les effets de l'héritage, c'est-à-dire l'ensemble des « capitaux » (économique, social et culturel) dont dispose un individu dès sa naissance, sont toujours des éléments déterminants. Auparavant, ils fixaient une appartenance durable. La probabilité pour un enfant d'ouvrier de devenir ouvrier était aussi forte que celle pour un enfant de cadre de devenir cadre. Aujourd'hui, ces capitaux sont encore des supports essentiels de la fabrication sociale des individus, c'est-à-dire des « habitus » qui les prédisposent à occuper telle ou telle position, à « choisir » telle ou telle orientation scolaire ou professionnelle. Mais ces orientations sont de plus en plus instables. Elles peuvent être remises en question à partir d'expériences nouvelles, d'immersion dans des mondes sociaux divers, de rencontres inédites, de réussites ou d'échecs qui entraînent des ruptures inopinées.

L'instabilité croissante ne produit pas une augmentation de la mobilité ascensionnelle, ni une diminution des inégalités entre les individus. L'identité héritée reste un déterminant puissant de la trajectoire sociale. « Les positions dans la hiérarchie du salariat, écrit Éric Maurin (2002), sont toujours aussi largement dépendantes de l'origine sociale. Elles ont de moins en moins tendance à évoluer en cours de carrière et à être de plus en plus fortement déterminées par le moment de l'insertion et le diplôme. » Il y a là un paradoxe. Le libéralisme justifie sa doctrine par l'idée de donner à chaque individu une chance de changer son destin. Il favorise la flexibilité du travail et la mobilité professionnelle afin de permettre au talent de chacun de s'épanouir. À condition d'offrir l'égalité des chances, en particulier en facilitant l'accès à l'école et à la formation. C'est ainsi que l'accès à l'enseignement s'est progressivement et massivement ouvert à tous et que le marché du travail est devenu plus concurrentiel. Pourtant, les inégalités de destin sont toujours persistantes : les échecs scolaires concernent 70 à 80 % des enfants les plus pauvres, contre moins de 15 % des enfants les plus riches. Les enfants d'ouvriers ont deux fois plus de chance de connaître le chômage que les enfants de cadres. Le risque de perdre son emploi est quatre fois plus élevé pour les personnes peu ou pas diplômées que pour ceux qui ont terminé leurs études supérieures. « S'il existe bien un surcroît de fluidité (un plus fort brassage social d'échange), le phénomène dominant reste la reproduction sociale où les enfants de cadres ont à la naissance, relativement aux ouvriers, des probabilités soixante-dix fois plus importantes d'accéder à la catégorie cadre plutôt qu'à celle d'ouvrier… »[1]

Ces inégalités sont renforcées par les mécanismes d'accès à la formation permanente, élément déterminant de l'« employabilité ». Les travailleurs non qualifiés bénéficient de quatre à cinq fois moins de formation professionnelle que les techniciens. Or, la formation est un enjeu déterminant pour affronter les reconversions nécessaires afin de conserver sa place dans le monde du travail ou se préparer pour en occuper d'autres. Les inégalités à l'école, au moment du recrutement, face aux possibilités d'avancement, face à la formation et aux nécessités de reconversion, sont moins visibles que celles qui sont dues à la division du travail au sein des entreprises. Les évolutions de la condition salariale fragilisent les relations d'emploi, renvoyant à la personne, plutôt qu'à son statut ou à sa compétence professionnelle, la responsabilité de sa réussite ou de son échec.

Ce ne sont donc pas les effets de classe qui disparaissent mais la visibilité de ces effets. Les ouvriers ne forment plus une classe consciente d'elle-même. Les employés et les classes moyennes n'ont jamais été au fondement d'une conscience forte. Dans la représentation marxiste de la société, le prolétariat devait jouer un rôle de catalyseur des dynamiques sociales pour renverser l'ordre capitaliste. La contradiction capital/travail s'exprimait par une opposition structurelle entre la bourgeoisie et le prolétariat. Cette représentation du monde capitaliste était active dans la société industrielle. Le débat politique s'en faisait l'expression à travers l'affrontement entre la droite et la gauche. Les questions des inégalités et de l'exploitation ne sont

1. Louis Chauvel, in Bouffartigue (dir.), 2004.

plus, aujourd'hui, au cœur du débat politique. Celui-ci se déplace sur la mondialisation et l'exclusion : il faut favoriser la croissance pour lutter contre le chômage en créant des emplois. Les questions de places semblent l'emporter sur les affrontements de classe. Le projet révolutionnaire de bouleversement de l'ordre social par la prise du pouvoir s'estompe. On attend du politique qu'il empêche le tissu social de se déchirer, qu'il renforce la cohésion sociale, qu'il produise de l'insertion. Ce n'est plus la lutte des classes qui marque le discours du politique, mais bien la lutte des places. Donner à chacun la possibilité d'avoir une existence sociale dans une société dans laquelle des individus ont peur de la perdre.

Une classe sociale se forme et se manifeste à partir d'une communauté de situations à défendre. À l'opposé, la lutte des places confronte chacun à une contradiction entre un projet individuel de *s'en sortir* et un projet collectif d'améliorer le sort de ceux qui partagent sa condition. On a pu le constater à propos de la difficulté des associations de chômeurs de mobiliser les sans-emploi pour mieux défendre leurs droits (Dethyre et Zediri-Corniou, 1992). Un chômeur se bat pour trouver un travail. Il se bat pour ne plus être chômeur plutôt que pour améliorer la condition des chômeurs. La cohorte des exclus ne forme pas une classe sociale. Elle est un rassemblement d'individus qui ont des trajectoires sociales hétérogènes et vivent des situations diverses. Ils ne partagent pas un sentiment d'appartenance, ils n'ont pas de raisons de lutter collectivement pour changer leurs conditions d'existence. On peut se battre collectivement contre l'exploitation ou la répression. Il est plus difficile de se battre contre l'exclusion parce qu'il s'agit là d'un combat solitaire, non pour changer la société, mais pour y trouver une place.

CHAPITRE 12

La politique contaminée par la gestion

> « Nous entrons dans un monde géré, simplement géré, la politique devenue une technique, et la tragédie liquidée comme on renonce à l'absurde. »
>
> PIERRE LEGENDRE

Face à la globalisation, à l'éclatement des classes, au développe- ment de la lutte des places, les attentes vis-à-vis de la politique changent. On attend d'elle des réponses aux multiples problèmes engendrés par les mutations économiques et sociales. Il y a là un piège. Les hommes politiques sont tentés de se transformer en hommes d'affaires, à l'image des managers dynamiques, et les hommes d'affaires s'emparent du pouvoir politique, au nom de la performance et de la compétence, même lorsqu'ils n'ont aucune expérience politique. Ils se glorifient de leur expérience d'homme d'entreprise et proposent de gérer la cité sur ce modèle. Le débat politique risque alors de se réduire à un débat de conseil d'administration autour de problèmes budgétaires et financiers. Les considérations économiques surdéterminent tous les registres de la vie sociale. L'approche comptable impose ses normes aux affaires publiques, la gestion privée devient la référence centrale pour gouverner les hommes. Les hommes politiques pensent fonder l'efficacité de leur action dans le modèle managérial alors que ce modèle dévalorise l'action publique.

Le primat de l'économique sur le politique

On constate un écart abyssal entre ce que vivent les « gens » et ce que font les « politiques ». Décalage qui semble irréductible.

D'un côté, des hommes et des femmes se retrouvent dans des situations de souffrance et de désespoirs (chômage, expulsion, pauvreté, stress, dépression…), de l'autre, des hommes et des femmes politiques, respectables à bien des égards, font de leur mieux pour traiter des problèmes du monde. Les uns parlent de leur vie, singulière et concrète, les autres répondent par des chiffres globaux et abstraits. Cet écart est révélateur de l'« étrange étrangeté » qui frappe nos sociétés hypermodernes. Mélange d'incompréhension (une entreprise fait un plan social et ses actions montent à la bourse), d'incohérence (on ferme une usine qui est rentable), de destructivité (des pans entiers de la société se délitent pour favoriser la « modernisation »), d'injustice (des travailleurs sont sacrifiés pour favoriser l'enrichissement des actionnaires), d'impuissance (les logiques financières échappent au contrôle de la communauté sociale), d'inégalité (les riches s'enrichissent, les pauvres s'appauvrissent).

D'où le sentiment d'une société qui éclate, traversée par des forces contradictoires, des logiques irrationnelles, des violences destructrices. Entre les institutions et les citoyens, la distance semble totale. Yves Barrel évoquait une rupture de dialogue entre la population et les institutions censées la représenter : « Quand l'establishment social cherche sa population, il ne la trouve pas [...] La société devient en partie comme étrangère à elle-même, décalée par rapport à ses propres codes, vivant une sorte d'équivalent social du dédoublement de la personnalité » (Barrel, 1984). La crise du politique s'enracine dans ce décalage qui n'a cessé de se renforcer, entre la demande sociale et l'offre institutionnelle. L'État semble incapable de tenir son rôle d'instance de régulation entre une économie qui lui échappe et une société dont la cohésion est menacée. Bien des facteurs expliquent ce décalage. L'un d'entre eux est central : les citoyens attendent des orientations dans l'ordre du symbolique alors que les politiques apportent des réponses dans l'ordre économique.

Dans la Grèce antique, la séparation entre le public et le privé correspondait à une dichotomie entre le familial, lieu de l'intendance et des nécessités de la vie, et le politique, lieu des affaires de la cité. Dans la sphère privée, on traitait de l'intérêt particulier, du travail des femmes et des esclaves. L'économie, comme « gestion de la maisonnée », était indigne de paraître sur la place publique. Par contre, la sphère publique était valorisée comme espace de discussion. Seul l'intérêt public était digne de considération. L'homme de bien pouvait y montrer sa valeur et obtenir la considération de ses concitoyens. « Le domaine public était réservé à l'individualité, écrit Hannah Arendt, c'était le seul qui permettait à l'homme de montrer ce qu'il était réellement, ce qu'il avait d'irremplaçable. C'est pour pouvoir courir cette chance, par amour d'une cité, que les citoyens acceptaient de prendre leur part de charge de la défense, de la justice et de l'administration » (Arendt, 1961).

L'idéologie gestionnaire conduit à inverser les valeurs entre la politique et l'économie. La politique, loin de susciter l'amour et la considération, est devenue le lieu du calcul. Payer des impôts est vécu comme une charge et même une tare, échapper à la fiscalité un signe d'intelligence et de savoir-faire. À l'image de l'entrepreneur qui s'engageait pour défendre le bien public, se substitue le modèle du stratège qui sait valoriser ses intérêts privés. La politique est perçue comme se mettant au service des intérêts des spéculateurs. La chose publique est dévalorisée.

Cette inversion des rapports entre l'économique et le politique est la cause profonde du discrédit qui frappe ce dernier. Plus grave, l'économie, qui est un des moteurs essentiels du développement social, contribue à le détruire. « L'économie laissée à son propre mouvement joue maintenant contre la société » (Perret et Roustang, 2001). Lorsque les politiques affirment d'un côté que la consommation est le moteur de la croissance qui conditionne l'emploi, et de l'autre qu'il faut refuser la société de marché, ils sont en plein paradoxe. Est-ce à la société de s'adapter aux besoins du développement économique ou à l'économie de se mettre au service du bien-être collectif ? La politique est-elle condamnée à gérer les effets du développement économique ou doit-elle organiser l'économie pour la mettre au service d'un projet de civilisation respectueux de l'environnement, des droits de l'homme, d'une répartition harmonieuse des richesses produites, de l'éducation des enfants et de la transmission de la culture ? Un projet pour l'humanité plutôt que pour un taux de croissance.

L'éducation au service de l'économie

C'est sans doute dans le champ de l'éducation que la pression de l'idéologie gestionnaire est la plus évidente et la plus inquiétante. Transformer les enfants en clients du système éducatif représente en effet une régression majeure par rapport à l'« école républicaine ». Roger Sue (2001) a décrit l'emprise croissante des milieux économiques sur l'éducation et les pressions des grands industriels, auprès de la Commission européenne à Bruxelles, pour accélérer la privatisation de l'enseignement. « L'éducation doit être considérée comme un service rendu au monde économique », indique le rapport de la table ronde européenne des industriels [1]. L'OCDE annonce que l'éducation devrait être assurée par des prestataires de service et que le rôle des pouvoirs publics devait se borner « à assurer l'accès de l'apprentissage de ceux qui ne constitueront jamais un marché rentable et dont l'exclusion de la société s'accentuera à mesure que d'autres vont continuer à progresser » (OCDE, 1995). Construites à partir des théories du capital humain, ces prises de position considèrent que l'éducation a pour finalité de produire des agents adaptés aux besoins de l'économie, c'est-à-dire de « produire de l'humain » (sur les registres cognitifs, physiques et psychiques) selon les mêmes processus que la production des services marchands et des biens de consommation. Le salarié se doit d'être adaptable et flexible pour intégrer en permanence les nouvelles compétences nécessaires à l'évolution des modes de production. Il est reconnu par « l'acquisition

1. *Une éducation européenne, vers une société qui apprend*, ERT, février 1995. Voir également G. de Sélys, 1998.

permanente des compétences nécessaires à l'accompagnement des évolutions de la demande et de son outil de production » (Trépo et Ferrary, 1998).

La pression pour soumettre le système éducatif aux normes managériales est permanente. Elle est plus développée dans les Amériques, du Nord comme du Sud, qu'en Europe. Au Mexique, les enseignants sont notés avec un système de points calculés à partir d'un coefficient qui mesure le nombre d'articles dans des revues à comités de lecture (qui sont elles-mêmes classées en fonction de leur notoriété), le nombre de communications à des colloques, le nombre d'étudiants suivis. La qualité des recherches menées ou des enseignements dispensés n'est pas prise en considération puisqu'elle n'est pas mesurable. Seule compte la productivité quantitative pondérée par un classement des établissements, des revues scientifiques et des éditeurs. Le conformisme et l'individualisme règnent en maîtres. Les chercheurs abandonnent tout esprit critique pour remplir des objectifs de production. D'autant qu'une partie importante de leur salaire, de 40 à 60 %, dépend de l'évaluation du Conseil national des sciences et technologies (Conacyt). L'évaluation, sans doute nécessaire pour développer la recherche, se transforme en contrôle basé sur des critères qui ne mesurent en rien l'intérêt scientifique de la production. De plus, les enseignants chercheurs perdent le sens de leur mission, soumis à une contradiction douloureuse entre « l'adhésion à un mythe égalitaire et l'inscription effective dans des logiques arbitraires » (Taracena, 1997).

Si l'Europe semble plus protégée par rapport à la mise en œuvre de tels systèmes de gestion, on peut craindre que ce ne soit plus qu'une question de temps. La plate-forme proposée en France par l'Union pour la majorité présidentielle

(UMP) illustre l'introduction dans les programmes politiques de l'idéologie gestionnaire. Le premier chapitre porte sur la construction de « l'école de la réussite ». Il propose une série d'objectifs : « Porter le projet réaliste d'amener 100 % d'une classe d'âge à l'obtention d'un diplôme et à l'acquisition d'une qualification en fin de parcours scolaire. Éradiquer l'intolérable phénomène de la violence scolaire, en combinant un travail de prévention dès l'école primaire avec le principe de la tolérance zéro. Redonner confiance aux enseignants et conforter leur autorité par une formation plus adaptée à la réalité de leur métier, qui fasse une plus grande place à la pratique, et par une gestion de carrière faisant une part plus importante au mérite et à l'investissement personnels. Diversifier les parcours et les rythmes. Chaque enfant étant "unique", il faut que l'école puisse offrir à chaque forme d'intelligence, dès le collège, le parcours le plus individualisé possible. Promouvoir une gestion de proximité du système éducatif… »

Les termes sont éloquents : pragmatisme, qualification, tolérance zéro, gestion de carrière, avancement au mérite, parcours individualisé, gestion de proximité, on retrouve ici tous les éléments des théories du capital humain. Le système éducatif doit produire, selon ce programme, des élèves employables, adaptés au marché du travail et aux « besoins de l'économie ». Dans une société de marché, chaque élève doit assimiler très tôt les canons de l'idéologie gestionnaire.

Beaucoup d'élus semblent hypnotisés par la gestion, qu'ils assimilent à la rigueur et à l'efficacité. Ils considèrent le capitalisme comme une donnée et l'économie libérale comme une référence incontournable à partir de laquelle il convient de penser le politique. L'économie devient la priorité. Il ne reste plus qu'à gérer les conséquences sociales du développement économique. C'est la raison pour laquelle beaucoup de responsables politiques considèrent la croissance économique comme le seul moyen d'asseoir une politique sociale. Il faut de l'argent pour réduire les inégalités, mieux protéger les plus démunis, développer le logement social, prendre en charge les retraites, financer la protection sociale, réduire le déficit de la Sécurité sociale. La « maîtrise comptable » devient le prisme déterminant de la pensée politique.

La dictature du chiffre

La crise du politique vient en partie de là. Plutôt que de débattre sur l'organisation de la cité, la démocratie, le bien-être de la population, les finalités de l'existence humaine ou le bien commun, on débat sur le taux de croissance, celui des prélèvements obligatoires, le montant des déficits publics, le solde de la balance commerciale, etc. On cite des indicateurs statistiques et financiers, en laissant de côté la discussion sur le sens de ces indicateurs, sur ce qu'ils mesurent et sur ce qu'ils oublient de mesurer. Faute de pouvoir mesurer le qualitatif, le débat se déplace sur le quantitatif. Les choix politiques sont de plus en plus déterminés par des considérations purement financières. La « maîtrise des dépenses comptables », la « réduction des déficits », l'« abaissement des charges », la « réduction de la masse salariale », la baisse du nombre des fonctionnaires, autant d'objectifs qui sont l'expression de la « chiffrocratie » : la dictature du chiffre envahit le champ politique.

Un taux de croissance n'est pas bon en lui-même. S'il rend compte de l'accroissement global de la richesse produite, comme tout indicateur quantitatif, il mesure des agrégats dont la somme ne rend pas compte de la qualité et de la nature de la richesse produite. Il y a longtemps que la critique a été faite. Par exemple, la production de richesses augmente la pollution, qui développe la production d'antipolluants comptabilisés dans le taux de croissance. De même, lorsqu'on assimile croissance et création d'emplois, on oublie que la croissance participe à en supprimer et à en transformer un grand nombre. Les évolutions du taux de croissance et du taux de chômage ne mesurent pas la nature des emplois créés ou les conséquences des emplois détruits. On sait qu'actuellement la plupart des emplois créés sont plus précaires.

Le taux de la délinquance et le taux de chômage sont devenus les critères d'évaluation du succès ou de l'échec d'une politique. Les réflexions sur le bien public, l'être ensemble, le bien commun se réduisent à des pourcentages, des courbes, des taux et des indices. Le débat instrumental (sur les instruments de mesure) s'installe dans un vide réflexif sur l'amélioration de la vie individuelle et collective, sur les finalités de l'existence humaine et sociale.

Patrick Viveret (2003) note à propos de la croissance : « Nous disposons d'un curieux thermomètre puisque nous ne savons pas s'il nous indique la bonne température. Devons-nous nous réjouir d'un fort taux de croissance de notre produit intérieur brut ? Oui, s'il s'agit de créer des richesses et des emplois susceptibles d'améliorer le niveau et la qualité de vie d'une collectivité. Non, si cette croissance est due à l'augmentation des accidents, à la progression de maladies nées de l'insécurité alimentaire, à la multiplication des pollutions ou à la destruction de notre environnement naturel. Faute d'établir un minimum de distinction, de nous limiter à une comptabilisation monétaire, sans procéder à une évaluation de la nature des richesses produites ou détruites, nous sommes condamnés à voir nos outils actuels faciliter des comportements dangereux du point de vue du bien commun. »

La politique produit sa propre impuissance en se préoccupant du taux de croissance plutôt que du bien-être des concitoyens. Si la croissance est nécessaire, elle ne peut être considérée comme une finalité en soi, ni comme la mesure du progrès. L'idéologie gestionnaire érige la croissance en dogme et invalide les débats sur son contenu. « Résister à la fois à la condamnation de la croissance et à sa sacralisation apparaît ainsi comme la première condition pour le dépassement de l'impuissance du politique » (Laville, 1999).

L'absence de distance critique vis-à-vis de la gestion dans son ensemble et l'acceptation de l'idéologie managériale s'accompagnent d'une conception négative du rôle de l'État qui n'est plus considéré comme un élément central de régulation, mais comme un appareil non rentable qu'il convient de « moderniser ». En fait, on y importe les modèles de gestion supposés efficaces sans qu'une réflexion de fond ait été menée sur leur pertinence. Comme dans les entreprises privées, on préconise plus de flexibilité, une réduction des effectifs jugés pléthoriques et une amélioration du service rendu. Pour certains, il s'agit d'aller vers une privatisation généralisée, pour d'autres, d'appliquer dans le secteur public les techniques de gestion du privé. Les logiques financières et marchandes sont mises en avant comme facteurs de progrès et comme éléments de « réalité ». Les fonctionnements actuels sont dévalués, considérés comme archaïques et bureaucratiques. Les fonctionnaires sont stigmatisés pour leur corporatisme et leur improductivité. Comble de l'inacceptable, ils bénéficient de la sécurité de l'emploi, comme si la sécurité était un privilège qu'il convenait de combattre et comme si l'insécurité de l'emploi était obligatoirement facteur de dynamisme, de motivation et de progrès.

La contamination de la politique par la gestion conduit à bouleverser la hiérarchie des valeurs et du sens de l'action. « De toute évidence, écrit Alain Caillé (1997), le courant dominant, au sein de la pensée de gauche comme au sein de la pensée libérale, reste persuadé que les problèmes centraux de la société humaine sont d'abord des problèmes "réels", nés de la rareté matérielle objective, et que tout le reste, les idées, les symboles, les valeurs, les identités, le psychisme, tout ce reste-là est littérature. »

Lorsque la société est conçue comme une entreprise qu'il convient de gérer, lorsque les critères de gestion l'emportent sur l'analyse politique, on assiste à une inversion entre les moyens et les finalités, entre le poids des normes financières et les missions « politiques » des institutions.

La gestion de l'habitat social

Après la guerre de 1939-1945, une partie de la population vivait dans des bidonvilles ou des logements insalubres. De hauts fonctionnaires éclairés, sous l'impulsion de Paul Delouvrier et François Bloch-Lainé, développèrent un vaste programme de logements sociaux pour offrir des logements décents et confortables aux catégories sociales qui n'avaient pas les moyens de se loger sur le marché privé. Des centaines de milliers de logements vont être construits et des offices, chargés de gérer ces logements, sont mis en place, avec pour mission d'attribuer ces logements à ceux qui en ont le plus besoin.

Pour assurer cette mission, des directeurs d'office d'HLM (habitation à loyer modéré) doivent concilier une exigence comptable d'équilibre budgétaire et une exigence de services consistant à maintenir les logements en bon état, en assurer l'entretien, veiller au bon développement de la vie du quartier, jusqu'à favoriser la mise en place d'équipements sociaux. Une contradiction a très vite émergé entre la mission sociale de ces organismes, accueillir les populations les plus défavorisées, et l'intérêt financier, accueillir les locataires solvables, ayant des revenus stables et conséquents. D'autant que les habitants, qui n'ont pas de problèmes financiers, investissent plus facilement leur cadre de vie, veillent au bon entretien de leur logement, ce qui favorise les relations de bon voisinage, la conservation du patrimoine et la tranquillité sociale.

Dans toute organisation, les individus adaptent leur comportement aux paramètres selon lesquels ils pensent être jugés. Le « bon » gestionnaire est celui qui sait réduire les « taux d'impayés ». Aussi, la grande majorité des cadres des antennes de gestion ont organisé la « chasse aux impayés », c'est-à-dire l'expulsion des mauvais payeurs et le rejet, dans les commissions d'attribution, de ceux qui risquaient de le devenir. Ce qui, au départ, était un simple indicateur comptable, est devenu au fil du temps un objectif de gestion. Et cet objectif a conduit une majorité des offices HLM à durcir les modes d'attribution en rejetant les personnes les plus défavorisées ou celles ayant des revenus modestes, au profit des personnes ayant des ressources suffisantes, donc des situations sociales plus favorisées. Les responsables d'antenne qui n'ont pas appliqué cette politique ont vu leur parc se transformer en ghetto social concentrant les familles les plus défavorisées.

Cet exemple permet de saisir trois processus au cœur de la logique gestionnaire :

• la domination des critères financiers sur les autres considérations;

• la traduction de cette exigence en calcul, donc en instrument de mesure quantitatif;

• la dévalorisation des finalités sociales.

La rationalité des moyens conduit à perdre de vue les finalités sociales et humaines quand bien même ces finalités sont constitutives de l'existence même de l'institution. Les directeurs d'offices sont d'abord évalués à partir de critères de gestion budgétaire, et secondairement à partir de leurs capacités à remplir la mission pour laquelle l'organisme a été mis en place. Un responsable d'office déclinait son rôle en ces termes: « Le développement social, ce n'est pas mon cheval de bataille. Un office, c'est une entreprise. Il ne faut pas qu'il y ait de perte de logements vacants, d'impayés. Le conseil d'administration, ce qu'il veut, ce sont des résultats, ce n'est pas des états d'âme... » (Gaulejac, Bonetti et Fraisse, 1989).

Un « bon » gestionnaire se doit d'être réaliste, concret et efficace. On transforme ainsi les locataires en produits. Certains sont rentables, d'autres non. Cette évolution a conduit bon nombre d'OPHLM (offices publics d'habitations à loyer modéré) à mettre en place des règlements intérieurs pour fixer les critères de ressources minimales pour l'attribution d'un logement. Dans la pratique courante, les candidats ne doivent pas concentrer plus de 30 % de leurs revenus au paiement de leurs dépenses locatives, ce qu'on appelle le « taux d'effort ». Dans certains offices, on leur demande même de disposer de 10 euros de ressources par jour et par personne, une fois leurs charges réglées.

Cette situation a conduit le DAL (association Droit au logement) à intenter un recours contre un office public d'aménagement et de construction (OPAC) devant le tribunal administratif qui a rendu son jugement le 23 avril 2001. Les considérants sont intéressants : le tribunal rappelle que « l'attribution de logements sociaux participe à la mise en œuvre du droit au logement afin de satisfaire les personnes de ressources modestes et les personnes défavorisées [...]. Les critères forgés par le bailleur social tendant à exclure les candidats les plus modestes et, en particulier, les familles nombreuses, sont directement contraires à la lettre et à l'esprit du code de la construction ». En conséquence, le tribunal a demandé à l'OPAC de suspendre les critères de ressources exigés. Dans sa défense, le bailleur social indiquait que ces critères avaient été votés par un conseil d'administration dans lequel siégeaient des représentants de la préfecture, de la Caisse des allocations familiales et des représentants de locataires. Si les recours sont rares, les pratiques sont constantes, même dans les organismes dits « sociaux » (B. Bissuel, *Le Monde*, 3 mai 2001). Les indicateurs de gestion sont construits sur des paradigmes d'objectivation financière qui transforment les locataires en quittances, leur « effort » en taux et les habitants en dossiers.

L'idéologie gestionnaire tue la politique

Fascinés par le modèle managérial et les valeurs qu'il véhicule, les membres de la haute fonction publique et la plupart des ministres sont imprégnés de valeurs en décalage et parfois même hostiles à celles des administrations et des entreprises publiques dont ils ont la charge. Dans une recherche effectuée au sein des cabinets ministériels, Aude Harlé (2008) résume les présupposés véhiculés par ses membres :

• Le mode de fonctionnement de l'administration est bureaucratique et démotivant alors qu'il devrait être efficace et réactif.

• Le statut du fonctionnaire est un obstacle à l'initiative, à la prise de risque et à la motivation.

• Les règlements indiquant le permis et le défendu, les prescriptions et les interdits ne permettent pas la responsabilisation des agents.

• L'avancement à l'ancienneté ou aux concours doit être remplacé par l'avancement au mérite et aux résultats.

• La justice tient moins à un partage égalitaire des richesses et des biens qu'à la récompense des contributions de chacun.

• À la rigidité et la multiplicité des textes bureaucratiques doivent se substituer la souplesse, la réactivité, l'engagement des personnes, le management par projet.

• Le gouvernement par contrat doit remplacer le gouvernement par la loi ; la direction normalisante doit être remplacée par la direction par objectifs, la communication doit remplacer la prescription.

• La centralisation est un obstacle à l'efficacité. Il faut donc privilégier l'individu sur le groupe, la diversité sur l'uniformité.

• L'homme politique idéal est celui qui réalise des exploits, qui cherche à se surpasser, à l'image du sportif et de l'entrepreneur.

Les membres des cabinets ministériels célèbrent « la France qui gagne », les hommes « qui se sont faits eux-mêmes », l'idée qu'il dépend de chacun de réussir sa vie. Ils célèbrent un monde compétitif, le culte de la performance et stigmatisent ceux qui ne réussissent pas. Les discours compassionnels pour les personnes âgées, les handicapés et « la France d'en bas » coexistent avec une invalidation de tous ceux qui n'ont pas su se réaliser, comme si la responsabilité de la réussite ou de l'échec ne dépendait en définitive que de la volonté individuelle de se battre.

À partir du moment où les hommes politiques choisissent de *gérer* plutôt que de *gouverner*, défendant les valeurs de l'entreprise plutôt que celles de l'État, appelant à la mobilisation des individus plutôt qu'à la défense des services publics, ils se mettent dans un piège. Ils produisent sans s'en rendre compte la décrédibilisation de leur fonction. Les électeurs leur appliquent les critères d'évaluation qui ont cours dans le monde du travail. S'ils échouent, c'est qu'ils ne sont pas suffisamment réactifs et efficaces. Comme des actionnaires mécontents de leur PDG qui n'offre pas une rentabilité suffisante, le citoyen-gestionnaire exige une rentabilité à son bulletin de vote. Si la performance est jugée médiocre, il rejette leurs hommes politiques jugés incompétents.

L'idéologie gestionnaire tue la politique. En préconisant une exigence de résultats et d'efficacité, elle déplace la politique sur le terrain de la performance et de la rentabilité. Dans ce contexte, les valeurs se perdent. Des hommes politiques considérés comme honnêtes sont remerciés avec fracas, d'autres, condamnés pour abus de biens sociaux ou malversations, sont réélus avec succès. La politique devient un marché à l'image de la Bourse où les sondages d'opinion livrent la « valeur » des personnalités politiques. Les magazines indiquent chaque semaine celles qui sont à la hausse et celles qui sont à la baisse. La télévision devient la scène essentielle sur laquelle se joue leur image, le marketing politique un élément stratégique majeur pour gagner une bataille électorale. Chaque citoyen est invité à effectuer ses choix politiques comme le consommateur le choix des produits de marque. Il convient alors de tenir un discours qui « colle » aux préoccupations de l'opinion.

Les paradigmes de la gestion contaminent le discours politique. Le débat est surdéterminé par le prisme de la communication. Les « doctrines politiques » sont considérées comme archaïques face à l'efficacité gestionnaire et au pragmatisme de l'action. La politique se calque sur l'approche marketing pour ajuster constamment l'offre à une demande formatée à partir des sondages d'opinion. L'opposition est assimilée à la concurrence. L'élu doit se vendre comme un produit, les partis doivent s'organiser sur le mode de l'entreprise qui vend son image à grand renfort de publicité. Le discours entrepreneurial se substitue au discours politique : le bon sens contre l'idéologie, le pragmatisme contre les convictions, l'efficacité contre les principes, l'action contre les discours. L'élu doit se mettre au service du citoyen comme l'entreprise doit être au service du client.

Le citoyen-client

La politique devient un marché dont les différents partis se partagent les parts. Dans cette conquête, il convient, comme pour la grande distribution, de favoriser les fusions et les concentrations pour être plus fort et dicter sa loi aux petits. Cette évolution conduit à un mélange de désillusion et de désaffection. La politique n'est plus porteuse d'espérance. Elle n'incarne plus un projet de changement, le rêve d'une société meilleure, une amélioration de l'être ensemble, une exaltation des valeurs démocratiques et républicaines. À partir du moment où « le » politique suit l'opinion publique, il n'est plus porteur de convictions fortes. Son discours s'adapte aux différents publics, au contexte, aux émotions collectives. Il se doit d'être en phase avec le citoyen-consommateur, être à « l'écoute du terrain » et ne choquer personne. Il doit aller dans le sens du vent, être capable de dire une chose et son contraire, de prendre des engagements sans trop se préoccuper de savoir s'il est à même de les tenir. Le pragmatisme n'est pas compatible avec l'affirmation de convictions trop tranchées.

La mise en avant de l'action comme valeur conduit à déconsidérer les valeurs comme guide pour l'action. Les finalités sont énoncées à court terme, ciblées sur des problèmes concrets que l'on prétend résoudre dans l'immédiat. Les politiques pensent renouveler leur légitimité en se mettant à l'écoute des problèmes dans l'instantanéité. Faute de penser à la société de demain, ils gèrent les contraintes du présent. Cette absorption du futur par le présent conduit à l'abandon progressif des catégories de l'espoir, de l'attente ou de l'utopie (Laïdi, 1994). La politique perd son pouvoir visionnaire et ses capacités de mobilisation sur des projets collectifs qui ne peuvent se faire que dans la durée. « Dans un monde où, nous dit-on, il faut avant tout s'adapter rapidement, comment peut-on encore adapter le monde dans la durée ? Quand le mot d'ordre est réactivité, peut-on encore avoir l'ambition d'infléchir la réalité ? » (Jauréguiberry, 2003).

L'abstention traduit la méfiance vis-à-vis de la parole des élus et une crise de la démocratie. Le citoyen, transformé en consommateur passif, manipulé par des campagnes de publicité simplistes, se désintéresse de la chose publique. Lorsque le vote est assimilé à une relation marchande, il perd sa valeur symbolique, il ne fait plus sens. Lorsque le débat politique ne permet plus de discuter autour de projets de société, de définir des orientations pour l'avenir, de confronter des visions du monde différentes, la vitalité démocratique devient obsolète, elle perd sa substance même. La politique n'est plus que le théâtre d'ambitions personnelles, de confrontation de discours formatés, de petites phrases ou de grandes affaires, qui font les titres des journaux télévisés que le spectateur consomme comme un match de foot ou un feuilleton. Au moment du vote, l'abstention ou le vote extrême sont les deux faces, l'une résignée et passive, l'autre révoltée et active, de la désaffection du politique.

Paradoxalement, la désillusion comme la désaffection ne conduisent pas à l'indifférence. Lorsque le citoyen est traité comme un client, il devient plus exigeant. Plus il est dépossédé de la possibilité d'être acteur dans le jeu politique, plus il va exiger son dû et traiter le système politique comme un bureau de réclamation qui doit être à son service. À l'image des managers pris dans l'emprise de l'organisation hypermoderne, l'élu doit être polyvalent, multifonctionnel, flexible et disponible. À l'écoute du client-citoyen, il doit réagir instantanément face aux événements imprévus de la vie sociale. Soumis au terrain, comme l'entrepreneur est soumis au marché, on lui demande d'être disponible à tout moment, réactif devant chaque événement, adaptable pour se mettre à la portée des différents publics rencontrés. Entre politique et management, les frontières deviennent poreuses. On assiste à une privatisation du politique qui n'est qu'un symptôme parmi d'autres de la privatisation du monde.

Perte de crédibilité et impuissance

L'assimilation de la société à une entreprise fait perdre à la politique sa noblesse et son importance. La satisfaction des intérêts individuels et des intérêts catégoriels fait perdre de vue l'intérêt général. L'État n'est pas fait pour « gérer » la société. Il est le garant de la sécurité de tous, de l'égalité des droits, du développement de la démocratie, du fait que chacun puisse avoir une place quels que soient ses origines, ses compétences, ses convictions et ses moyens. À vouloir gérer l'État comme une entreprise, on considère les fonctionnaires comme des effectifs qu'il faut réduire, son budget comme une charge insupportable, ses interventions comme des entraves à l'initiative individuelle.

La fiscalité n'est plus considérée comme une contribution nécessaire pour financer la santé, l'éducation, la solidarité ou la culture, mais comme un coût toujours trop élevé qu'il faut alléger à tout prix. Le paiement de l'impôt n'est plus un acte citoyen fondé sur la fierté de contribuer au bien commun, mais une corvée qu'il faut si possible supprimer en utilisant les multiples opportunités de la défiscalisation, ou en s'installant dans des « paradis fiscaux ». Le monde politique, qui collabore au dénigrement de l'impôt, est bien aveugle dans la mesure où il encourage les citoyens-électeurs à diminuer ses moyens d'action. Par là même il favorise la démagogie, la perte de confiance dans les institutions et les services publics désignés comme inefficaces, inutilement coûteux et mal administrés.

D'où un paradoxe dramatique pour tous ceux qui attendent de la politique qu'elle construise un monde plus harmonieux : au nom de l'efficacité, on cherche à mettre l'État au service du développement économique en affaiblissant ses capacités de régulation. Ce qui fait perdre à la politique sa mission essentielle, c'est-à-dire sa capacité à préserver le lien social.

Lorsque la politique cherche ses modèles dans la gestion, elle contribue à produire sa propre impuissance. Plus la globalisation économique se développe, plus les politiques semblent perdre leur capacité d'action et leur légitimité. La raison souvent évoquée pour comprendre ce phénomène tient au double processus de déterritorialisation et d'abstraction du capital. La circulation « en temps réel » des capitaux et la dénationalisation des entreprises « multinationales » ou transnationales ont fait perdre aux États leur capacité de contrôle. Ils se sont laissé déposséder d'une partie de leur souveraineté en permettant aux marchés financiers de prendre leur autonomie et en confiant à des banques centrales indépendantes le soin de gérer leur monnaie. L'ouverture des frontières pour favoriser le commerce mondial et le libre-échange n'a fait qu'accentuer le processus. Le développement des technologies de communication et d'information en a accéléré les modalités de mise en œuvre. Les États perdent leur possibilité de contrôler les capitaux, les informations, la monnaie et la circulation des marchandises. Ils ne gardent qu'un pouvoir sur la circulation des hommes, ce qui n'est pas le moindre des paradoxes d'un système qui se proclame libéral.

On assiste alors à des disjonctions entre les trois sphères constitutives des sociétés intégrées : l'économique, le social et le politique. De nombreux auteurs ont évoqué la fracture entre l'économique et le social (Perret et Roustang, 2001). Nous avons insisté sur la rupture entre les logiques financières et les logiques de production qui conduisent à déterritorialiser les premières et à délocaliser les secondes. Les conséquences sociales et les coûts financiers de ces évolutions étant externalisés, les entreprises n'ont plus de raisons « rationnelles » de les prendre en compte.

Les politiques semblent impuissants à maîtriser le monde, à offrir des visées de l'avenir porteuses de progrès, à promouvoir l'émancipation des peuples. Ils s'enferment dans une gestion laborieuse des « effets de la crise », crise qui semble bien s'installer durablement, ce qui montre, s'il en était besoin, qu'il s'agit d'un fonctionnement structurel et non d'un état conjoncturel. En se laissant contaminer par la gestion, la politique perd sa crédibilité et même sa légitimité. Pour les uns, elle s'est « vendue au grand capital », pour les autres, elle est impuissante à empêcher l'instauration d'une société de marché dans laquelle l'homme est géré comme n'importe quelle autre marchandise. Une évolution qui invalide le cœur même de ce qui devrait être au fondement du politique, l'instauration d'un monde commun (Tassin, 2003).

La construction d'un monde commun

Sur le palais des recteurs de la ville de Dubrovnik, on peut lire une inscription gravée dans la pierre : « Oubliez vos intérêts privés pour l'intérêt général. » Pendant leur mandat, les recteurs ne devaient pas sortir des palais, afin de se consacrer entièrement à leur charge. Ils s'inspiraient des valeurs de la Grèce antique qui considéraient qu'il n'y avait rien de plus noble ni de plus enviable que de s'occuper des affaires de la cité.

Marcel Gauchet analyse l'impuissance du politique par un mouvement paradoxal : l'avènement de l'État social, qui a permis aux individus de sortir de leur dépendance originaire, familiale et de voisinage, a procuré à l'individu « la liberté de n'avoir pas à penser qu'il est en société » et, en conséquence, de consacrer le triomphe du modèle du marché dans nos sociétés (Gauchet, 1998). Dans la mesure où l'État devient en quelque sorte responsable de la production du lien social, l'individu ne se sent plus comptable de « faire société ». Il se replie alors sur la comptabilité de ses avantages et de ses intérêts, qu'il va chercher à optimiser au mieux. L'individu hypermoderne oublie qu'il vit en société. On assiste au développement du « privatisme » qui incite l'individu à se dégager des relations sociales. « Le privatisme enlève à l'acteur social sa capacité à s'inscrire dans une communication sociale et dans les interactions collectives relatives à la société ; il le prive de l'espace public d'action, des conditions intersubjectives de la réflexivité, bref de sa consistance publique. » [1] Il développe une propension à la désaffiliation et au désengagement qui est une des causes majeures du désinvestissement de la sphère politique, renforcée par la marchandisation de la vie sociale et le démantèlement de l'État-providence. En se fourvoyant dans la gestion, les politiques eux-mêmes contribuent à produire leur impuissance et leur discrédit.

Revenir au cœur du politique, c'est se préoccuper d'abord et avant tout de ce qui favorise « l'être ensemble ». C'est célébrer une société dans laquelle les individus ne sont pas considérés d'abord comme des travailleurs et des consommateurs mais avant tout comme des citoyens, c'est-à-dire des sujets agissant ensemble. Non pas une agrégation d'individus vivant côte à côte en partageant un bien supposé commun, mais une communauté d'acteurs dont la préoccupation majeure est de construire un *monde commun.* « Le vivre ensemble démocratique est moins un *être ensemble* qu'un *agir ensemble*. Et le citoyen est moins le membre d'une communauté donnée que le co-acteur d'une communauté en acte » (Tassin, 2003).

Ce qui contribue à construire la société, à établir de la convivialité, à célébrer le plaisir du vivre ensemble, ce qui

1. Le terme de « privatisme » a été proposé par Ota de Leonardis. Il est repris par Jean-Louis Laville (1999), p. 162.

caractérise une véritable activité civique est aujourd'hui dévalué. L'intérêt privé l'emporte sur l'intérêt général. Pour retrouver sa noblesse, la politique doit non seulement se dégager de l'idéologie gestionnaire, mais la combattre frontalement. Sa finalité n'est pas de gérer la société mais de gouverner des hommes pour construire un monde meilleur.

Entre la politique et la gestion, les conceptions de l'action collective s'opposent et se complètent. La gestion considère les individus à partir de leur fonctionnalité économique comme actionnaires, travailleurs et consommateurs. La politique doit les solliciter pour être des citoyens-acteurs qui attendent la reconnaissance de leur contribution au bien commun plutôt que de leur enrichissement personnel. D'un côté l'intérêt général, la gratuité, le désintéressement, de l'autre l'intérêt privé, le profit et la recherche de l'enrichissement personnel. L'un favorise l'être ensemble, l'autre la lutte des places. Il convient donc de sortir du piège qui soumet la politique aux lois de la gestion en détruisant ce qui est son fondement même.

La démocratie se construit tous les jours par l'établissement quotidien de relations humaines, « qui ne sont nullement données, pas entièrement prédéterminées, qui s'inventent et se défont en fonction des situations, des rapports de force, des conflits, des actions menées de concert » (Tassin, 2003). Construire des solidarités concrètes, rendre le monde moins injuste, pacifier les relations entre les hommes, combattre les incivilités, célébrer les vertus d'hospitalité, contribuer au bien commun, apprivoiser l'altérité, c'est dans l'action quotidienne de chacun que la démocratie peut se renforcer.

La politique retrouve sa crédibilité lorsqu'elle se met au service d'un projet de civilisation respectueux de la dignité et du bien-être de chaque concitoyen, attentif à l'environnement, aux droits de l'homme, à une répartition équilibrée des richesses produites. Un monde plus accueillant pour les enfants, plus juste pour « les gens de peu » (Sansot, 1991), plus pacifié pour tous.

CHAPITRE 13

Le lien vaut mieux que le bien

> « L'intelligence ne consiste-t-elle pas à se fixer en même temps sur deux idées contradictoires, sans pour autant cesser de fonctionner ? On devrait, par exemple, pouvoir comprendre que les choses sont sans espoir et, cependant, être décidé à les changer. »
>
> FRANCIS SCOTT FITZGERALD
> *La Fêlure.*

DISONS-LE d'emblée, les remèdes à la « maladie de la gestion » ne sont pas simples. Il n'y a en l'occurrence ni potion magique ni chirurgie réparatrice. Les réponses sont plutôt du côté de l'homéopathie : une médecine douce, tout en patience et en délicatesse, dont l'efficacité n'est pas prouvée une fois pour toutes et qui demande une forte implication du sujet lui-même pour produire des effets. Entre l'attente militante d'un grand soir et les réponses faussement opératoires, il y a place pour des réponses cliniques qui consistent à co-construire le diagnostic et les remèdes avec les acteurs concernés.

Notre diagnostic met en évidence différents symptômes : perte de sens, perversion des valeurs, communication paradoxale, éclatement des collectifs, volonté de puissance démesurée, transformation de l'humain en ressource, pression sur les individus dans une compétition sans limites, harcèlement généralisé, exclusion pour les uns, stress pour les autres, perte de confiance dans le politique. Ce tableau est accablant. Certains penseront qu'il est noirci, d'autre qu'il est en deçà de la réalité. Selon les sensibilités, les uns en déduiront qu'il faut sortir du système capitaliste pour changer radicalement les rapports entre le capital et le travail et remettre en question la primauté de la logique financière. Pour d'autres, qu'il faut réguler les relations internes à l'entreprise afin de rééquilibrer les rapports entre les actionnaires, les clients et les employés, en confiant au management le pouvoir de trouver des médiations entre ces différents acteurs. D'autres insisteront sur la bataille idéologique, contre l'ultralibéralisme, par la construction d'un imaginaire social qui permette de penser différemment les rapports entre l'économique, le social et le politique.

Le chantier est ouvert depuis longtemps. Notre propos n'est ni de récrire *Le Capital* de Marx, ni un traité de gestion démocratique de l'entreprise, encore moins d'élaborer un programme politique. Simplement de définir quelques orientations simples pour penser la gestion autrement : envisager les organisations comme des micro-sociétés dont le fonctionnement ressortit autant à la gestion qu'à l'anthropologie, considérer l'homme comme un sujet plutôt qu'une ressource, analyser l'entreprise comme une institution sociale plutôt qu'un organisme à finalité strictement économique, reconsidérer l'importance du don au fondement de ce qui « fait société », construire une économie plus solidaire soucieuse du lien social.

Une gestion plus humaine des ressources

La « science managériale » est tiraillée entre deux tendances. L'une met en avant le souci opératoire de développer des outils et des techniques au service de l'efficacité et des performances de l'entreprise. L'autre met en avant le souci scientifique de développer des théories et des méthodes au service d'une compréhension globale de l'entreprise, approche globale, donc pluridisciplinaire, qui doit s'appuyer sur l'économie et sur l'ensemble des sciences sociales.

L'économie ne peut être pensée indépendamment de la société. L'*oikos nomos* signifie en grec l'« organisation de la maison ». Cette « éco-nomie » devrait se développer en respectant trois principes fondamentaux :

• Le respect de l'*oikos logos*, c'est-à-dire de l'écologie et du développement durable. L'économie doit assurer le renouvellement des ressources qu'elle détruit et contribuer à protéger notre environnement qui constitue la « Terre-Patrie » (Edgar Morin), le bien commun à toute l'humanité. Cette exigence doit être au cœur de la préoccupation de tous les gouvernements, de même qu'il doit rassembler l'ensemble des « citoyens du monde » dans une mobilisation permanente.

• Le respect de l'*anthropos logos*, c'est-à-dire de l'espèce humaine et de la société. La finalité de l'activité humaine n'est pas le développement du capitalisme. L'économie n'a de sens que dans la mesure où elle contribue au développement du lien social, du bien-être collectif, qui est différent du « bien avoir » ou encore du « posséder plus ». L'amélioration des rapports entre l'être de l'homme et l'être de la société est au cœur du projet qui doit fonder une conception anthropologique de la gestion.

• Le respect de la *psykhè logos*, c'est-à-dire de la vie psychique. « L'organisation de la maison » doit être conçue pour favoriser le bien-être de chacun, la satisfaction des besoins individuels et collectifs. L'économie au service de la vie humaine, pas seulement pour élever le niveau de vie et favoriser la consommation, mais pour développer des conditions de vie harmonieuses qui respectent les rythmes biologiques. Une économie solidaire fondée sur la réponse aux besoins existentiels des individus.

Ces trois principes conduisent à envisager l'entreprise comme une construction anthropologique, en rupture avec les paradigmes présentés dans le chapitre 2 :

• La gestion ne doit pas être appréhendée à partir de modèles théoriques inspirés des sciences exactes, mais plutôt des sciences sociales.

• La finalité de l'entreprise n'est pas exclusivement économique et financière, mais d'abord humaine et sociale.

• Le travail ne peut être considéré uniquement sous l'angle de la production et des résultats, mais également sous l'angle du sens de l'activité.

• La subjectivité et le vécu sont des variables tout aussi importantes que la production et la rentabilité.

Nous rejoignons le projet de construire une anthropologie des organisations « qui repose, d'une part, sur une certaine ouverture disciplinaire et, d'autre part, sur le retour de dimensions centrales souvent oubliées par le monde de la gestion » (Chanlat, 1990 et 1998). L'entreprise doit être analysée comme un *phénomène social total*, donc comme un ensemble de processus en construction permanente. Comme tout fait social, l'entreprise est conditionnée par une multiplicité de déterminants sans que l'on puisse en isoler un qui serait la clef explicative de l'ensemble. La nécessité du profit est sans doute incontournable, mais la logique financière n'est qu'un aspect des choses. Les lois qui régissent le fonctionnement d'une entreprise obéissent à des ordres disciplinaires différents sans que l'on puisse décider *a priori* que l'un est supérieur aux autres. L'organisation est une construction sociale qui recouvre des enjeux économiques, mais également politiques, idéologiques et affectifs. La polysémie des faits sociaux conduit à abandonner le modèle de la causalité linéaire et univoque : le fait social est toujours le produit d'autres faits et contribue à produire des faits nouveaux ainsi qu'à transformer les éléments qui l'ont produit (Morin, 1990).

Nous avons critiqué la « montée de l'insignifiance », pour reprendre une expression de Cornelius Castoriadis, et de tous les discours prescriptifs censés motiver les employés et favoriser l'adhésion. Dans bien des cas, cette adhésion n'est que de façade. La gestion retrouvera la crédibilité qu'elle a perdue si elle peut apporter plus de sens et moins d'insignifiance, plus de compréhension et moins de prescription, plus d'analyse qualitative et moins de mesure quantitative. Une gestion plus humaine qui refuse d'instrumentaliser les hommes en les considérant soit comme un coût, soit comme une ressource.

De l'individu ressource à l'individu sujet

La perspective utilitariste et le primat de la rationalité instrumentale conduisent à nier une dimension particulièrement essentielle de l'humain. Les êtres humains ne sont pas des choses. Il convient donc de considérer l'individu non comme une ressource mais comme un sujet (Gaulejac, 2009). Au fondement même de l'humain, il y a une aspiration de se construire comme un être singulier relié aux autres dans un désir d'accomplissement. C'est ce paradigme central qui doit fonder la connaissance et la conception de l'action humaine. La quête de chaque homme pour devenir un sujet a de multiples aspects. Elle s'exprime dans le registre de la connaissance, dans celui du droit, mais aussi dans les registres sociaux et psychiques.

Le sujet humain est caractérisé par sa capacité réflexive et délibérative : capacité de penser le monde, de se penser dans le monde, d'avoir une activité raisonnante et calculatrice, mais aussi par sa capacité de mise en question de soi-même et de son environnement. Le sujet réflexif peut penser quelque chose de différent de ce qui existe. L'imaginaire ne s'oppose pas au réel, il en est une des formes d'expression. L'imagination peut être « conservatrice » lorsqu'elle se calque sur une réalité perçue comme intangible, ou « progressiste » lorsqu'elle souligne ce que le réel a d'insupportable en dessinant les contours d'un monde différent. C'est en imaginant d'autres possibles que les hommes peuvent transformer la société dans laquelle ils vivent.

L'activité délibérée s'oppose à l'activité instrumentalisée. Elle favorise l'émergence de sujets réflexifs. Elle offre la possibilité pour tout être humain de mettre en œuvre une cohérence entre sa réflexion et ses actions. Aucune organisation, aussi technocratique ou bureaucratique soit-elle, ne peut fonctionner sans que s'exerce un minimum de pensée critique. Chaque agent développe une intelligence permanente pour que « ça marche », en complément ou en contradiction avec les prescriptions que « le système » énonce. Mais, le plus souvent, les capacités délibératives sont, surtout dans les organisations de masse, soit inhibées, soit canalisées vers des objectifs quantitatifs. Pour inverser cette tendance, il faudrait faire confiance aux travailleurs plutôt qu'aux prescriptions, à leur intelligence plutôt qu'aux procédures, à leur capacité d'action plutôt qu'aux règlements. Le sujet réflexif sait développer ses capacités créatrices dans un environnement où la confiance l'emporte sur le contrôle, l'initiative sur la mesure des résultats, la sublimation sur la toute-puissance.

Chacun peut et doit contribuer à la production du sens de l'action collective. La rationalité instrumentale est une négation de l'humain. Tout ce qui tend à objectiver et à instrumentaliser les individus, dans la réflexion comme dans l'action, se heurte constamment à la volonté, plus ou moins affirmée selon les individus, d'être considérés comme des sujets. Dans les processus de production de biens, de services, comme dans la production de la connaissance, il faut favoriser ce qui concourt au développement des capacités réflexives individuelles et collectives.

Chaque individu doit aussi être reconnu comme un sujet de droit, c'est-à-dire égal à tout autre « en droit et en dignité », comme l'énonce l'article 1 de la Déclaration universelle des droits de l'homme. Il ne peut y avoir d'accès à l'autonomie véritable en dehors d'une assise juridique qui énonce les règles nécessaires pour vivre en société, règles qui s'imposent à tous. La violence des rapports sociaux et de la lutte pour le pouvoir ne peut être canalisée que par la reconnaissance de droits. Élaborer une loi commune, reconnue par tous, facteur de démocratisation, telle devrait être l'une des préoccupations majeures de la gestion des hommes et des organisations. Le pouvoir managérial devrait se préoccuper tout autant de la libre circulation des capitaux et des marchandises que de la défense du droit du travail et de la protection sociale.

L'idée que la déréglementation du travail est facteur de liberté est une idée fausse. Une liberté est effective à condition d'être garantie par le droit. De la suppression de l'esclavage et du travail des enfants jusqu'à la réglementation du temps de travail et la retraite à 60 ans, les progrès dans ce domaine sont toujours le résultat de lois. Les délocalisations et la globalisation dans son ensemble conduisent à un alignement des droits sociaux sur les législations les moins favorables aux travailleurs. Nous avons noté au chapitre 1 le déséquilibre entre le FMI, l'OMC et le BIT quant à l'harmonisation des politiques nationales et à la capacité de ces organismes d'imposer des règles communes. Si la circulation des capitaux et les échanges commerciaux bénéficient d'une liberté garantie au niveau international, les législations sociales et le droit du travail sont laissés à la discrétion des différents pays. Plus grave, un renforcement des droits des travailleurs se traduit immédiatement par une menace de fuite des capitaux. On peut espérer que l'Europe fera pression pour changer cet état de choses. La liberté ne se divise pas. La liberté des échanges commerciaux et de la circulation du capital doit s'accompagner d'une amélioration de la protection des travailleurs et de la mise en œuvre d'un droit du travail universel, afin de garantir la liberté et la dignité des travailleurs. Ce sont ces supports juridiques qui apportent la sécurité sociale (Castel, 2003) dont chacun a besoin pour être sujet. Être sujet de droit est une des conditions nécessaires pour pouvoir s'affirmer comme sujet socio-historique.

Chaque individu est producteur de la société et des organisations dans lesquelles il vit. On dit couramment « auxquelles il appartient ». Être sujet, c'est n'appartenir à personne, ni à des personnes physiques, ni à des personnes morales. Le sujet n'appartient qu'à lui-même. Par contre, il sait qu'on ne peut être sujet sans se confronter à l'altérité, sans s'insérer dans un collectif, sans contribuer au bien commun. L'essence même de la collaboration et de la créativité humaine trouve sa source dans des formes d'organisation qui permettent à chacun de ses membres de développer ses potentialités propres tout en respectant les autres. La gestion devrait donc se préoccuper de ce qui « fait société ». L'entreprise ne trouve pas sa finalité en elle-même. Elle est un moyen, parmi d'autres, pour produire la société et améliorer le bien-être collectif, même de ceux qui ne lui « appartiennent » pas. Elle doit donc prendre en compte les conséquences humaines, sociales et environnementales de son fonctionnement en intégrant ces différents paramètres dans son système de gestion.

Chaque individu est également un être de désir. L'autonomie, dans la pensée comme dans l'action, s'étaie sur la reconnaissance de ses désirs sans se laisser assujettir au désir de l'autre ou se laisser dominer par ses fantasmes. Le désir de toute-puissance, la quête inassouvie de reconnaissance, la recherche d'une maîtrise absolue sur le monde, la volonté d'être numéro un, tous ces fantasmes sont éminemment destructeurs. « Là où ça était, JE doit advenir », disait Freud. Être suffisamment au clair avec ses désirs inconscients et ses angoisses pour pouvoir « être au monde », c'est-à-dire concilier son propre développement avec le développement de ce qui « fait société ». Il ne s'agit plus alors de canaliser l'énergie libidinale vers des logiques de profits et d'intérêts, qu'ils soient personnels, matériels, financiers ou autres, mais vers des objectifs de bien commun et de bien-être, là où l'être ensemble apparaît plus important que l'intérêt individuel.

Redonner du sens à l'action

La gestion ne serait pas devenue une idéologie dominante si elle ne venait combler un vide. Mais l'éthique des résultats ne peut satisfaire le besoin de croire que, dans nos sociétés hypermodernes, le déclin des religions ne vient plus combler. Le contrat social doit, avant tout, redonner à l'échange symbolique une place centrale entre un imaginaire social capitaliste, dominé par des fantasmes de toute-puissance et de démesure, et un réel économique borné par la pauvreté, la faim, la surproduction et l'exploitation.

Comme tout univers social, le monde de l'entreprise combine trois registres qui sont tous aussi nécessaires les uns que les autres :

- la réalité concrète et matérielle de l'organisation comme ensemble de biens, de lieux, d'objets, d'agents, de procédures et de modes de fonctionnement ;
- les représentations construites sur cette réalité par tous ceux qui contribuent à la produire ;
- les normes, les règles, les langages, les significations qui fixent l'ordre symbolique, c'est-à-dire le système de référence permettant de produire du sens sur cette collectivité humaine.

La gestion a tendance à coller au registre matériel sans se rendre compte qu'elle construit un système de représentation partielle et tronqué. C'est la raison pour laquelle elle n'apporte pas des réponses satisfaisantes sur le registre symbolique. La valeur de chaque chose et de chaque homme est moins fonction de son utilité économique, que de l'ensemble des contributions qu'il apporte à cette collectivité. La « valeur » symbolique attache plus de prix à la reconnaissance qu'à la productivité, aux qualités humaines qu'aux ratios financiers, au bien-être collectif qu'aux résultats économiques.

Les hommes ne peuvent pas travailler et vivre sans donner du sens à leur action. L'homme rationnel qui cherche à optimiser ses ressources et défendre ses intérêts par des comportements stratégiques est un homme amputé de ses passions, de ses capacités imaginatives et surtout amputé du besoin de donner du sens à son existence. L'ordre symbolique est l'expression de ce besoin. En premier lieu par le langage qui permet de communiquer, d'élaborer, de mettre en mots. En second lieu dans la construction permanente de symboles qui fixent les repères et les références nécessaires à la vie sociale. Lorsque l'éthique de résultat se substitue aux autres considérations, elle produit une forme de symbolisation abstraite et désincarnée qui ne peut satisfaire le besoin de croire. La quantophrénie, le « parler creux », l'insignifiance, la normalisation de l'idéal sont autant de processus qui illustrent la faillite symbolique des discours gestionnaires.

Le paradoxe, outil du pouvoir managérial, fait perdre la raison, au sens propre et au sens figuré. Par exemple, lorsque des salariés reçoivent, la même semaine, une prime pour les bons résultats obtenus l'année précédente et l'annonce de la fermeture du site où ils travaillent. L'annonce simultanée de plans sociaux et de résultats positifs est devenue une pratique courante. Lorsque les effectifs baissent, les actions montent. Ces exemples sont des « désastres symboliques ». Le double langage, banalisé dans le monde du travail, produit une mobilisation subjective, parce qu'elle crée une obligation de résultat, et une immobilisation de l'action, parce qu'elle ne donne pas les moyens opératoires de l'accomplir. « Cette situation rend difficile, voire impossible la symbolisation du conflit. Dès lors, on prend sur soi ces conflits sans nom» (Dujarier, 2004). C'est l'essence même du pouvoir managérial d'enfermer les travailleurs dans des paradoxes, dans des impasses, dans des conflits non symbolisables.

L'école de Palo Alto a fait la démonstration qu'un système de communication paradoxal pouvait rendre fou, et que le seul moyen d'échapper à la folie était de communiquer sur le paradoxe lui-même (Bateson, 1977). On évoque à ce propos un niveau «méta» qui permet d'échapper au paradoxe en l'analysant de l'extérieur. Le registre symbolique est de même nature, parce qu'il permet de refonder un sens en dehors du système de légitimation interne que tout pouvoir met en œuvre. Pour sortir de la répétition, il faut sortir du cadre dans lequel on a pensé le problème, c'est-à-dire du piège qui consiste à chercher la solution à partir d'éléments qui en sont la cause. Par exemple, les multiples techniques pour apprendre à gérer son stress ne peuvent que l'entretenir puisque c'est le mode de gestion lui-même qui en est responsable. Dans ces conditions, le dégagement du stress n'est pas de l'ordre de l'apprentissage d'un comportement opératoire mais de l'ordre de la compréhension en profondeur de ses causes et de ses effets. Pour s'en dégager, il faut donner au sujet les moyens de faire des liens entre la pression du travail et son fonctionnement psychique (Aubert et Pagès, 1989). Proposer de «gérer le stress» ne fait que l'entretenir en apprenant, au mieux, à le supporter. Pour échapper au stress, le sujet doit sortir de l'univers de la gestion. Sinon il s'enferme dans un paradoxe qui consiste à chercher la solution du problème dans ce qui le produit.

La gestion retrouvera une crédibilité si, plutôt que de légitimer les paradoxes du pouvoir managérial, elle produit une connaissance qui permette de les comprendre. Pour ce faire, il faudrait qu'elle soit moins soumise à des critères d'utilité. La distinction entre l'utilité et le sens est ici essentielle. Hannah Arendt en donne une illustration lumineuse (1958). D'un côté, l'*homo faber* dont l'action et les raisons d'agir sont totalement soumises à des critères d'utilité, comme s'il fallait d'abord répondre à la question « à quoi ça sert ? ». De l'autre, le sujet qui « tourne le dos au monde objectif des choses d'usage pour revenir à la subjectivité de l'usage lui-même » (Arendt, 1961). Ce qui compte avant tout, ce ne sont pas les résultats de l'action mais l'action elle-même, la façon dont elle est menée. L'utilité instaurée comme sens engendre le non-sens. Dans le monde de la gestion où tout doit servir à quelque chose, le sens lui-même devient paradoxal. Car une fin, une fois atteinte, cesse d'être une fin et perd sa capacité de guider et de justifier l'action. Vouloir être numéro un n'a pas de sens dans la durée. On peut le concevoir, à la rigueur, comme un objectif transitoire. Une fois atteint, il perd son sens. Il devient même destructeur dans la mesure où il soumet l'entreprise à une course en avant insensée. L'accumulation capitalistique ne peut trouver son sens en elle-même. Elle ne peut se concevoir en dehors d'une autre finalité, celle de produire de la richesse pour le bien commun.

La seule manière de redonner du sens à la gestion est donc de se dégager du « monde objectif des choses d'usage », pour retrouver l'essentiel, la confrontation des subjectivités afin de définir un sens commun, acceptable par tous. Il s'agit de comprendre comment chacun produit le sens de ses actions en développant la possibilité, pour tous les acteurs de l'entreprise, comme professionnels mais aussi comme citoyens et comme sujets, de définir quelles valeurs il leur donne. Il convient de sortir d'une logique d'expertise pour développer des « actions communicatives émancipatrices» (Habermas, 1987). Nous avions développé à ce propos le concept d'*évaluation dynamique* (Gaulejac, Bonetti et Fraisse, 1989). Celle-ci vise à mettre en œuvre des dispositifs souples de changement des procédures, des modes de communication et d'information, des relations entre les différents partenaires d'une organisation en les associant dès leur conception. En participant à la réalisation des diagnostics, le personnel prend conscience des transformations nécessaires et contribue à leur mise en œuvre. Lorsque l'activité fait sens pour le sujet, son adhésion est acquise. Il peut alors mobiliser toutes ses capacités réflexives et créatrices. Nul besoin de grands discours lorsqu'il y a une cohérence entre les objectifs poursuivis et les moyens mis en œuvre. On attend de la gestion cette cohérence qui fait cruellement défaut dans les entreprises managériales entre le vécu et le concept, entre le prescrit et le réalisable, entre le chiffre et ce qu'il mesure. La discussion collective, la confrontation des points de vue, permettent de redonner du sens à l'action, d'en évaluer la pertinence, de remettre de la régulation dans un monde menacé par le chaos.

Retrouver la joie de donner en public

Si l'entreprise est une micro-société humaine, il convient de la gérer en prenant en compte la règle sociale primordiale constitutive de toute société : « la triple obligation de donner, de recevoir et de rendre » (Mauss, 1924). Ni l'utilité ni l'intérêt ne sont les moteurs de la relation sociale : « Avant même de produire des biens ou des enfants, c'est d'abord le lien social qu'il importe d'édifier. Que le lien importe plus que le bien, voilà ce qu'affirme le don » (Caillé, 2000).

Le don est au fondement du lien social, ce qui ne veut pas dire qu'il soit gratuit, sans motif, sans raison d'être, sans « intérêt ». Simplement que l'intérêt et l'utilité du don ne sont pas du registre marchand, spéculatif ou comptable. Ce n'est pas le profit qui est recherché ou la satisfaction d'un intérêt propre. « La main qui donne est au-dessus de la main qui reçoit », dit un proverbe burkinabé, résumant parfaitement la thèse de Marcel Mauss.

Le don scelle l'alliance dans la mesure où celui qui donne cherche à satisfaire son intérêt propre par la satisfaction de l'intérêt de l'autre. C'est en rivalisant de dons que les hommes créent des liens entre eux. Le don assure la réciprocité, la possibilité d'une confrontation à l'altérité, la perspective de construire une société de sujets, alors que la société marchande transforme l'individu en consommateur, l'acteur en producteur et le citoyen en client. Lorsque la contribution de chacun à la société se traduit en termes monétaires, le citoyen oublie le goût de la gratuité, le sens du bien commun. Il se perd dans le calcul entre ce qu'il verse et ce qu'il reçoit. *A contrario*, le souci du bien public et de la construction de l'être ensemble suppose de trouver une harmonie entre l'intérêt personnel et l'intérêt général. Le don ne se mesure pas en termes comptables. Le « retour » ne doit pas s'appréhender dans les termes de l'équivalence mais dans ceux de l'échange symbolique.

L'existence sociale de chacun se révèle autant dans la profondeur de la subjectivité qui fonde le sentiment d'exister que dans la matérialité du statut, des revenus, des emplois nécessaires à cette existence. Loin de s'opposer, subjectivité et objectivité se conjuguent. Valeur d'usage (utilité fonctionnelle), valeur d'échange (intérêt pécuniaire), valeur symbolique (instance de signification) doivent se combiner. Chacune est totalement nécessaire pour fonder une alliance qui permet le passage de la guerre à la paix, de la défiance à la confiance, de la concurrence à la collaboration, de la compétition à la solidarité. La dimension symbolique est le socle à partir duquel les rapports sociaux se construisent. Le symbole est une façon de sceller un accord entre les hommes, d'accepter des significations communes.

C'est le primat de l'économique sur le symbolique qui pose problème. La « crise » est constamment évoquée à travers la croissance, le chômage, les déficits publics, les charges, les variations des cours de la Bourse. Sur le registre politique, on évoque l'impuissance des institutions et de l'État, l'archaïsme des services publics, la lourdeur des impôts et des réglementations. Cette construction imaginaire de la société dévalorise l'action publique. Lorsqu'on attend de l'économique la solution aux problèmes de la cité, lorsqu'on considère « le social » comme l'ensemble des problèmes posés par les populations pauvres, on dévalorise ce qui fonde la société elle-même : le don, la gratuité, la réciprocité, la vie démocratique, la quête de justice et de liberté.

L'univers de la gestion substitue l'intérêt au don, l'enrichissement à la gratuité, la défense de la propriété individuelle à l'obligation de rendre, l'utilité à la dignité, la célébration du mérite individuel à la solidarité collective, la stratégie à l'honneur. Il transforme les relations humaines en rapports marchands, les citoyens en clients qui réclament leur dû et les politiques en pourvoyeurs de services. Il faut retrouver « la joie de donner en public, le plaisir de la dépense artistique généreuse, celui de l'hospitalité et de la fête » (Mauss, 1924). Dans la lignée de Mauss, la morale sociale doit se fonder « sur le respect mutuel et la générosité réciproque qui assurent la redistribution de la richesse amassée. C'est la condition du bonheur des individus et des peuples » (Fournier, 1994, p. 521). L'honneur, le désintéressement et la solidarité sont des valeurs de base nécessaires à la vie sociale. Les hommes devraient se préoccuper de cette morale plutôt que de la réussite individuelle. Au lieu de vouloir « mettre les gens au travail », pour les mobiliser dans la course à la productivité, il serait temps de retrouver le plaisir de la gratuité, de l'échange et du partage sans calcul.

Nombreux sont les mouvements alternatifs qui proclament qu'un autre monde est possible. « Nous vivons sous un modèle hégémonique de développement qui, au Sud comme au Nord, produit destruction, pauvreté, exclusion sociale et politique, chômage, etc. Ce modèle ne reconnaît pas comme légitimes les activités indispensables à la vie en société et menace l'avenir de la planète [...]. Nous sommes engagés dans un processus de construction d'une économie solidaire qui remet en question la conception selon laquelle les besoins humains pourraient être satisfaits par le seul marché et ses prétendues lois naturelles. » [1] Ce texte est extrait de la déclaration finale d'une rencontre organisée à Lima, rassemblant des représentants de 32 pays du Nord et du Sud. Il s'inscrit dans le mouvement altermondialiste qui rassemble les partisans d'une conception différente de la globalisation. Il y est question d'économie solidaire, de commerce équitable, d'indicateurs de bien-être, de taxation des capitaux spéculatifs, de développement local... Toute une réflexion sur d'autres rapports entre développement économique et développement social afin que l'économie ne se déploie plus « contre la société ».

1. Déclaration de Lima, juillet 1997, Ortiz et Munoz (dir.), 1999.

De la société de marché à l'économie solidaire

« Entre la confiance des marchés et la confiance du peuple, il faut choisir. La politique qui vise à garder la confiance des marchés perd la confiance du peuple. » Peut-on sortir de cette alternative posée par Pierre Bourdieu ? Y a-t-il une antinomie radicale entre les marchés et le peuple ? Faut-il tenir à ce sujet un discours qui rappelle la lutte des classes ? Entre Davos et Porto Alegre [1], la coupure est-elle aussi franche ? Il est intéressant de noter que beaucoup d'organisations et de partis politiques se font représenter dans les deux. Peut-on, en effet, espérer garder longtemps la confiance des peuples en dehors d'un projet économique de développement durable ? On le constate à chaque fois qu'un gouvernement de gauche prend le pouvoir : pour tenir ses engagements vis-à-vis du peuple, il doit s'assurer du soutien des forces économiques et obtenir la confiance des marchés. *A contrario*, on peut constater que si cette préoccupation prend le devant de la scène, le désenchantement est rapide, ce qui est toujours le cas lorsque l'économique prend l'ascendant sur le politique, lorsque les considérations en termes de gestion l'emportent sur les considérations en termes de gouvernement des hommes.

Comment retrouver un équilibre entre l'économique, le social et le politique ? Pour que l'économie ne se développe pas contre la société, il convient de reconsidérer le rapport à la richesse et renouveler les termes d'un contrat

1. Davos est le lieu hautement symbolique où se tient chaque année un « sommet » rassemblant les élites économiques et politiques du monde entier. Porto Alegre est la ville où se sont déroulés plusieurs « contre-sommets » des altermondialistes.

social au niveau mondial qui ne soit pas exclusivement dominé par des considérations productivistes, mais par des préoccupations politiques et existentielles. Comment les hommes peuvent-ils vivre ensemble dans l'harmonie et la paix ? Il suffirait pour cela de retrouver quelques principes, peut-être utopiques, mais pourtant essentiels : promouvoir une non-violence économique qui prêche la solidarité comme contrepoids à la compétition ; alléger la pression du travail et du culte de l'activisme ; considérer la richesse comme un moyen pour renforcer la cohésion sociale.

L'entreprise a besoin du capital, du travail et du marché pour se développer. Le management n'a pas à se mettre au service de l'un ou l'autre de ces trois pôles, mais à veiller à ce que les attentes des uns et des autres soient satisfaites et que les logiques d'action qui les sous-tendent entrent en synergie les unes avec les autres. Restent à inventer les dispositifs organisationnels, les procédures juridiques et les principes de gestion qui assurent cette médiation équilibrée.

On peut évoquer dans cette direction le fonds de pension créé en 1983 par la FTQ (Fédération des travailleurs du Québec), l'une des centrales syndicales québécoises. Gestionnaire de fonds pour ses adhérents, la FTQ a créé un fonds de solidarité qui est devenu un acteur essentiel de l'économie québécoise. L'originalité de ce fonds est double. D'une part, il demande en contrepartie de son investissement dans une entreprise que celle-ci s'engage à préserver l'emploi, le droit du travail et l'environnement. Un bilan financier et un bilan social sont effectués avant toute décision d'investissement dans une entreprise. D'autre part, un représentant du fonds de pension est intégré dans le conseil d'administration de l'entreprise. Si le rendement financier de ce fonds n'est pas aussi bon que d'autres fonds de pensions privés, il permet de concilier les intérêts des investisseurs sans monter la pression contre les travailleurs, tout en respectant l'environnement. La médiation entre des exigences contradictoires a sans doute un coût ! Qui ne serait prêt à toucher un peu moins de dividendes pour un monde plus harmonieux ? En France, le développement de l'épargne salariale conduit les syndicats à s'impliquer dans cette direction. On voit s'instaurer un label d'« investissement socialement responsable » qui prend en compte, à côté de l'intérêt financier, les politiques sociales et environnementales des entreprises.

L'émancipation passe par un rééquilibrage des rapports entre le travail et le capital à tous les niveaux. D'abord au niveau international pour éviter que les disparités entre les pays ne favorisent une inflation à rebours de la protection des travailleurs. On doit évoluer vers une meilleure reconnaissance de l'action syndicale au niveau mondial, continental et national. Enfin, plutôt que de s'aligner sur le « moins disant social », il faut valoriser les entreprises qui défendent le mieux la protection de leurs employés. On peut espérer que les actions sur la « responsabilité sociale des entreprises » (RES) favorisent ce rééquilibrage.

De même, il faut imaginer des dispositifs qui protègent les travailleurs face aux effets néfastes de la flexibilité. L'organisation de « marchés transitionnels » (Gazier, 2003) va dans ce sens. Il s'agit de négocier, entre les partenaires sociaux, des aménagements systématiques du temps de travail tout au long de la vie. Par exemple en favorisant les congés parentaux, les congés formation et toutes les formes de flexibilités choisies. La mise en œuvre de comptes épargne-temps permet de compenser les conséquences de la flexibilité décidée par la direction. Les contraintes imposées à un moment donné donnent des droits pour les alléger par la suite par des crédits de temps qui améliorent la maîtrise du salarié sur l'aménagement de son temps de travail. Des expériences de ce type ont été menées au Danemark et en Finlande. Un programme européen, « Translam », est actuellement en cours pour favoriser ces évolutions.

Dans le même esprit, les « systèmes d'échange locaux » (SEL) proposent de développer une économie dont la finalité est l'échange plutôt que la production et la vente. L'argent est remplacé par une monnaie symbolique. Les adhérents proposent d'échanger des biens, des services, des savoirs, en négociant librement leur valeur. Par exemple, les réseaux réciproques de savoir proposent de mettre en relation offreurs et demandeurs de savoir, « des savoirs fonctionnels (savoir remplir des formulaires…) aux savoirs classiques (littérature, instrument de musique…) ou encore aux savoir-faire (utilisation de logiciels informatiques, cuisine, jardinage…) » (Héber-Suffrin, 1992). Ces échanges non monétaires développent une culture de la réciprocité indépendante de la solvabilité des adhérents. Ils dépendent d'un engagement volontaire basé sur des relations de confiance et d'égalité. L'heure de chacun a la même valeur, quels que soient son statut, ses diplômes, ses compétences.

On peut constater, à travers ces expériences, une recherche de gratuité, d'échanges non marchands, de rapports sociaux fondés sur d'autres valeurs que celles prônées par l'univers gestionnaire. C'est également le cas du commerce équitable. Fondé sur la solidarité, la réciprocité et la justice, le commerce équitable vise à renouer des relations entre les producteurs et les consommateurs que le développement du commerce international a brisées. Le commerce équitable vise deux objectifs :

• améliorer le sort des petits producteurs du Sud, marginalisés par manque de moyens financiers et d'expérience, en créant des débouchés pour commercialiser leurs produits agricoles ou artisanaux auprès des consommateurs du Nord soucieux de participer à une meilleure solidarité Nord-Sud ;

• être un réseau de consommateurs en sensibilisant l'opinion publique aux injustices des règles du commerce international et en entreprenant des actions auprès des décideurs politiques et économiques (Ritimo-Solagral, 1998).

L'économie solidaire préconise un autre rapport à l'argent : « Le financement solidaire constitue un instrument pour combattre l'avancée de la polarisation sociale entre riches et pauvres. Il s'agit de démocratiser l'accès au crédit et de mieux accompagner la création d'activités » (Laville, 1999). Différentes formules sont testées de placements éthiques, de participation en capital, de clubs d'épargne. La plus connue est celle des « clubs d'investisseurs pour la gestion alternative et locale de l'épargne » (Cigales) lancés en 1983. « L'épargne solidaire de proximité simultanément s'appuie sur le lien social et crée du lien social ou le développe entre ceux qui deviennent des épargnants associés. Ce double mouvement est une condition nécessaire de la dynamique du système » (Servet, 2000). L'épargne solidaire permet, grâce à des produits financiers classiques (fonds communs de placement, sicav, livrets…) d'aider des entreprises à vocation sociale ou des projets d'insertion de gens en difficulté. Une vingtaine d'établissements financiers proposent à l'heure actuelle des « produits solidaires », dont le Crédit coopératif, la Caisse des dépôts et consignations, Habitat et humanisme ou le Crédit agricole. Le montant investi dans ce type de projet était de presque

100 millions d'euros en 2002, avec une croissance de 28 % par an. 13 % des 31 000 entreprises nouvelles créées en France en 2002 par des chômeurs de longue durée l'ont été avec le soutien des financements solidaires. Après cinq ans, 80 % des entreprises créées sont encore en activité (Couvreur, 2003).

Ces différents exemples d'économie solidaire montrent qu'il existe des alternatives possibles à la société marchande. Le commerce équitable permet de retrouver des meilleurs équilibres dans le commerce international en protégeant mieux les petits producteurs et en impliquant les consommateurs dans des solidarités actives vis-à-vis des pays pauvres. Les finances solidaires redonnent sens à l'argent investi dans l'économie et soutiennent des initiatives qui sont rejetées par les banques traditionnelles. Les réseaux d'échanges non monétaires favorisent l'échange symbolique au détriment de l'échange marchand. Ces pratiques privilégient le développement local, la constitution de solidarités actives, la protection et l'approfondissement des liens sociaux, le développement d'une économie de service essentielle pour la collectivité. Elles construisent des nouvelles formes de production et de vivre ensemble. Elles montrent qu'une alternative est possible au « triomphe culturel du modèle du marché de nos sociétés qui réduit le lien local à un effet global d'agrégation d'actions où chacun n'a en vue que ses avantages et ses intérêts » (Gauchet, 1998).

L'économie solidaire est un projet équivalent à la non-violence en politique. Elle cherche à construire une société apaisée dans laquelle l'économie aide à réduire les inégalités entre les riches et les pauvres. Une économie plus juste qui concilie les intérêts au lieu de les opposer, une économie concrète, au plus près des producteurs, des consommateurs et des investisseurs, une économie humaniste réconciliée avec la politique (Laville, 1999). Il s'agit de rompre avec l'idée selon laquelle seule l'économie de marché est productrice de richesses. Plutôt que de soumettre la création d'activité à la croissance marchande, il s'agit de développer la croissance « soutenable » qui améliore la qualité de la vie, permet de créer des services communautaires, prône des « activités familiales, conviviales, d'entraide [...] garantes d'une relation de générosité dans laquelle chacun prend l'autre inconditionnellement pour fin absolue » (Gorz, 1988).

Il ne peut exister de développement harmonieux dans un jeu d'opposition où l'accroissement du profit est payé par une diminution des salaires et une réduction des effectifs, où l'amélioration des produits et des services est payée par une éviction des consommateurs non solvables, où la protection des avantages acquis de certains travailleurs engendre la précarité et l'exclusion des autres. Comment se satisfaire d'une gestion économique dans laquelle la surproduction met en difficulté la survie des entreprises agricoles alors que des milliards d'individus ne mangent pas à leur faim ? ou encore dans laquelle les uns souffrent d'épuisement professionnel, quand les autres meurent de ne pas pouvoir travailler ? Pour sortir de ce cycle infernal, il convient de repenser les problèmes que soulève « le souci conjoint de l'efficacité sociale et de l'équité en mettant au premier plan les libertés individuelles » (Sen, 1999). Affirmer que le lien importe plus que le bien, c'est redonner sens à une conception de la gestion réconciliée avec la société.

Conclusion

> « Être citoyen, ce n'est pas *vivre* en société, c'est *changer* la société. »
>
> AUGUSTO BOAL

SI UNE SOCIÉTÉ ne se soigne pas, on peut toutefois envisager de la transformer. Il suffirait que chacun résiste un peu plus à devenir le gestionnaire d'une société marchande pour devenir producteur d'un autre monde plus soucieux d'altérité que de profit. Rappelons en conclusion les raisons pour lesquelles la gestion a rendu notre société malade et les remèdes qui permettraient de lutter contre cette contamination. Les cliniciens pensent que la thérapie est contenue dans le diagnostic. C'est en effet la pertinence de l'analyse qui détermine les réponses à apporter ainsi que l'élaboration d'autres façons de faire et d'être. L'analyse critique du monde tel qu'il est conduit à construire un imaginaire social différent.

Nous avons d'abord évoqué le pouvoir managérial et l'idéologie gestionnaire comme deux figures du capitalisme financier et de la mondialisation. Entre le capital et le travail, le management tend à mobiliser le second au service des intérêts du premier et à subordonner l'ensemble des fonctions de l'entreprise à la logique financière. Il se rend d'autant plus insaisissable qu'il est plus abstrait et déterritorialisé. Les multinationales et les grandes institutions financières se confortent pour assurer le développement d'une gestion mondiale sans gouvernement mondial. Le champ du politique tend alors à se restreindre dans la mesure où l'économie lui dicte sa loi. Il est cantonné dans un rôle de gestion des effets sociaux du développement économique. On voit même des hommes politiques préconiser de gérer la société comme une entreprise pour la rendre plus efficace et plus rentable.

L'idéologie gestionnaire renforce ce processus en légitimant une représentation du monde qui tend à transformer l'humain en une ressource exploitable au même titre que les ressources financières, les technologies et les matières premières. On assiste au triomphe de la rationalité instrumentale face à la raison, de l'intelligence commutative (celle du calcul) sur l'intelligence compréhensive (qui produit du sens). La gestion tend à appliquer à l'homme des outils conçus pour gérer les choses. La finalité de ce « système » est de transformer chaque individu en travailleur et chaque travailleur en instrument adapté aux besoins de l'entreprise.

Le pouvoir managérial a pris en charge cette mutation. Un pouvoir fondé sur la mobilisation psychique et l'investissement de soi, mettant ses employés devant un paradoxe qui les piège. Par leur adhésion, ils deviennent les principaux acteurs d'une domination qu'ils subissent. Ils sont pris au piège de leurs propres désirs. Par ce processus, une bonne partie de leur énergie psychique est captée par l'entreprise qui la transforme en force de travail au service de la rentabilité financière.

Lorsque le sens proposé par les gestionnaires se réduit à l'imposition des intérêts des actionnaires, le capitalisme n'a plus d'autre principe de légitimation que son propre développement. Le sens du travail est alors mis en souffrance. Les différents éléments qui permettent de donner un sens à l'activité, de valoriser les œuvres, de s'investir dans un collectif de travail protecteur et solidaire, perdent leur substance et leur consistance. Lorsque les dispositifs de reconnaissance mis en place dans l'entreprise ne correspondent plus à ceux que les employés utilisent pour eux-mêmes, lorsque l'avancement au mérite exacerbe l'individualisme dans un contexte où la production dépend de la qualité du travail d'équipe, l'expérience du travail perd ses vertus socialisatrices et les capacités réflexives du sujet sombrent dans un univers paradoxal qu'il ne comprend plus.

Le seul projet qui subsiste est de gagner. Gagner des parts de marché, devenir numéro un, être le meilleur dans son domaine, accumuler toujours davantage, en définitive gagner toujours plus d'argent. L'argent, symbole des symboles, tue le symbolique. De moyen pour favoriser la réalisation des aspirations humaines, l'argent devient la finalité de l'existence. À partir du moment où la réussite se mesure en termes financiers, où la reconnaissance et l'existence sociales n'ont plus d'autre valeur que monétaire, le registre symbolique perd sa substance humaniste. On entre dans un monde sans limites, qui exacerbe la toute-puissance, le narcissisme et l'envie, engendrant une course en avant illusoire et destructrice. À l'image des marchés financiers, qui instaurent un jeu dont la finalité est une compétition perpétuelle, moteur principal de la guerre économique.

La culture de la haute performance se traduit d'un côté

par une augmentation remarquable de la productivité, de la rentabilité et de l'efficacité et, de l'autre, par une pression intense sur les entreprises et ses salariés. Il faut faire toujours mieux, de plus en plus vite, avec moins de moyens. Ceux qui ne suivent pas les exigences de flexibilité et d'adaptabilité sont considérés comme inutiles. Le développement de plans sociaux massifs est l'un des symptômes d'une tension structurelle du marché de l'emploi à partir du moment où les effectifs sont considérés comme un coût qu'il convient d'alléger au maximum. La performance illimitée est le moteur d'un harcèlement sans fin. Elle engendre une logique d'obsolescence implacable. Les entreprises doivent détruire en permanence ce qu'elles produisent pour pouvoir produire autre chose. Les machines, les technologiques, les savoir-faire, les compétences, les métiers, les usines, les emplois qui étaient nécessaires à un moment donné deviennent rapidement dépassés dans la course folle de la compétition mondiale.

Les conséquences de cette évolution sont contradictoires. D'un côté les performances technologiques et financières sont un moteur de la croissance. Quand bien même les courbes sont chaotiques, le dynamisme économique est indéniable et l'accroissement de la richesse produite démontre la vitalité de ce système. De l'autre on assiste à une dégradation des conditions de travail qui se traduit par une augmentation des maladies professionnelles, de la précarisation des statuts, de la souffrance au travail et de l'insécurité sociale. La culture de l'anxiété devient la norme : peur de ne jamais en faire assez, de ne pas être à la hauteur, de ne pas remplir ses objectifs, d'être mis sur la touche, de perdre son emploi. L'épuisement professionnel et le stress sont monnaie courante.

L'écart croissant entre les récompenses espérées et les rétributions effectives favorise un contexte de harcèlement généralisé. Le délitement des collectifs et l'individualisation des rapports au travail contribuent à « psychologiser » les causes de la souffrance induite par la pression du toujours mieux. Faute de pouvoir transformer les conditions de travail pour les rendre moins pathogènes, chaque travailleur est renvoyé à lui-même. Le stress, l'anxiété, l'épuisement professionnel sont traités au niveau individuel dans leurs effets psychiques ou psychosomatiques, avec l'aide de psychologues et de psychiatres. L'entreprise externalise ainsi les conséquences de la violence des relations du travail qu'elle génère. Le chômage, comme le stress, n'est pas un problème pour l'entreprise puisqu'elle n'a pas à en subir les conséquences. C'est aux travailleurs et aux citoyens d'en assumer la charge psychique et financière.

La guerre économique, la valorisation de la concurrence et l'ouverture des marchés, sont autant de raisons qui permettent de légitimer ces « violences innocentes ». Innocentes dans la mesure où ce monde se présente comme policé, ouvert, convivial, moderne et dynamique. Dans le positivisme ambiant, parler de violence paraît tout à fait incongru. Et pourtant la bataille est rude. *Business is war!* La guerre permet de justifier des pratiques pourtant contraires à toute morale et bien souvent au droit du travail, dont les règles sont contournées ou non appliquées. La conquête est présentée comme une question de survie. La performance ou la mort ! Dans un tel contexte, tous les coups sont permis. Les salariés ont un devoir de mobilisation. Ceux qui ne participent pas au combat sont des fardeaux, sinon des traîtres. Rien ni personne ne doit venir perturber la « confiance des marchés » qui dictent leur loi en toute impunité. À l'éthique de la besogne, du capitalisme industriel, se substitue l'éthique du résultat. Seuls les résultats comptent.

L'ensemble de la société est sommé de se mobiliser au service de l'économie. Aujourd'hui tout se gère, les biens, la vie, les émotions, l'intelligence, la famille, la santé, l'éducation, la cité. Le modèle gestionnaire sert de référence à un monde qui se doit d'être toujours plus productif et rentable. Chacun devient l'entrepreneur de sa propre vie. La famille se transforme en petite entreprise chargée de produire des individus autonomes, performants et employables. L'éducation doit se mettre au service de l'économie pour satisfaire les besoins du marché de l'emploi. Tous les aspects de l'existence humaine sont appréhendés dans le registre de la gestion. De l'enfance à la retraite, la gestion de soi devient une nécessité pour s'intégrer.

Chaque individu est renvoyé à lui-même pour se faire une place, pour exister socialement. Dans une société dominée par les lois du marché, la lutte des places fait rage. On assiste à un éclatement des classes sociales et des collectifs qui fixaient les sentiments d'appartenance et les identités sociales. L'injonction de mobilité, les déstructurations des pôles de production industriels, la volatilité des marchés financiers conduisent à une transformation profonde des processus de socialisation et de construction des identités individuelles et collectives. La classe ouvrière comme la bourgeoisie semblent se déliter. Les grands mouvements sociaux qui symbolisaient les affrontements entre les patrons et les ouvriers, entre la bourgeoisie et le prolétariat, entre les nantis et les classes populaires, changent de nature. La société semble éclater dans une multiplicité d'intérêts catégoriels, de groupes porteurs d'identités partielles. Mais l'éclatement des classes sociales ne signifie pas la fin des inégalités. L'instabilité croissante des positions sociales ne produit pas pour autant une mobilité sociale ascendante pour le plus grand nombre. Les inégalités sont toujours aussi persistantes. Face à la lutte des places, il vaut mieux disposer, au départ, d'un capital économique, social et culturel. Les héritiers sont toujours les mieux armés.

Le monde politique, quand il ne renforce pas ces évolutions, au nom d'un libéralisme naïf, semble impuissant à en maîtriser les causes. Au mieux, il tente d'en gérer les effets. Les dirigeants économiques dictent aujourd'hui leur loi aux politiques. Ils contribuent ainsi à discréditer la chose publique. Les élus politiques participent à leur propre dévalorisation lorsqu'ils prônent une efficacité plus grande, sur le modèle de la gestion entrepreneuriale, pour renforcer le lien social qui se délite du fait même de ce modèle. L'abstention, les votes pour l'extrême droite ou l'extrême gauche expriment l'impatience grandissante face à la faillite politique. Mais peut-on attendre le réenchantement dans des programmes qui prônent d'un côté l'exclusion et de l'autre une révolution improbable ? Malgré ce risque d'impasse, les « partis de gouvernement » persistent à appliquer l'idéologie gestionnaire comme modèle de gouvernance. Le citoyen transformé en client proteste contre la baisse de qualité du service politique, exige une baisse des prix par l'allègement des impôts, ou menace de s'abstenir de voter, comme le client mécontent refuse de payer si le produit ne correspond pas à ce qu'il en attend. Lorsque la politique consiste à gérer les affaires de l'État sur le modèle managérial, elle perd tout à la fois sa légitimité et sa crédibilité.

Les paradigmes de la gestion ont été conçus pour gérer les choses. Ils ne peuvent être appliqués aux hommes sans bafouer le principe moral qui impose de traiter la personne humaine comme une fin en soi. On évoque l'importance du facteur humain dans l'entreprise sans s'apercevoir que le fait même de le considérer comme un « facteur » contribue à l'instrumentaliser. Repenser la gestion, c'est imaginer d'autres formes de gouvernance capables de construire des médiations entre les intérêts des actionnaires, des clients et du personnel, tout en prenant en compte le respect de l'environnement, les solidarités sociales et les aspirations les plus profondes de « l'être de l'homme ».

L'homme ne peut se laisser assimiler à une ressource de l'entreprise. Quelque chose en lui résiste inéluctablement. La pensée utilitariste participe à produire une crise symbolique. Une crise des significations et des finalités qui brouillent le sens de l'action. La « maladie gestionnaire » trouve ici sa source. Elle oriente la production de richesse vers un projet d'accumulation sans limites qui détruit des pans entiers de la société. Elle confronte l'homme à un système paradoxal dans lequel richesse et bien-être s'opposent au lieu de se compléter.

La gestion conduit à canaliser les énergies et les pensées sur un ordre social soumis à des intérêts économiques. Sa critique débouche sur une réhabilitation de l'action politique dans sa conception la plus noble : construire un monde commun dans lequel la préoccupation de l'autre l'emporte sur l'intérêt individuel. Un monde dans lequel on retrouve « la joie de donner en public ». Un monde dans lequel la compétition serait réservée au jeu et la collaboration à l'économie. Un monde dans lequel la richesse produite serait consacrée à réduire les inégalités sociales et éradiquer la misère. Un monde dans lequel l'exploitation des ressources ne serait plus conçue sur le mode du pillage, mais sur celui de la conservation et du renouvellement des ressources naturelles. Un monde construit pour que chaque humain puisse avoir une place comme citoyen, comme sujet et comme acteur. Un monde dans lequel le bien-être de tous serait plus précieux que l'avoir de chacun. Non plus un monde à gérer, mais un monde à aimer, que nous serions fiers de transmettre à nos petits-enfants.

Bibliographie

Abécassis, F., et Roche, P., 2001, *Précarisation du travail et lien social. Des hommes en trop ?*, Paris, L'Harmattan.

Achard, M.-O., Chastel, V., et Dell'Accio, P., 1998, « Perte d'emploi et santé », *Le Concours médical*, octobre.

Aglietta, M. (1976) 1997, *Régulation et crises du capitalisme*, Paris, Odile Jacob.

Akoun, A., et Ansart, P. (dir.), 1999, *Dictionnaire de sociologie*, Paris, Le Robert-Seuil.

Arendt, H., 1961, *La Condition de l'homme moderne*, Paris, Calmann-Lévy.

Aron, R., 1968, *L'Opium des intellectuels*, Paris, Gallimard.

Aubert, N., 2003 *a*, *Le Culte de l'urgence*, Paris, Flammarion.

— 2003 *b*, *La Métamorphose des identités*, mémoire d'habilitation à diriger des recherches, Laboratoire de changement social, université Paris 7-Denis Diderot.

— (dir.), 2004, *L'Individu hypermoderne*, Ramonville-Saint-Agne, Érès.

Aubert, N., et Gaulejac, V. de, 1991, *Le Coût de l'excellence*, Paris, Seuil.

Aubert, N., et Pagès, M., 1989, *Le Stress professionnel*, Paris, Klincksieck.

Audi, P., 2000, *L'Éthique mise à nu par ses paradoxes, même*, Paris, PUF.

Aulagnier, P., 1981, *La Violence de l'interprétation*, Paris, PUF.

Bachelard, G. (1938) 1978, *La Formation de l'esprit scientifique*, Paris, Vrin.
Bardi-Georgin, N., 2000, *Jeunes cherchant place*, Paris, Desclée de Brouwer.
Barrel, Y., 1984, *La Société du vide*, Paris, Seuil.
Barus-Michel, J., 1997, « Sens ou efficience. Démarche clinique et rationalité instrumentale », *Revue internationale de psychosociologie*, vol. IV, n°8.
Bateson, G., 1977, *Vers une écologie de l'esprit*, Paris, Seuil.
Baudrillard, J., 1968, *Le Système des objets*, Paris, Gallimard.
Bauer, M., et Bertin-Mourot, M., 1997, *Radiographie des grands patrons français. Les conditions d'accès au pouvoir (1985-1994)*, Paris, L'Harmattan.
Beaud, S., et Pialoux, M., 1999, *Retour sur la condition ouvrière*, Paris, La Découverte.
Bergeret, J., 1996, *La Pathologie narcissique*, Paris, Dunod.
Berret, J.-É., 2002, *L'Analyste financier parisien : argent facile, pression du travail, pouvoir réel, pouvoir fantasmé, conflit d'intérêt. Un acteur de la finance dans la tourmente*, mémoire de DEA de sociologie du pouvoir, Laboratoire de changement social, université Paris 7-Denis Diderot.
Bertaux, D., 1977, *Destins personnels et structure de classe*, Paris, PUF.
Blanchot, M., 1986, *L'Entretien infini*, Paris, Gallimard.
Boltanski, L., et Chiapello, E., 1999, *Le Nouvel Esprit du capitalisme*, Paris, Gallimard.
Bonetti, M., et Gaulejac, V. de, 1982, « Condamnés à réussir », *Sociologie du travail*, n°4.
Boudon, R., Besnard, P., Cherkaoui, M., et Lécuyer, B.-P., 1999, *Dictionnaire de sociologie*, Paris, Larousse.
Bouffartigue, P. (dir.), 2004, *Le Retour des classes sociales*, Paris, La Dispute.
Bouilloud, J.-P., et Guienne, V. (dir.), 1999, *Questions d'argent*, Paris, Desclée de Brouwer.
Bouilloud, J.-P., et Lécuyer, B.-P. (dir.), 1994, *L'Invention de la gestion*, Paris, L'Harmattan.
Bourdieu, P., 1975, *La Distinction*, Paris, Éd. de Minuit.
— 2000, *Les Structures sociales de l'économie*, Paris, Seuil.

Bourdieu, P., et Passeron, J.-C., 1972, *Les Héritiers*, Paris, Éd. de Minuit.
Bourdieu, P., et Wacquant, L. (2000), « La nouvelle vulgate planétaire », *Le Monde diplomatique*, mai, n°554.
Brunel, V., 2004, *Les Managers de l'âme. Le développement personnel en entreprise, nouvelle pratique du pouvoir ?*, Paris, La Découverte.
Brunstein, I., 1999, *L'Homme à l'échine pliée*, Paris, Desclée de Brouwer, (ouvrage collectif).
Bulard, M. (2001), « Retour de la mal-vie dans le monde du travail », *Le Monde diplomatique*, décembre.

Caillé, A., 1997, « De la libération de la rareté à la libération du travail. Crises et mutations planétaires », Centre international Pierre Mendès France, n°2.
— 2000, *Anthropologie du don*, Paris, Desclée de Brouwer.
Castel, R., 1995, *Les Métamorphoses de la question sociale*, Paris, Fayard.
— 2003, *L'Insécurité sociale*, Paris, Seuil.
Castoriadis, C., 1975, *L'Institution imaginaire de la société*, Paris, Seuil.
— 1990, *Les Carrefours du labyrinthe III*, Paris, Seuil.
— 1996, « La montée de l'insignifiance », *Carrefours du labyrinthe IV*, Paris, Seuil.
— 1997, « La "rationalité" du capitalisme », *Revue internationale de psychosociologie*, vol. IV, n°8, Éd. ESKA.
Chanlat, J.-F., 1990, *L'Individu dans l'organisation. Les dimensions oubliées*, Montréal, Presses de l'université de Laval (ouvrage collectif).
— 1998, *Sciences sociales et management*, Montréal, Presses de l'université de Laval, Paris, ESKA.
Chauvel, L., 1999, « Classes et générations, l'insuffisance des hypothèses de la théorie de la fin des classes sociales », *Actuel Marx*, n°26.
Clot, Y., 1995, *Le Travail sans l'homme*, Paris, La Découverte.
— 1999, *La Fonction psychologique du travail*, Paris, PUF.
Cohen, D., 2000, *Nos temps modernes*, Paris, Flammarion.
Collectif « Sciences humaines Dauphine », 1989, *Management et organisation en question(s)*, Paris, L'Harmattan.

Commissariat au Plan, 2003, *Les Mobilités professionnelles, de l'instabilité dans l'emploi à la gestion des trajectoires*, Paris, La Documentation française, février.

Courpasson, D., 2000, *L'Action contrainte*, Paris, PUF.

Couvreur, A., 2003, « Les Français et l'épargne solidaire », *Baromètre des finances solidaires*, Credoc.

Crozier, M., et Friedberg, E., 1977, *L'Acteur et le système*, Paris, Seuil.

Cru, D., 2002, « L'analyse organisationnelle au service de la prévention », *Cultures en mouvement*, n°48, juin.

Debout, M., 2001, *Le Harcèlement moral au travail*, rapport du Conseil économique et social, Paris, Éd. des Journaux officiels, avril.

Dejours, C., 1998, *Souffrance en France*, Paris, Seuil.

Delberghe, M., 2002, « Les professions les moins valorisées seraient les plus exposées au stress », *Le Monde*, 9-10 juin.

Dethyre, R., et Zediri-Corniou, M., 1992, *La Révolte des chômeurs*, Paris, Laffont.

Dubet, F., et Lapeyronnie, D., 1992, *Les Quartiers d'exil*, Paris, Seuil.

Duclos, D., 2002, *Société monde, le temps des ruptures*, Paris, La Découverte.

Dujarier, M.-A., 2001, *Il faut réduire les affectifs ! Petit lexique du management*, Paris, Mots et Cie.

— 2004, *L'Idéal au travail dans les organisations de service de masse*, thèse de doctorat, Laboratoire de changement social, université Paris 7-Denis Diderot.

Durand, J.-P., 2004, *La Chaîne invisible. Travailler aujourd'hui : flux tendu et servitude volontaire*, Paris, Seuil.

Durkheim, E. (1893) 1930, *De la division du travail social*, Paris, PUF.

— (1895) 1981, *Les Règles de la méthode sociologique*, Paris, PUF.

Duval, G., 2003, « Ford était-il fordiste ? », *Alternatives économiques*, n°220, décembre.

Ehrenberg, A., 1992, *Le Culte de la performance*, Paris, Calmann-Lévy.
— 1998, *La Fatigue d'être soi*, Paris, Odile Jacob.
Engels, F. (1884) 1972, *Origine de la famille, de la propriété et de l'État*, Paris, Éditions Sociales.
Enriquez, E., 1998, *Les Jeux du désir et du pouvoir dans l'entreprise*, Paris, Desclée de Brouwer.
Enriquez, E., et Haroche, C., 2002, *La Face obscure des démocraties modernes*, Ramonville-Saint-Agne, Érès.
Espinasse, C. (2003), « À propos de *Du "temps"* de François Jullien », in *Modernité : la nouvelle carte du temps*, colloque de Cerisy, coordonné par François Ascher et Francis Godard, L'Aube, Datar.
Euzéby, A., 2000, « L'Organisation internationale du travail dans la tourmente de la mondialisation », *Le Monde*, 5 décembre.

Foucault, M., 1975, *Surveiller et punir*, Paris, Gallimard.
— 1976, *La Volonté de savoir*, Paris, Gallimard.
Fournier, M., 1994, *Marcel Mauss*, Paris, Fayard.
Freud, S. (1921) 1975, « Psychologie collective et analyse du moi », in *Essais de psychanalyse*, Paris, Payot.
Furtos, J., 1998, *Actes du colloque « Souffrances sociales et psychiatrie »*, Caen, novembre.

Gadrey, J., 2000, *Nouvelle économie, nouveau mythe ?*, Paris, Flammarion.
Galbraith, J.-K., 1968, *Le Nouvel État industriel. Essai sur le capitalisme américain*, Paris, Gallimard.
Gauchet, M., 1985, *Le Désenchantement du monde*, Paris, Gallimard.
— 1998, « Essai de psychologie contemporaine », *Le Débat*, n°99, mars-avril.
Gaulejac, V. de, 1988, « L'organisation managériale », in *Organisation et management en question(s)*, Collectif « Sciences humaines Dauphine », Paris, L'Harmattan.
— 1999, *Qui est« je » ?*, Paris, Seuil.
— 1999, *L'Histoire en héritage*, Paris, Desclée de Brouwer.
— 2009, *Qui est « je » ?*, Paris, Seuil.
Gaulejac, V. de, Bonetti, M., et Fraisse, J., 1989, *L'Ingénierie sociale*, Paris, Syros.

Gaulejac, V. de, et Roy, S., 1992, *Sociologies cliniques*, Paris, Desclée de Brouwer.

Gaulejac, V. de, et Taboada-Léonetti, I., 1994, *La Lutte des places*, Paris, Desclée de Brouwer.

Gazier, B., 2003, *Tous « sublimes ». Vers un nouveau plein-emploi*, Paris, Flammarion.

Généreux, J. (2002), « Manifeste pour l'économie humaine », *Esprit*.

Giust, A.-C., 2002, « La défaillance des instances symboliques », *Cultures en mouvement*, n°48, juin.

Godechot, O., 2000, *Les Traders. Essai de sociologie des marchés financiers*, Paris, La Découverte.

Gorz, A., 1988, *Métamorphoses du travail. Quête du sens*, Paris, Galilée.

— 2003, « Tous entrepreneurs ? », *Revue Partage*, n°161.

Goux, D., et Maurin, E., *La Nouvelle Condition ouvrière*, note de la Fondation Saint-Simon, 1998.

Gréau, J.-L., 1978, *Le Capitalisme malade de sa finance*, Paris, Gallimard.

Guiho-Bailly, M.-P., et Guillet, D., 1996, « Quand le travail devient une drogue », *Projet*, Paris, n°236.

Habermas, J., 1987, *Théorie de l'agir communicationnel*, Paris, Fayard.

Hanique, F., 2004, *Le Sens du travail*, Ramonville-Saint-Agne, Érès.

Harlé, A., 2008, *Le Goût et le coût du pouvoir*, thèse de doctorat de sociologie du pouvoir, Laboratoire du changement social, université de Paris 7 - Denis Diderot.

Héber-Suffrin, C., 1992, *Échanger les savoirs*, Paris, Desclée de Brouwer.

Hirigoyen, M.-F., 1998, *Le Harcèlement moral. La violence perverse au quotidien*, Paris, Syros.

Hodebourg, J., 2000, *Le travail c'est la santé ?*, Paris, VO Éditions.

Jauréguiberry, F., 2003, *Les Branchés du portable*, Paris, PUF.

Jullien, F., 2001, *Du « temps ». Éléments d'une philosophie du vivre*, Paris, Grasset, Collège de philosophie.

Kennedy, K. 1999, *Les Désarrois de Ned Allen*, Paris, Belfond, (trad. Bernard Cohen).
Kohut, H., 1974, *Le Soi grandiose*, Paris, PUF.

La Boétie, É. de (1576) 2002, *Discours de la servitude volontaire*, Paris, Payot.
Laborit, H., 1999, *L'Éloge de la fuite*, Paris, Laffont.
Laïdi, Z., 1994, *Un monde privé de sens*, Paris, Fayard.
Laville, J.-L., 1999, *Une troisième voie pour le travail*, Paris, Desclée de Brouwer.
Lazarus, A., 1995, *Une souffrance qu'on ne peut plus cacher*, rapport du groupe de travail « Ville, santé mentale, précarité et exclusion sociale », Délégation interministérielle à la ville.
Lécuyer, B.-P., 1994, « Deux relectures des expériences Hawthorne. Problèmes d'histoire et d'épistémologie », in J.-P. Bouilloud et B.-P. Lécuyer (dir.), *L'Invention de la gestion*, Paris, L'Harmattan.
Léotard, M.-C. de, 2001, *Le Dressage des élites, de la maternelle aux grandes écoles. Un parcours pour initiés*, Paris, Plon.
Levi, Primo, 1989, *Les Naufragés et les rescapés*, Paris, Gallimard.
Lévi-Strauss, C., 1950, « Préface » à *Sociologie et anthropologie*, de Marcel Mauss, Paris, PUF.
Lévy, Pierre, 2000, *World philosophie*, Paris, Odile Jacob.
Lhuilier, D., 2002, *Placardisés. Des exclus dans l'entreprise*, Paris, Seuil.
Linhart, D., Rist, B., et Durand, E., 2002, *Perte d'emploi, perte de soi*, Ramonville-Saint-Agne, Érès.
Lordon, F., 2000, *L'Année de la régulation*, Paris, La Découverte.
— 2002, *La Politique du capital*, Paris, Odile Jacob.
— 2003, *Et la vertu sauvera la monde… Après la débâcle financière, le salut par « l'éthique » ?*, Paris, Raisons d'agir.
Lyotard, J.-F., 1979, *La Condition postmoderne*, Paris, Éd. de Minuit.

Marcuse, H., 1967, *Éros et civilisation*, Paris, Éd. de Minuit.
— 1972, *L'Homme unidimensionnel*, Paris, Éd. de Minuit.

Martinet, A.-C. (dir.), 1990, *Épistémologies et sciences de gestion*, Paris, Economica.
Marty, P., 1976, *Les Mouvements individuels de vie et de mort. Essai d'économie psychosomatique*, Paris, Éd. PdP.
Maurin, É., 2002, *L'Égalité des possibles. La nouvelle société française*, Paris, Seuil.
Mauss, M. (1924), « Essai sur le don. Forme et raison de l'échange dans les sociétés archaïques », in *Sociologie et anthropologie*, Paris, PUF, 1950.
Milgram, S., 1974, *La Soumission à l'autorité*, Paris, Calmann-Lévy.
Mispelblom, F., 1999, *Au-delà de la qualité*, Paris, Syros.
Moeglin, P., 1996, « La mobilité entre ubiquité et omniprésence », in *Actes du séminaire « Action scientifique »*, n°6, France Telecom.
Moreau-Defarges, P., 2003, *La Gouvernance*, Paris, PUF.
Morel-Jayle, F., 2000, *Gestion psychique du chômage : le deuil d'une relation exclusive au travail*, thèse de psychologie, université Lumière-Lyon 2.
Morin, E., 1990, *Introduction à la pensée complexe*, Paris, ESF.

Noyé, D. 1998, « Le parler creux sans peine », *Réunionites : guide de service*, Insep Consulting Edition.
OCDE, 1995, *Adult Learning and Technology in OCDE Countries*.
Orléan, A., 1999, *Le Pouvoir de la finance*, Paris, Odile Jacob.
Orléan, A., et Aglietta, M., 2002, *La Monnaie entre violence et confiance*, Paris, Odile Jacob.
Ortiz, H., et Munoz, I. (dir.), 1999, *Globalización de la solidaridad. Un reto para todos*.

Pagès, M., 2000, « Pour un laboratoire de Changement social », numéro spécial de la revue *Changement social*, université Paris 7, septembre (www.multimania.com/laboratoirelcs).
Pagès, M., Bonetti, M., Gaulejac, V. de, et Descendre, D. (1979) 1998, *L'Emprise de l'organisation*, Paris, Desclée de Brouwer.

Périlleux, T., 2001, *Les Tensions de la flexibilité*, Paris, Desclée de Brouwer.

Perret, B., et Roustang, G., 2001, *L'Économie contre la société*, Paris, Seuil.

Peters, T., 1988, *Le Chaos management*, Paris, InterÉditions.

Peth, C., et Zrihen, R., 2000, « Les mythes budgétaires : dégageons le bon grain de l'ivraie », *Échanger*, n° 166, mai.

Petrella, R., 2003-2004, « L'Évangile de la compétitivité », in « Le nouveau capitalisme », *Manière de voir*, n°72, décembre-janvier.

Philonenko, G., et Guienne, V., 1997, *Au carrefour de l'exploitation*, Paris, Desclée de Brouwer.

Pinçon, M., et Pinçon-Charlot, M., 1996, *Grandes fortunes, dynasties familiales et formes de richesse en France*, Paris, Payot.

— 2000, *Sociologie de la bourgeoisie*, Paris, La Découverte.

Prochasson, D., 2000, *L'Action contrainte*, Paris, Seuil.

Ramanens, M., 2003, *Maltraitance au travail*, Paris, Desclée de Brouwer.

Ritimo-Solagral, 1998, *Pour un commerce équitable. Expériences et propositions pour un renouvellement des pratiques commerciales entre les pays du Nord et ceux du Sud*, Paris, Éditions Charles-Léopold Mayer.

Salmon, A., 2002, *Éthique et ordre économique*, Paris, CNRS.

Sansot, P., 1991, *Les Gens de peu*, Paris, PUF.

Schutz, W., 1994, *The Human Element : Productivity, Self-Esteem, and the Bottom Line*, Jossey-Bass Publishers, San Francisco.

Sélys, G. de, 1998, *Tableau noir. Appel à la résistance contre la privatisation de l'enseignement*, Bruxelles, EPO.

Sen, A., 1999, *L'économie est une science morale*, Paris, La Découverte.

Sennett, R., 1979, *Les Tyrannies de l'intimité*, Paris, Seuil.

Servet, J.-M., 2000, *Une économie sans argent*, Paris, Seuil.

Sibony, D., 1998, *Violence. Traversées*, Paris, Seuil.

Simon, H., 1960, *The New Science of Management Decision*, New York, Harper & Row.

Singly, F. de, 2000, *Libres ensemble. L'individualisme dans la vie commune*, Paris, Nathan.

Smith, A., 1776, *An Inquiry into the Nature and Causes of the Wealth of Nations*, Londres, W. Strahan & T. Padell.

Stiglitz, J.-E., 2002, *La Grande Désillusion*, Paris, Fayard.

Stora, B.-J., 1998, « Le coût du stress », *Revue française de gestion*, janvier-février.

Sue, R., 2001, *Renouer le lien social*, Paris, Odile Jacob.

Taracena, E., 1997, « Les effets pervers de la modernisation au Mexique. Le système d'évaluation des enseignants universitaires », *Revue internationale de psychosociologie*, vol. IV, n°8, automne, Éd. ESKA.

Tassin, E., 2003, *Un monde commun*, Paris, Seuil.

Taylor, F.W., 1912, *Principes d'organisation scientifique des usines*, Paris, Dunod.

Touraine, A., 1992, *Critique de la modernité*, Paris, Fayard.

Thébaud-Mony, A., 2000, *Industrie nucléaire, sous-traitance et servitude*, Paris, Éd. de l'Inserm.

Trépo, G., et Ferrary, M., 1998, « La gestion des compétences, un outil stratégique », *Sciences humaines*, n°81, mars.

Ulrich, F.-H., 1965, *Le Jardin d'Éden*, Paris, Éd. de Minuit.

Vallet, L.-A., 1999, « Quarante années de mobilité sociale en France », *Revue française de sociologie*, janvier-mars.

Verret, M., 1988, *La Culture ouvrière*, Paris, ACL.

Viveret, P., 2003, *Reconsidérer la richesse*, Paris, L'Aube Nord.

Wagner, A.-C., 1998, *Les Nouvelles Élites de la mondialisation, une immigration dorée en France*, Paris, PUF.

— 2003, « La bourgeoisie face à la mondialisation », *Mouvements*, n°26, mars-avril.

Wallerstein, I., 1985, *Le Capitalisme historique*, Paris, La Découverte.

Watzlawick, P., Helmick-Beavin, J., et Jackson, D. (1967) 1972, *Une logique de la communication*, Paris, Seuil.

Weber, H., 2005, *Du ketchup dans les veines. La production de l'adhésion chez McDonald's*, Ramonville-Saint-Agne, Érès.
Weber, M. (1920) 1969, *L'Éthique protestante et l'esprit du capitalisme*, Paris, Plon.

Yourcenar, M., 1981, *Les Yeux ouverts. Entretiens avec Matthieu Galey*, Paris, LGF.

Zrihen, R., 2002, *Rôle informel du contrôle budgétaire : le cas d'une entreprise multinationale nord-américaine*, thèse de gestion soutenue à l'université Paris 9-Dauphine, septembre.
Zweig, S. (1941) 1992, *Amerigo. Récit d'une erreur historique*, Paris, Belfond, trad. Dominique Autrand.

ANNEXE I

Matrice de notation de la qualité (1999)

Tableau élaboré à partir de la brochure de l'European Foundation for Quality Management, EFQM Publications, Bruxelles, 2000 ; Institut Qualité et Management, Bagneux, 2000.

Critères	%	Sous-critères	%	Nombres d'Indicateurs (par sous-critères)	%	Nombre d'items (par indicateurs)	%
Leadership		a	2,5	8	0,31		
		b	2,5	5	0,5		
1	10	c	2,5	6	0,41		
		d	2,5	5	0,5		
Politique et stratégie			1,6	3	0,53		
			1,6	7	0,22		
			1,6	10	0,16		
2	8		1,6	4	0,4		
			1,6	4	0,4		
Personnel		a	1,8	7	0,25		
		b	1,8	8	0,225		
3	9	c	1,8	5	0,36		
		d	1,8	4	0,45		
		e	1,8	6	0,3		
Partenariat et ressources		a	1,8	7	0,25		
		b	1,8	5	0,36		
		c	1,8	9	0,2		
4	9	d	1,8	6	0,3		
		e	1,8	6	0,3		

Critères	%	Sous-critères	%	Nombres d'Indicateurs (par sous-critères)	%	Nombre d'items (par indicateurs)	%
Processus		a	2,8	5	0,56		
		b	2,8	9	0,311		
5	14	c	2,8	5	0,56		
		d	2,8	4	0,7		
		e	2,8	6	0,446		
Résultats clients		a	5	4	1,75	5	0,21
						6	0,21
						8	0,21
6	20					3	0,21
		—	—		—	—	—
						3	0,178
		b	15	4	3,75	8	0,178
						3	0,178
						7	0,178
Résultats personnels		a	6,75	2	3,375	11	0,153
						11	0,153
		—	—	—	—	—	—
7	9	b	2,25	4	0,562	3	0,26
						6	0,26
						8	0,26
						4	0,26
Résultats impact sur la collectivité		a				5	0,02
			1,5	4	1,25	4	0,02
						4	0,02
						5	0,02
8	15	—	—	—	—	—	—
		b	4,5	4		1	0,4
						1	0,4
						5	0,4
						1	0,4
Résultats performance clés		a	7,5	2	3,75	6	0,375
						4	0,375
		—	—	—	—	—	
						10	0,33
9	15					6	0,33
		b	7,5	6	1,25	7	0,33
						4	0,33
						4	0,33
						6	0,33
Total		37		174		159	

Les coefficients de chaque critère sont indiqués dans la brochure de l'EFQM. Ils sont proportionnels sauf pour les sous-critères 6a et 8a qui « reçoivent 75 % des points attribués », les sous-critères 6b et 8b qui en reçoivent 75 %, et les sous-critères 7a qui reçoivent 75 % des points alors que le 7b en reçoit 25 %. On saisit là toute la complexité de l'application de ce modèle qui consiste à calculer les notes en pourcentage des 174 indicateurs et 159 items pris en compte afin d'arriver à une note globale sur une échelle de 0 à 1 000.

Ce tableau met en évidence deux paradoxes :

– la démarche « qualité » débouche sur un syndrome quantitativiste aigu.

– la mise en œuvre d'un système d'évaluation hyper sophistiqué fait perdre le sens et la valeur du travail pour ceux qui l'effectuent.

Annexe 2

The Philips Way[1]
(« L'Esprit Philips »), 1993

Introduction

Cette brochure a pour but de dégager les principes généraux permettant à tout manager de porter un jugement sur ses actions et ses résultats. Plus qu'une philosophie d'entreprise ou un idéal à atteindre dans le futur, c'est un modèle de comportement pour aujourd'hui.

Nous sommes tous d'accord pour dire que notre entreprise a besoin d'« actes » et non de « mots ». La seule manière d'amener les autres à agir est de donner l'exemple.

Il s'agit de principes généraux, et ceux-ci ne peuvent prétendre couvrir chacun des comportements individuels au sein de Philips.

Nous croyons que les buts de notre Compagnie sont maintenant clairement définis – la manière dont chacun appliquera ces principes constituera une mesure de ses propres capacités et de son propre engagement.

Notre Projet

Le Projet de notre Compagnie est clair :

• améliorer la vie de nos clients, à la maison comme au travail, en leur fournissant des produits, des logiciels et des services innovateurs, attrayants et conviviaux ;

1. Extraits d'une brochure éditée par le « Group Management Committee » de Philips en 1993.

• accroître la satisfaction de nos actionnaires en atteignant ou en dépassant nos objectifs en matière de profits et d'investissements ;

• faire en sorte que travailler chez Philips soit une expérience intéressante, enrichissante et stimulante ;

• faire en sorte que le nom de Philips inspire fierté et confiance ;

• conduire nos activités avec le sens de l'éthique et dans le respect de nos clients, de nos collaborateurs, de nos actionnaires, de nos fournisseurs et des communautés dans lesquelles nous évoluons.

Nos Convictions

Pour atteindre notre Projet, nous devons non seulement connaître les objectifs de notre Compagnie, mais aussi développer un ensemble de Convictions qui sous-tendent nos actions quotidiennes. Nos résultats ne peuvent être améliorés que si chacun croit en ce qu'il fait. C'est le rôle de tout manager de démontrer à tous qu'il agit en fonction de ces Convictions.

Au travers de notre Compagnie, nous croyons que :

• l'ensemble de nos collaborateurs veulent faire du bon travail ;

• chaque collaborateur a un rôle primordial et sait mieux que quiconque comment le tenir ;

• la réussite est liée au sens des responsabilités de chacun ;

• ce sens des responsabilités ne peut être acquis que si l'on donne à chacun des marques de confiance, de collaboration franche et de respect ;

• la motivation de chacun passe par une communication ouverte et réciproque.

Ceci signifie qu'en notre qualité de manager, nous croyons que :

« Nous devons encourager nos collaborateurs à se sentir responsables de leurs résultats, en prenant en compte leur contribution et en leur donnant l'occasion de participer à l'organisation et à la conduite de leur propre travail. »

« Nous devons promouvoir le travail en équipe pour tous. »

« Il nous faut tenir nos collaborateurs informés et écouter leurs opinions. »

« Nous sommes responsables de la détection et du développement des compétences et des talents des membres de nos équipes. »

« Nous devons inciter nos collaborateurs à prendre des initiatives en leur donnant les orientations, l'autonomie et l'assistance nécessaires pour être créatifs. »

« Nous devons nous assurer que les fonctions exercées permettent à chacun de développer ses aptitudes et sont une source de nouveaux challenges personnels. »

« Chaque collaborateur doit avoir des chances égales de reconnaissance et de développement de carrière. À cet effet, nous devons gérer et apprécier les performances avec professionnalisme, et les récompenser avec équité. »

Nos Valeurs

Au-delà de ces convictions de base, il importe que nous partagions un ensemble de Valeurs qui démontrent clairement comment nous comptons réaliser notre Projet. Grâce à des enquêtes internes et externes, nous avons retenu Cinq Valeurs d'Entreprise qui doivent constituer la pierre angulaire de notre développement et de notre réussite :

1.satisfaire pleinement nos clients ;

2.considérer nos collaborateurs comme notre ressource principale ;

3.introduire Qualité et Excellence dans toutes les actions ;

4.tirer le meilleur parti de notre capital investi ;

5.encourager l'esprit d'entreprise à tous les niveaux.

Notre Idéal en matière de Management

Afin d'obtenir le consensus sur nos Convictions et l'adhésion à nos Valeurs, nous devons adopter une démarche claire dans le Management de la Compagnie. Pour y arriver, nous devons prendre les engagements suivants :

- exploiter nos compétences stratégiques avec efficacité ;
- développer la coopération trans-organisationnelle ;
- éliminer les pratiques de management contre-productives ;
- mettre en place immédiatement des méthodes de management nouvelles et plus efficaces.

Par-dessus tout, notre objectif de management est de créer

une attitude de responsabilité collective orientée vers la réalisation de notre réussite économique commune. Pour nous, managers, notre credo doit être :

« Je comprends le Projet de l'Entreprise et j'y crois. Je me sens personnellement engagé à contribuer à sa réalisation à travers mon adhésion à nos convictions, nos valeurs et nos idéaux de management. »

Table

PREMIÈRE PARTIE

Pouvoir managérial et idéologie gestionnaire

DEUXIÈME PARTIE

Pourquoi la gestion rend-elle malade ?

Du même auteur

Les Jeunes de la rue
(en collaboration avec G. Mury)
Toulouse, Privat, 1977
Prix Fabien de l'Académie française

L'Emprise de l'organisation
(en collaboration avec M. Pagès, M. Bonetti et D. Descendre)
PUF, 1979
Desclée de Brouwer, rééd., 1998, 2009

De l'Assistance publique aux assistantes maternelles
(en collaboration avec M. Bonetti et J. Fraisse)
Cahiers de Germinal, 1980

La Névrose de classe
Hommes et groupes, 1987
rééd., 1992, 1999, 2003

L'Évaluation dynamique dans les organisations publiques
(en collaboration avec M. Bonetti et J. Fraisse)
Les Éditions d'organisation, 1987

L'Ingénierie sociale
(en collaboration avec M. Bonetti et J. Fraisse)
Syros, 1989
rééd., 1996

Femmes au singulier ou la parentalité solitaire
(en collaboration avec N. Aubert)
Klincksieck, 1990

Le Coût de l'excellence
(en collaboration avec N. Aubert)
Seuil, 1991
rééd., 1994, 1999, 2008
Prix du Livre d'entreprise 1992

Sociologies cliniques
(ouvrage collectif, en collaboration avec S. Roy)
Desclée de Brouwer, 1993

La Lutte des places
(en collaboration avec I. Taboada Leonetti)
Desclée de Brouwer, 1994
rééd., 1997, 2001, 2007

La Gourmandise du tapir
(en collaboration avec A. Bron)
Desclée de Brouwer, 1995

Les Sources de la honte
Desclée de Brouwer, 1996
rééd., 1999, 2001, 2004, 2008
Seuil, « Points Essais » n° 656, nouvelle éd., 2011

L'Aventure psychosociologique
(ouvrage collectif, en collaboration
avec N. Aubert et K. Navridis)
Desclée de Brouwer, 1997

L'Histoire en héritage
Roman familial et trajectoire sociale
Desclée de Brouwer, 1999
rééd., 2003
Payot, « Petite Bibliothèque Payot », 2012

Récits de vie et histoire sociale
(ouvrage collectif, en collaboration avec A. Lévy)
ESKA, 2000

La Sociologie clinique
Enjeux théoriques et méthodologiques
(ouvrage collectif, en collaboration
avec F. Hanique et P. Roche)
ÉRÈS, Toulouse, 2007

Intervenir par le récit de vie
(ouvrage collectif, en collaboration avec M.Legrand)
ÉRÈS, Toulouse, 2008

Qui est « je » ?
Sociologie clinique du sujet
Seuil, 2009

Travail, les raisons de la colère
Seuil, 2011
et *« Points Économie » n° 70, 2015*

Manifeste pour sortir du mal-être au travail
(en collaboration avec A. Mercier)
Desclée de Brouwer, 2012

La Recherche clinique en sciences sociales
(ouvrage collectif, en collaboration
avec F. Giust-Desprairies, A. Massa)
ÉRÈS, Toulouse, 2013

Le Capitalisme paradoxant
Un système qui rend fou
Seuil, 2015

RÉALISATION : PAO ÉDITIONS DU SEUIL
IMPRESSION : NORMANDIE ROTO, S.A.S, À LONRAI
DÉPÔT LÉGAL : OCTOBRE 2014. N° 118231-3 (1601821)
Imprimé en France

